林达作品系列

近距离看美国之一

历史深处的忧虑

林达 著

生活·讀書·新知 三联书店

Copyright © 2019 by SDX Joint Publishing Company.
All Rights Reserved.

本作品中文简体版权由生活·读书·新知三联书店所有。
未经许可，不得翻印。

图书在版编目（CIP）数据

历史深处的忧虑：近距离看美国之一／林达著. —
4 版. —北京：生活·读书·新知三联书店，2019.11 （2025.3 重印）
（林达作品系列）
ISBN 978-7-108-06638-1

Ⅰ.①历… Ⅱ.①林… Ⅲ.①美国 – 概况②书信集 –
中国 – 当代 Ⅳ.①K971.2②I267.5

中国版本图书馆 CIP 数据核字（2019）第 132424 号

特邀编辑	吴	彬
责任编辑	王	竞
装帧设计	薛	宇
责任印制	卢	岳

出版发行　生活·讀書·新知 三联书店
　　　　　（北京市东城区美术馆东街 22 号）
邮　　编　100010
网　　址　www.sdxjpc.com
经　　销　新华书店
印　　刷　北京隆昌伟业印刷有限公司
版　　次　1997 年 5 月北京第 1 版
　　　　　2006 年 6 月北京第 2 版
　　　　　2013 年 7 月北京第 3 版
　　　　　2019 年 11 月北京第 4 版
　　　　　2025 年 3 月北京第 49 次印刷
开　　本　880毫米×1230毫米 1/32 印张 10
字　　数　208千字　图片42幅
印　　数　530,201 – 540,200 册
定　　价　48.00 元

（印装查询：01064002715；邮购查询：01084010542）

目 录

- 001　序　言
- 001　移民、移民
- 020　费解的国家
- 042　三K党的故事
- 067　肥皂箱上的讲坛
- 085　氢弹秘密
- 113　诽谤罪的故事
- 132　总统请我入党?
- 151　枪在谁手里
- 169　家就是一个城堡
- 195　辛普森怎么引起了我的兴趣
- 213　公平才有看头
- 235　检察官输了
- 261　世纪大审判的告诫
- 283　百万黑人大游行
- 301　他们就是美国人

序 言

美国的面积和中国差不多。和大多数留学生及新移民一样,当我们一脚踏上这块广袤的陌生土地时,最初落脚点的选择是十分偶然的。我们落在了一个普通的地方,居住的环境平常而宁静。周围的美国人老老少少都在辛勤劳作,过着普通得不能再普通的生活。要想谋出一番好的光景,对他们也不是一件轻而易举的事情。

还来不及作任何思索,新移民所面临的生活压力就立即把我们投入了同样的辛勤劳作之中。这样,我们和周围的普通美国人之间,自然就有了共同谋生而产生的共同语言,也有了共同的经历、共同的喜怒哀乐。不少美国人还成了我们的好朋友。我们无形中发现,美国已经渐渐地从一堆抽象的概念中走出来,变成了脚下实实在在的土地,变成了一片片森林牧场,变成了一个一个美国人。

我们也有过被称之为"边缘人"的苦闷。我们显然不可能在进入这一块国土的同时,就在一瞬间也进入它的文化,而原来的文化背景又由于天长地远而渐显陌生。在实际生活中，两种截然不同的文化，会经常骤然直率地在我们面前相遇碰撞，一开始真有无所适从亦无可躲避的窘迫。然而，时间长了，我们开始对"边缘人"的处境逐渐坦然，甚至悟出了些什么。冷静下来，我们发现自己第一次能够这样坐在一个安静的地方，同时和两个文化保持一个不远也不近的距离，它们不仅开始有可能化为一片风景，而且第一次向我们呈现出前所未有的意义。

"边缘人"的苦恼在新移民中十分普遍，它只是两个强势文化聚焦在一个小人物身上而产生的悲剧性效应。我们庆幸自己能够脱身出来。但是，我们的处境使我们不可能不想到，作为一个夹缝中的移民，尚且感受到矛盾与压力，那么，当这两种文化两个大国真的正面遭遇，彼此实际上是多么陌生和困惑，说是危机四伏似乎也并不过分。我们所处的位置，使我们有可能更多地看到它们的差异。我们发现，它们不仅有各自圆满的价值体系，甚至有各自不同的语汇、语境和逻辑。有时，从一个大前提出发，顺着各自的逻辑走去，竟会走出风马牛不相及的结果来。在这样的基础上，对话只可能显得痛苦而吃力。

因此，好像在作出举手相迎或严词相拒的决定之前，还有一段相当艰苦而漫长的互相了解的路必须去走。否则，轻易称"是"显得没有根据，动辄言"不"也容易文不对题。更何况，历史已经规定了它们不可能永远回避。它们都已尝试过这样做，但是，眼看着毫无结果，于是，它们又试图相互走近。有时，如果不暂时和自己的习惯思维方式生生拉开一段距离，就无法在相互了解的路上走出一步。

我们则是以一个普通新移民的身份去了解这个陌生的国家。既来之则安之，这也是我们的必由之路，我们也别无选择。

美国不是一个善于遮羞的国家，它投出一片阳光，就落下一片阴影。它全部的阴影都毫无遮掩地暴露在所有的人面前，哪怕你是一个陌生人。所以，即使是像我们这样的平常外来者，也会一眼就看出一大堆毛病来。但是我们马上就明白自己必须从沾沾自喜中醒来，因为后来很快发现，这并不见得就一定是自己比美国人更高明且目光更敏锐。他们似乎也很清楚有这么一片阴影，他们只是迫不得已在承认一个简单的道理，如果你追求阳光，你就躲不开身后的阴影。我们开始奇怪，美国人在容忍这片阴影的时候（这种容忍常常使他们痛苦不堪），什么是他们心中不熄的光明呢？他们在寻求着什么，以至于不惜支付出沉重的代价呢？对于我们，这真是一个问题。在了解它的过程中，我们对这个历史短短的陌生国家产生了与日俱增的兴趣。

根据自己作为一个平民的经验，我们发现，了解的第一步就是简单的交往。不论一个大国看上去有着多么坚硬的外壳，它的人民都是一个个平平常常，而再大的大国也就是这些平常人组成的。当人民成为朋友，交流变成友谊，相互了解自然就开始了。任何一方，能以更宽广的视角去看这个世界，总是一件好事情。

去年，我们逐渐给自己在国内的好朋友写了这些信。希望能和朋友们分享我们的所读所见所闻所思。在此，衷心感谢三联书店的编辑和所有帮助这本书出版的朋友。

林 达
一九九六年一月

移民、移民

卢兄：你好！

很高兴又一次收到你的长信，谢谢你和朋友们的关心。每次来信，你总是提出不少问题，问到我们在美国到底生活得如何；问到这个号称世界上最自由的国家到底有着什么样的自由；这自由又有什么特殊之处……这些问题实在不容易回答，这也是每次回信我常常绕开这些问题的原因。但是，在这里生活的时间长了，了解得多了，体会也一点一点深起来。几年生活下来，我觉得，也许现在，我可以在信里给你聊聊美国了。

在美国的华人移民有新老之分。老移民是上一世纪或更早来这块土地上谋生的。以从福建、广东来的为多数，修铁路和淘金就是他们的历史业绩。以后，则像所有其他国家来的移民一样，尽量发挥自己的专长做些经营，美洲大陆上，中国饭馆也就是这样如雨后春笋般冒了一地。至今，这些老移民的后代（戏称为 ABC—America Born

Chinese，即美国出生的中国人），已经融入美国社会，与其说是中国人，还不如说是美国人。

新移民多数是近几十年来从台湾和大陆来的留学生及其家属，台湾来美国的移民风要比大陆的早刮几十年，几十年下来都已经基本立足了。最嫩的还是近十几年来从大陆来的留学生。尽管时代不同，新移民和老移民一样，要扎下根来都有一番数不清、道不明的挣扎拼搏。说是闯荡曼哈顿闯荡得自我感觉良好者，确属凤毛麟角，屈指可数。对于华裔新移民，最常见的道路还是读书。在大学里读出一个或数个学位，直至可以找到工作为止。有了一份稳定的技术工作，这就算是成功了。还有一部分人，是拿的短期签证过了签证期的，这样，只能在中国人圈子里找一份低薪工作。所以，对于新移民，就其绝大多数而论，若谈及衣食住行，所谓汽车洋房等等，大致都不亚于一般的美国民众，要说好好品一品自由的滋味，许多人大概还没顾得上。

高等学府里，也有一些专学政治法律或社会制度的学者，也许，他们也难于不知如何向国内的学术圈外人开口，因为听众若是对美国历史不甚了了的话，要向他们解释清楚专门的理论，也实在很吃力，得不偿失。大概正因为以上情况，至今为止，我们还很少看到向国内普通人介绍美国社会一般百姓生活中的法律、政治情况的书籍。所以，你的问题问得很自然：美国的自由到底是什么滋味啊？

我也不敢说已经品出美国自由的滋味来了。我来美国后没有再进过大学的门槛，尤其是刚来时尚有语言障碍，甚至还不能从书本上去了解我已经生活其中的社会。同时，我一直工作和生活在最普通的美国人中间，大多数还是颇为底层的美国人。所以，我也许没有资格从理论上系统地回答你的问题。但是，可不要因此就不读我的信。我作为这里一个最普通的人，可以从一个普通人的角度，谈一些对美国的所见所闻所读所思。我相信，你读了之后，一定也会像我一样，时而大感不解，时而豁然开朗，最后没准就能品出一些滋味来了。

要下笔谈美国，确实非常犹豫。我记得看到过一个旅美人士写的感想，他说，刚到美国的时候，好像有一肚子可写的，体会特多，可是待的时间越长，越觉得"参不透"，反而不知如何下笔。因为一深入进去，你就会看到，不论是正面还是反面，美国的真实，都比观光两个月的旅客眼中的美国，要复杂得多。

犹豫的另一个原因，是因为中国和美国，是两个背景非常不同的国家，相互之间的误解和隔阂实际上非常深。到了美国以后我们才发现，美国人是多么地不了解中国，尤其是普通美国民众，他们想了解中国的热情，远远比不上中国民众对于美国的好奇心。但是，同时我们也发现，包括我们在内的中国人，在自己的国家里，感觉自己已经通过"全方位"的信息渠道了解了美国，大致对美国应该有了八九不离十的概念了。跑来一看，居然全然不是一码子事儿！

我举个简单的例子。前两年的春节晚会，有一个非常受欢迎的小品，表演了一个中国父亲给在美国的留学生儿子打越洋电话。这位当父亲的掷地有声地在电话里对儿子说，将来我们国家富强了，让他们美国人来给我们刷盘子！话音一落，下面激动的观众席上，发出一阵如雷般心有共鸣的掌声。这个场面传达了这样一个信息，中国大陆已经有相当多的"游子"在美国留学，他们在餐馆打工的情况非常普遍，他们向自己的家人抱怨在餐馆受到不公平待遇的也很多，由于心疼儿子而产生对美国人愤愤不平的家长及其亲属，在中国已经形成一定的舆论。

我不知道这位"儿子"在电话的另一头作何感想。我和一些中国留学生谈起过这个节目,他们和我一样,都是在美国看的录像。提到这一情节,他们都无可奈何地摇摇头,一脸的"不清楚"。真实吗?你可以说很真实。几乎所有我遇到过的中国留学生都有过很漫长的餐馆打工的经历,几乎人人都遇到过几个苛刻的餐馆老板,工资给得低,不给好脸色,甚至根本不尊重雇员的人格。使得在大陆时被视为"佼佼者"的大学毕业生们,严重心理失衡。其中总有人写信回家诉苦的,没什么不对。但是,为什么这里的留学生看了会摇头呢?因为这是发生在美国,可又不是真正的美国。因为,这是美国的华裔社会非常特殊的现象。

事实上,几乎所有的中国留学生,他们初来乍到时那段最艰苦的日子,都是在中国餐馆里度过的,餐馆的老板也都是华人,这是一个华裔社会。这个社会有时可以说很封闭,它不仅有它自己的语言,还有它自己的规范规则和道德标准。美国餐馆的工作环境,包括雇主对于雇员的态度,与中国餐馆常常有本质上的不同。之所以中国留学生一般不进美国餐馆,是因为基本上进不去。原因有两个,一是刚来时英语不过关,不能适应工作,更重要的原因是,多数留学生没有工作许可,打工是非法的,美国餐馆的老板不会接受。

原则上说,美国接受外国留学生的时候,要求对方有支付自己的学费和生活费用的经济来源。可以是亲友的赞助。目的是保护自己国家的公民工作的权利。外国学生没有经济来源,势必要去打工维持生活和支付高昂的学费,这就形成了和美国公民抢饭碗的局面。一个自己还有大量失业人口的国家,当然不希望出现这种情况,这就是取得留学签证都要求经济担保的原因。不论从哪个角度看,都不能说是无理的。

但是，大多数中国留学生的经济担保都是以各种方式"找"来的，很多人取得"担保"的时候，都向对方讲清楚，这是"名义担保"，也就是说，这个"担保"只用于取得一个签证，之后，就"自己想办法"了。这个"办法"只能是非法打工，非法进入工作市场。也许不是绝对的，就算相对来说，美国餐馆的老板一般比较守法，不会接受这样的非法雇员，而中国餐馆的老板一般都宁可冒违法的风险，也愿意接受。他们愿意这样做，原因很简单，雇非法工便宜，听使唤。于是，一种供求关系就这样形成了。当然也有好的老板，但是，在巨大的竞争压力下，苛刻的华人老板比比皆是。受到委屈的并不只是大量的中国留学生，还有来探亲想挣一些钱的探亲者，最底层的还是非法移民，这里甚至包括一些非华裔的非法移民。今年六月，移民局从密西西比州杰克森市的一家中国餐馆中，发现一个十三岁的墨西哥男孩，一天工作十二小时，一星期干七天，每天工资只有二十一美元，远远低于美国政府所规定的最低工资。这种情况，首先受到冲击的，是原先在这里合法工作的华人移民和华裔美国人，因为这些工作机会原来是他们的，其他的美国人一般不会在中国餐馆找工作。其次，受到损失的有可能是一般美国人，因为失去原来工作的华裔美国人可以得到一些社会福利金，这份钱，是工作的美国人交的税金。

因此，你让听"越洋电话"的儿子，跟他爸怎么说好呢？这"儿子"肯定知道，一般的美国人，根本搞不清楚"华人社会"的这笔账，如果他们也看到这个节目，肯定搞不懂这是什么意思。他们既不知道这里面的恩恩怨怨，也不知道外国留学生想留在这个国家所必须经历的许多合法和非法的"技术诀窍"。在美国的"儿子"，不管自己的遭遇多么令人同情，也不管自己的种种做法是多么情有可原，但是当"父亲"要把这口气出到非华裔社会的美国人头上,"儿子"也只能一脸苦笑了。

更何况,"儿子"的大多数美国同学也个个都在"刷盘子"。"刷盘子"挣学费养活自己,对他们来说是天经地义的事情。美国的年轻人,一般很早就有打工的经验,年龄很小的时候,就试着打点儿零工。美国的家长有时为了从小锻炼他们的"打工"能力,甚至先让孩子从家务活儿"打"起,让他们承包一些家务,挣一些"小工资"。我刚到美国时,自己还没有割草机,房东介绍了一个割草的临时工。一会儿,只见一个男子用小卡车载了一个割草机来,车上还跳下来一个十三四岁的男孩。卸下割草机,小卡车就开走了。留下来工作的是那个男孩。在七月的大太阳下割得满脸通红,挣一点零花钱。到十六七岁,除了很少的富家子弟,一般的美国年轻人都已经进入自立或者半自立状态。什么都干,非常吃苦耐劳。我的朋友比尔就是十七岁完全自立的。

全美大量的快餐店需要不计其数的雇员,它们的雇员都是临时的、流动的。几乎全是高中毕业生和大学生,快餐店是美国年轻人最平常的打工起点。即使在大学毕业甚至研究生毕业之后,他们都有一个长短不一的寻找合适工作的阶段,在这段时间里,"刷盘子"也常常是他们暂时解决生存问题的办法之一。更有大量的美国青年,大学毕业后,他们选择一种自由自在的生活。他们根本不打算找一个稳定工作,下苦力做一段,然后就痛快玩一段,几十年都在"打零工"。这是他们对生活方式的一种选择。

我在国内的时候,看过介绍,也知道美国年轻人比较独立,但是,真的和这些独立的年轻人生活在一起,还是很吃惊。印象最深的是他们自由自在很放松的心态。"刷盘子"就"刷盘子","扛大包"就

"扛大包",美国青年不会在打工时,因为觉得自己"屈才"了而痛感命运不公,怨天怨地或自怨自艾。对一个临时工作,他们只在意工资的高低,一点没有什么贵贱之想。也许中午为别人端盘子,收别人的小费,到了晚上,坐在酒吧里,就是别人为他服务,付给别人小费。他们根本意识不到这里有什么区别。如果现在告诉他们,中国有工资很高的餐馆打工,他们肯定会奔走相告,相约而去,绝对不会觉得是"丢了份了"。

在讨论两个国家的"距离感"时,我曾经试图向我的美国朋友劳拉解释这个小品和它所包含的丰富内容,可是非常非常吃力。这里有中国留学生在美国的求生问题,有移民问题,有美国的华人社会的种种特殊情况,有中国人对于"刷盘子"和美国人的不同理解,还掺杂着复杂的背景文化。她听得目瞪口呆。许多中国人觉得理所当然和想当然的事情,对于她都是不可思议的。

我提这样一个例子,只是为了说明,路程的距离也造成了理解的距离,对于双方都是如此。而站在误解和隔阂中间,不论想对其中的哪一方讲清另一方的故事,都是有困难的。真实的故事也会造成不真实的印象。给"父亲"写信介绍了半天"美国情况"的"儿子",肯定也没有预料到会引出"父亲"电话里的这样一个结论。再说,你的问题都是一些"大问题",答好了,能使你对美国加深了解;答不好,只能加深误解。所以,我得深呼吸一下,很当心地给你写信。

也许,我首先应该强调的是,美国是一个非常特殊的国家,世界上很难找出同样一个如此流动变化的环境,这是任何一个美国故事的大前提。

在美国,最能够体现这种特殊性的就是纽约。在国内时,我们常常听到把上海比作纽约般的国际大都市,从某种意义上说,这两个城市确有相似之处。我们第一次去纽约的时候,开车还很不熟练。十分紧张地按照路线图走,结果依然走错一条隧道,一出来就闯进了曼哈顿的一片混乱之中。那天又是圣诞夜的下午,车不分道,耳边一片汽车喇叭声。这是在美国的大多数地方都看不到的交通混乱。当时我们之所以能够马上稳住神,就仗着那一片儿整个环境的大感觉,非常像我们所熟悉的上海。

但是要论及国际大都市的国际化,无论上海或是北京都无法与纽约匹敌。在纽约的地铁里,你常常听不到英语,但是你有可能听到世界上任何一种语言。远在三百多年前的1673年,当时这个城市里还只有八千个居民,就已经有十八种语言。现在,这个城市甚至有一百七十种不同民族的社区。所有国家的移民就这样聚居在一起,洋洋大观。去年我开车去纽约,交通最繁忙的时刻,在最热闹的大街上车子出了毛病,一辆犹太人的拖车就把我送进了一个全部由以色列移民组成的修车行,他们互相之间都只说古老的意第绪语。

在纽约的住宅区附近的蔬菜水果店,他们的主人都是一些不声不响、辛勤工作的亚裔。我一开始还总以为他们是华裔,一边递上菜去,一边总会不由自主地冒出中国话来。后来,我才发现他们听不懂,他们是朝鲜来的移民。据说,他们知道在一个陌生地方谋生不容易,所以非常"抱团"。来一家新移民,原来的朝鲜裔的店主们,就会筹款集资盘下一个新店,交给新来的同胞经营,然后让他挣了钱以后慢慢还,一步一步地,就逐渐控制了这个行当。蔬菜水果店据说最早是意大利移民的谋生之道,但是他们来得早,有了更好的出路,就把这个地盘给让出来了。

在纽约,你会渐渐学会辨认全世界各种种族的服装,学会从各种不同的脸形和特征去辨别他们来自哪一个地区和国家,问题是,这和在北京上海遇到的不同,在那里,他们都是来自四方的"外宾"。在纽约,不管他们之间差异多大,都称自己是"美国人"。如果你不把他们当作正统美国人,那么,美国就没有"美国人"了。

住在纽约或旧金山的华裔美国人,不要说有人一辈子不讲英语,甚至可以做到只讲中国的一种方言。在旧金山的菜铺里,我就亲眼看到,店主因为一名美国妇女用英语问价而不搭茬儿,也因为我们不会说广东话,对我们不理不睬。

在纽约,当然最显眼的少数民族就是非洲裔的美国人,即使不论那些来自非洲各个不同国家的新移民操的不同语言,就是十几代生活在这里的黑人,他们讲的都是口音非常独特的"黑人英语",不要说我们这样新来的听不懂,说快了连"正宗的美国人"也听不懂。

可是,什么人才是"正宗的美国人"呢?我们常常说起"白人",但是,待久了,你才发现,他们都是在几百年里,陆陆续续从文化背景完全不同的国家里"移"过来的,有的家族来得早些,有的甚至比我们来得还晚,英语比我们还次,而且,还有人不断地在"移"过来。这些从德国、英国、波兰、法国、俄国、波斯、意大利、西班牙等等完全不相干的地方,在不同的时代移民过来的"美国人",我们硬把他们看作一回事,可是,那些新来的,他们之间根本互相就不认同。就像他们从来就搞不清我们和日本人、老挝人、越南人也根本毫不相干一样。但是,到了这里,几年一过,加入了美国国籍之后,通通成了"美国人"。

而且,这是一个持续不断的过程。老一代移民稳定下来,互相通

爱丽斯岛上的移民博物馆

婚,生下的新一代,夹在父母的母国文化和"美国文化"之间,我遇到过父亲一辈子混迹于纽约的"意大利城",却从小不准儿子学意大利语的,也遇到过被父母逼着进中文学校,却对父母说"你们中国人"如何如何的小华裔美国人。然后他们又有了他们的下一代……这时,新的移民还在源源不断地涌进来。

在纽约,有个著名的旅游胜地,叫作爱丽斯岛,它曾经是世界各国移民入境美国的第一站。现在,那里成了一个移民博物馆。我去那里参观的时候,到美国才只有一年,但是,站在那个大厅里,你就觉得自己应该可以和所有的美国人一样平等。其实,让你产生这个感觉,就是建立这个博物馆的立意。在那里，我看到那些看上去很"美国"的人，也一样饶有兴趣地通过电脑，在根据自己的姓氏查阅自己家族的移民历史。这时你会觉得，你和他们只有踏上这块土地的先后之分，没有本质区别。在大厅里，有一个设计非常聪明的展品，从一个角度看，它是一面巨大的美国国旗；从另外一个角度看，它是成百上千世界上各个不同种族的移民照片。它告诉你，这些人的总和，就是美国。

美国的种族问题是世界出名的。但是，你要把它仅仅理解成"黑人白人问题"，似乎又过于简单了。每年潮水般涌进来的外国人，过不了多久，他们就从"暂居的外国人"变成了"永久居民"，要不了几年，一入籍，就成了某裔的"美国人"，也就成了美国各种各样的"少数民族"。美国人听到我总是能清清楚楚地说出"中国有56个民族"，感到很好奇。因为他们谁也说不上美国到底有多少个"民族"。而且，中国的各民族，作为"多数民族"的汉族也罢，"少数民族"也罢，基本上都是这块土地上的"原住民"。而在美国，那些移民早的，与其他各种种族通婚混血好几代，以至于自己是哪里来的也不知道了，就只称自己是美国人，不再算"少数民族"了。而且不论"多数民族"、"少数民族"，一概都是外来的。谁也不是美洲的猿人进化过来的。现在一般来说，按看得见的明显区别分分大类，比如说，非洲裔美国人、亚裔美国人、拉丁裔美国人等等。但是，我已经说过，他们自己根本不认账，还是要华裔、日裔等等地分开来。

美国的种族隔离问题在法律上早已解决，一般情况下不再有尖锐的种族冲突。人们的观念也大为改变，但是，种族问题也变得错综复杂，远不局限于黑人白人之间。比如说，几年前的著名的洛杉矶黑人骚乱，起因是几名白人警察在追捕时违法打了一名黑人。但是，在骚乱期间，你知道是什么人拥有的商店成为黑人的主要抢劫和破坏目标吗？是亚裔商店。尤其是朝鲜人的商店，损失最为惨重，搞得白人都莫名其妙。一些电视记者去采访了许多黑人，发现他们对亚裔有一肚子的怨气，其中一名黑人牧师对记者说，这些亚洲人从不知什么地方跑来，却要夺去我们的工作。我的一个中国朋友看了跑来气呼呼地说，这是美国，都是移民，他们自己不也一样是从别的地方来的。就这么搅作一团。结果这场骚乱成了种族问题新发展的象征，其特点居然是"少数民族歧视少数民族"！

不少华裔美国人实际上也早就加入了"种族歧视"的行列。在许多华人圈子里，对于黑人的歧视看法是十分公开的，甚至在美国的华语文章里，出现过对黑人的污辱性称呼，这在美国是很不寻常的，之所以没有引起任何风波，原因仅仅是黑人和白人都不会去看华语报纸。大量华人移民的历史并不长，华裔一般都对自己能在短短的时间里，得到一个中产阶级的生活和地位沾沾自喜，而对来了几百年的黑人，看到他们还有不少仍然地位低下，十分看不上眼。但是，他们很少有人意识到，黑人对于美国文化的整体贡献，是华人望尘莫及的。

今年，有一张华语报纸引来了犹太族裔反诽谤联盟全美理事长的抗议信，抗议起因于这份报纸的两篇文章，一篇在报道一个华裔家庭受到房东不公平待遇时，在报道中口口声声把这个波兰裔的天主教徒房东称为"犹太房东"，这里的"犹太"只是被当作小气无理这样的形容词来用的。在另一篇逻辑混乱的文章里，一个华裔作者先是企图证明基督是被犹太人害死的，之后又提出十分"惊人"的观点，说是二次大战中纳粹对犹太民族的大屠杀，反而使犹太人"赚尽天下便宜"！这一次，没有想到犹太人也会看中文报纸，所以才引出了这些抗议信。

相信以后编辑们会小心得多。但是，这并没有解决存在于相当一部分华裔中间的，很根深蒂固的种族歧视和偏见。

实际上，一些华裔看不起黑人，常常只是因为黑人比他们穷；他们讨厌犹太人，常常只是嫉妒犹太人比他们更有成就。在美国，年轻的一代和老一代明显不同，在老一代的美国人里，我遇到过好几个很好心的白人老头儿让我别理黑人，说他们很坏。但是，在绝大多数的年轻人那里，你会感觉到六十年代民权法案以后美国教育的效果，至少，我问过我的每一个白人美国朋友，你们对于黑人是怎么看的？你们对于犹太人又有什么看法？迈克和比尔的回答最为简洁，几乎是各种回答的概括和总结：我不以肤色和种族判断一个人的价值。但是华裔移民中，对于这个问题就很少有这样的理性思维。

每个民族给美国带来了他们的长处，也给美国带来了他们独特的缺点。以我们熟悉的华裔来说，在学校里华裔优等生的比例远远大于他们在美国的人口比例。在加州大学的洛杉矶分校，百分之四十的一年级新生是亚裔学生，优点是非常明显的。在美国，这一点几乎人人都知道。但是，他们的缺点有时只有华人自己才心里明白，一般美国人是不清楚的。比如说，在美国，任何一个售报机，都是一个铁盒子。所有的报纸都在里面，放一个硬币就可以全部打开，取一张之后再把它关上。我第一次买报的时候，塞进硬币，一拉开盖子，发现所有的报纸都在我面前，吓了一跳。根据我在中国的经验，我想，这样的设计怎么行，这不是三下两下就拿光了吗？但是，这是根据美国的国情设计的，美国人不会扔一个硬币，却拿两份报纸。但是，我很快发现了例外，中国人聚居地的中国饭店、中国商店门口，就是一种特殊设计的售报机，一个硬币只拿得出一张报纸。

在美国的华人报纸上,多次有人从美国各地对于这个看似简单的"报纸问题"引发议论,其中一个华人讲述了在半小时里,他如何活生生地眼看着同胞们"免费"取光了一大堆报纸。这个简单问题的外延扩大,就是出现一些华人社会特有的现象。比如,很多中国饭店拒收华人的支票。有一个华人写了一篇文章,说他对很多中国饭店不收支票很不理解,在询问中,老板告诉他:老实说,"美国人"的支票我们是接受的。他更百思不得其解,如何会出现这种华人歧视华人的"种族歧视"。直到有一天想卖掉自己的计算机,从一个中国留学生手里收到了八百多美元的假支票,这才"恍然大悟"。

在美国,不仅对于禁止种族歧视有非常严格的法律规定,甚至还有"平权法案"保护少数民族的利益。如果这样的情况是发生在一般的美国饭店,早就让顾客告上法庭,罚款罚出老本来了,因为这是违法的。但是在华人社会,被拒收支票的,也就是摇摇头,算了。这里流行的是中国人的概念,先是想想老板也是没办法,再想想把华人的脸丢到美国的法庭上,大家都不光彩。实在看不过,也就是在中文报纸上呼吁大家"自重"。在美国,各个种族都有像"华人社会"这样的小社会,在这个"小社会"之外的美国人,根本不清楚那里面除了不同于英语的种种语言之外,还有些什么样的特殊概念和规则。前不久,还有一个东南亚来的苗族移民的后裔,一个美国籍的苗族小女孩,控告她的父亲性虐待。她父亲居然在纽约的法庭上,信誓旦旦地说是要当众依苗家的风俗杀鸡喝鸡血以证明自己无罪。结果,当陪审团依然判他有罪之后,据说是引起纽约的苗族社区震惊,他们说这种事情哪有告上法庭的,以前这样的事情都是他们自己"内部解决"的。这么一说,倒是轮到美国社会"震惊"了。

实际上，各个种族的移民都给美国带来了自己的贡献和问题，贡献有时是非常突出的，比如说，占美国人口约百分之十二的黑人，通常被认为是相对比较贫穷的，整体文化水平比较低的，甚至有许多人口比例远小于他们的少数民族，都看不起他们。但是，实际上，他们的爵士乐、摇滚乐以及他们的舞蹈、体育才能，长久以来深刻地影响了整个美国文化，其意义远远超过了文艺、娱乐的范围。只有到了这里，你才会体会到，这些音乐和舞蹈有着多么巨大的力量，它几乎完全改变了一代美国人的面貌，你甚至可以说，它改变了整个美国的精神面貌。没有非洲文化，就没有今天的美国文化。在今天，已经没有一个美国人能够不受到非洲文化的影响。这应该说是美国黑人对于美国文化的整体贡献。移民在各方面的贡献可以说是美国强大和继续保持强大的必要前提。

但是，移民的问题有时也是非常严重的。例如，复杂的移民使美国的犯罪问题，尤其是集团犯罪问题复杂化。不论哪个国家的人，都会为自己的"游子"在美国的成就而感到自豪，比如哪一个有了杰出贡献，哪一个又得了诺贝尔奖，谈起来如数家珍，这是很自然的。但是，一般人都很少想到另外一面。尤其是大家在指责美国的犯罪率的时候，都很少考虑美国汹涌澎湃的移民背景，因为自己没有在美国这样的大流动背景中生活的经验，更不会想到自己的同胞在这些问题中会扮演什么大角色。比如亚洲国家的民众，很少有人会想到，亚裔帮派已经在美国成为"后起之秀"，今年，美国联邦调查局已将亚洲帮派列为仅次于意大利黑手党的第二优先打击对象。他们来到美国，就成了美国的犯罪问题的一部分。尽管，许多犯罪的帮派成员事实上仍然拿着自己母国的护照，根本不是美国公民，甚至还不是美国的合法居民。移民问题的两极,使得赞成继续大门敞开和要求减少移民的两派,在美国永远争不出个你对我错来。

来这里以前,我们对美国是世界各民族的大熔炉之类的说法也是耳熟得很,可是,从来没有设身处地想过,在这么一个大熔炉里头,怎么个活法?到了这里,有的美国人说,这不是"大熔炉",这是一个"蔬菜沙拉锅",在里头搅拌了半天,青菜还是青菜,萝卜还是萝卜。不管是"大熔炉"也好,是"蔬菜沙拉锅"也好,真的置身其中,那种怪怪的感觉真不由你不时时感叹不已。我们常常迷惑不解:天天有成千上万计的合法及非法移民入境的美国,它是如何做到,让全世界各国移民所造成的无序归成有序的呢?

仅仅在1994年,就有五十万合法移民加入美国国籍,有五万四千名外国人因种种原因在美国得到政治庇护,移民局逮捕了一百一十万人,进行了四万六千件刑事调查,驱逐了四万四千名非法移民。移民局认为他们取得证据有权监禁的非法移民达五十万人(实际因拘留所床位不够只拘留了六分之一),还有不计其数的非法移民避开了移民局的视线,用各种方式悄然溜过国境,消失在本来就由各种肤色、眼色、发色组成,操着各种语言的"美国人"之中。根据美国人口调查局的报告,在去年的人口调查中发现,美国每十一个人中就有一名是出生在外国的第一代移民。

你信中好几次向我们介绍国内"民工潮"的兴起和因此带来的种种问题,我想,这对于你理解美国的"移民潮"可能有点帮助。而后者,已经日日不断、潮潮不息地进行了近五百年。

刚来美国时,我们没有自己的洗衣机,因此,常去投币洗衣铺洗衣服。那里黑人很多。我们经常一边等着,一边欣赏黑人儿童特殊的发型，十分感慨。你知道，最早的非洲移民被作为奴隶贩卖到美洲已经有四百多年的历史，那本名为《根》的小说也早已举世闻名。我和一个有着典型非洲姓名的黑人聊过，他就是奴隶的后代，他告诉我，对于绝大多数的奴隶后代来说，寻根是根本不可能的。这完全可以想象，十几代一过，他们早早地就成了美国人。但是，我又要说到他们的发型。虽然一定有变化，但是，可以断言这是他们非洲文化传统的一部分。在这里，只有他们有这样的发型。那样奇特多姿，富有想象力。这只是文化耐力的一个小小例证。

最叫我吃惊的是，在今天交通发达，完全不存在穷乡僻壤的美国，居然还有一种称为"阿米绪"的移民，他们说一种类似德语的语言，完全拒绝现代生活，使用传统农具，一代一代在美国过着十八世纪的"欧洲乡村生活"。

我想说的是，各国的移民所保持的不仅是不同的文化，在一定程度上也保持着他们各自的政治见解以及政治偏见，宗教信仰乃至宗教狂热，一些新移民甚至保持着他们的母国，或者说前祖国的遗爱或宿怨。这一切，当然给移民本身，尤其是新移民带来巨大的困惑。

就华裔移民来说，美国的中文报纸就针锋相对地讨论过有关的种种问题。从要不要再让下一代学中文，直到移民如何定位和文化认同，甚至爱国是爱哪一国等等（华裔美国人除了爱中国还是爱美国这样的问题，还有两岸三地此类复杂情况）。不论是哪一种观点，都表达了移民的心理失衡。即使是反对子女学中文的，也绝不是连"多一种外语就多一种谋生技能"这样的简单道理都不明白，更不必上纲上线到是否爱国的高度，这只不过反映了作者痛感于第一代移民"猪八戒照镜子，里外不是人"的尴尬地位。

移民们的各自母国,常常热情地发出呼唤,呼吁他们"离乡不离土","把根留下"。一个国家,能够念念不忘它的"游子",当然令人感动。但是,对于那些已经"游"得很远,以至于加入了新的居住地国籍的移民们,面对母国的频频呼唤,同时又面临走进陌生新大陆的诸多困难,往往前顾后盼,徒生烦恼,总是要莫名其妙地问出"我是谁"的问题来。移民们发泄他们的困惑是很自然的,但是,很少有人写文章谈一谈:什么是美国的困惑?

记得在中国时,看过一个叫《鹰冠庄园》的美国电视连续剧,里面有这么一个情节:一个美国女孩子和一个新移民恋爱了,一切顺顺当当之际,那位来自第三世界的小伙子却神情激动地宣称,他的母国发生了某一变化,他要舍弃一切回去参加自己民族的一场革命。这不仅仅是那个正在恋爱中的美国女孩子的困惑,也是美国的困惑。它的居民乃至于公民是如此的"国际化",你吃不准他们什么时候属于你,什么时候又突然不属于你。这里汇集了全世界最奇异和最纷杂的思想,最聪明和最零乱的思路,最清楚和最不可理喻的逻辑,最惊人和最怪诞的行为……这一切原本应属于世界的各个角落,可是有一天他进入了你的国境,成了你的一员,他所附带的一切你就不能拒绝。全世界的问题都成了你的问题,全世界的麻烦也成了你的麻烦。

如果那些移民在想为自己母国有所行动的时候,都像那个小伙子一样回去"闹革命"倒也罢了。事实上,他们常常就地行动。所以美国常常发生些令人费解的故事。例如去年的中华人民共和国国庆,对这个国家和政府持有两种不同政见的人,就在纽约街头发生冲突。相信他们中的大多数已是美国合法居民,甚至有一些已是美国公民。但是,这并不影响双方在美国的国土上为另一个国家的国庆问题发生冲突，以致需要美国的警察出来维持秩序。

我还没有回答你的问题，却先给你写了那么一大段题外话，正是想让从来没有到过美国的你，能够理解我前面说的那句话：美国实在是一个很特殊的国家。如果隐去这个大背景，我就可能讲不清我的美国故事。

好了，今天就先写到这儿，下封信开始，我试试看能不能回答你的问题，写写什么是美国的自由。

祝

好！

林 达

费解的国家

卢兄：你好！

我尚在犹豫如何继续写下去的时候，你的回信已经来了，说是很有兴趣看我写下去，我试试看吧。

美国的自由不身临其境是很难想象的。我一旦动手写，就发现，要写美国的"自由"，好像必须从它的"不自由"写起。在中国的时候，我觉得周围的人都认为，美国既然是以"自由"而出名的地方，那就是行为可以非常放任，没有什么约束。我差不多也是带着这样的概念踏进这个国家的。但是，才住了没几天，一个女孩子告诉我，她的一个好朋友被拘留了。前一天正好是周末，那个年轻人和他的朋友在自己家的河里划船、钓鱼。但是，他们越出了自己的地界，由水路进入了公园的范围。结果被警察发现，宣告他们违反了当地的两条法规，我只记得其中一条是没有事先取得在公园钓鱼的许可证。总之，两条"罪名"在我当时看起来都根本算不了什么。但是在美国，按当地法律完全符合拘留条件（当然，拘留是有时限的），这样的违法行为不是很严重，可以交保候审，但是，规定的保释金不低，所以，那小伙子最终还是选择坐在拘留所里候审。初到美国，这件事确实使我感到很意外。

随着在美国住的时间越长，越发现这里法律法规远比中国多得多。大大小小的公共场合行为细节，都有各种"法"在那里照管着。尤其印象深刻的，是这里执法很严。一旦违法，不管"违"的是作为一个新移民看上去多么微不足道的"法"，都没有什么通融余地。一旦给警察逮个正着，没有什么人向警察求情或是赔笑脸的，因为这都白搭。更

自由女神像，基座上的诗句是：
"旧世界，留着你不尽的虚华吧！"
她无声地呼喊："把你疲惫、贫困的人们给我，把你挤在一起、渴望呼吸自由空气的人们给我，你那丰饶海岸拒收的可怜人。
把他们送来给我吧，无家可归、颠沛流离的人们，在金色大门旁，我已经举起灯火！"
——艾玛·拉撒路（Emma Lazarus）

没有谁吃了豹子胆给警察递钱上去的,因为摊上"贿赂警察"的罪名,事儿可就大了。一般都是公事公办,该接传票就接传票,该接罚单的就接罚单。这也是大量移民天天涌进美国,却还是能够维持不"乱套"的重要原因之一。因为原来的法制基础很强,可以有能力把一些"不定因素"迅速纳入原来的法制轨道。除了联邦法律之外,各个州、市、县、镇,都有它们各自的法律。从一个新移民的眼光来看,一切都是相当严格的。

我是从一个以"酒文化"自豪的国家出来的,一开始感到反差特别大的,就是有关"酒"的法律。比如说,几乎所有的州法律,都不允许卖酒给二十一岁以下的年轻人。在纽约市都是如此。由于执法很严,所以,即使是中年人去买酒,都会被要求出示驾驶执照,因为那上面有出生日期,可以确定年龄。如果让警察看到一个二十一岁以下的年轻人从你手上买到了一罐啤酒,你肯定得去法庭。我们的一个朋友在餐馆打工时,就是因为一时疏忽,没有查看驾驶执照,就卖了一瓶啤酒给一个看上去很"老相"的年轻人,被传到法庭,判罚了五百美元的罚款。最近,我们居住的这个城市,已经立法规定十八岁以下的年轻人不能买烟。

当然,这并不是说,在美国就没有二十一岁以下的年轻人喝酒。这个年龄的年轻人是最有逆反心理,也是最想做一点"违禁"的事情的,这种情况全世界都一样。但是在美国,他们如果这样做的话,不能毫无顾忌,万一给警察抓住,也只好认罚。每年在佛罗里达州的海滩上,警察总能抓住一批这样的年轻人。今年夏天,我们就在电视里看到一些这样的年轻人,交了不低的罚款之后,十分沮丧地步出法庭。

另外,商店在周一到周六,晚上十一点以后不准卖酒,星期天商店整天不准卖酒。这里也是每周休息两天。人的活动显得相当有规律，星期五晚上和星期六是放松玩的时候，到了星期天晚上交通流量急剧减少。也许，当初立这条法，也是让大家在这一天收收心，好好休息，准备迎接下一周的工作吧。我住的这个州，直到去年刚刚修改这条法律，允许有卖酒许可证的饭店在星期天卖酒，其他零售店依然不行。

同时，法律规定，不允许在工作时间喝酒，因此，你不会看到美国人在工作的地方午餐时喝啤酒，因为午餐时间也在工作时间之内。很多州的法律也不允许在公共场所喝酒，因此，在公园里野餐，你只能带些不含酒精的饮料。甚至在大街上你拿着一个打开的酒瓶都是违法的，不管里面是空的、满的，还是装了半瓶酒的。同样，在汽车上，在驾驶员伸手可及的范围内，有一个打开过的酒瓶，也是同样违法的，哪怕这只是一只空酒瓶。由于执法很严，一般人都很小心，我记得有一次，我们的一个美国朋友要搬到其他的州去，大家在一起聚会送他。有一个女孩子送了他一瓶好酒，他当场打开让大家尝尝。分手已经近半夜了，他拿着那剩下的半瓶酒上了车，但是马上就跳了下来，把那半瓶酒放进车后的行李箱，对我们笑笑说："我可不想惹麻烦。"

在所有的发达国家，美国大概是一个对酒管制最严的国家。也许，这和美国的历史也有关系。美国最初的一批移民，是受到英国宗教迫害逃出来的清教徒，他们比天主教徒更重视对于"十诫"和其他宗教戒律的实行，更重视"修身养性"。因此，在美国历史上，曾经有过一个完全禁酒的时期。后来，随着时代的发展，完全禁酒已经不可能做到，绝对禁酒的法律反而给酿私酒和走私酒的人造成暴富的机会。因此，才逐步有所放开。但是相比之下，依然是管制严格的。在现代社会中，由于公路和汽车的发展，人们移动的速度已经大大加快，美国法律对于酒的严格管理,确实有效地减少了由于酗酒而产生的车祸。

当然并不是仅仅与酒有关的,才有那么多"法"。美国法律的触角几乎伸到每一个角落。去年我们去凤凰城,住在一个老朋友那里,他们也是来自中国。到了这里,就遇到在中国从来也没有过的新问题。问题来自他们读小学的女儿,在中国时,她和所有的双职工子女一样,脖子上挂一把钥匙,放学了自己回家做作业。在美国,法律规定十二岁以下的儿童必须时时有人照看,以免发生由于孩子不懂事而导致的危险。离开学校以后,家长自己不能照顾的话,必须托给别人照顾。所以在美国有大量的各类托儿所,念中学的女孩子利用假期替别人照看孩子,也是她们"打工"的一项重要内容。我们的朋友当时经济上尚不宽裕,更由于习惯了中国的做法,觉得付这笔托儿费"够冤的"。于是,决定冒险"违法"。天天孩子放学,走到家门口就会非常小心地四处张望,然后一溜而入。接着,这孩子遵照父母的关照,不开门,不接电话,唯恐被人发现孩子是一个人在家。因为如果被人发现了,美国人完全有可能出于对孩子安全的考虑,好心去报警。这么一来,孩子将会被带到专门的福利机构,暂时被政府收养。不通过吃力的司法程序,你很难把孩子要回来。孩子十二岁之前,他们会一直都为此感到担心。

今年就发生过一对中国留学生夫妇的婴儿被政府收走的情况。婴儿的母亲出差,父亲凌晨被孩子吵醒,在换尿布冲洗孩子时,两次失手使孩子从手中落入浴缸。此后,孩子一直啼哭。这位父亲到下午三点,看到孩子依然哭闹,怕他有伤就带他去了医院。医院发现孩子有骨折等问题,了解整个过程之后,马上就去报警了。孩子治疗之后就由政府暂时收养,理由是他受到了虐待。孩子的父母除了失去孩子,还可能面临"虐待罪"的起诉。他们不仅赢得周围同胞的同情,连美国的中文报纸上都报道了华人对此感到的愤愤不平。说是他们好不容易有了一个儿子,怎么可能"虐待"。中国人的"虐待"概念,带有很强的主观性和主动性。但是在美国,这只是一个法律概念,它是不考虑动机,只察看行为和后果的。它自有它的"法律逻辑":一个婴儿被摔了两次,却长达近十小时不能得到检查和医治,美国法律认为,这种情况只能够叫作"被虐待"。在这件事情上,还可以看到一般华裔的观点和美国法律的差异。华裔同情的焦点几乎全部在这一对"不幸的父母"身上,觉得他们孩子已经被带走了,居然还要面临一场官司,确实不幸之极。但是,美国的法律在这一类的问题上,关注的焦点几乎全部在孩子一边。它也有它的道理:孩子还不能保护自己,法律当然要站在孩子这一边。

有许许多多我们在中国司空见惯的事情,在这里都是"违法"的。比如,孩子哭闹,家长上去给一巴掌,是违法的;在公共场所发生争执拉拉扯扯,也是违法的。如果发生这样的情况,周围看到的人很可能马上就去报警。也许,正因为这样,我们来了那么些年,居然一次也没有在公共场所看到过这样的情况。

那么,对于美国这样一个典型的资本主义社会,当老板的是不是就非常自由呢?我举一个例子:如果你找工作去面试,雇主问你的年龄,是违法的;问你是不是有什么残疾,是违法的;问你的婚姻状况,是违法的;问你的出生地和移民情况,是违法的;问你有没有孩子,是违法的;问你是否被逮捕过,是违法的……也就是说,我们在中国进一个工作单位所填的正常表格,上面总是有年龄、籍贯、性别、民族、本人成分、家庭成分、何时入团、何时入党、何年何时何地受过何种处分等等条款,如果,在美国一个雇主给你递上这么一张表格,你拿着就可以对他说"咱们法庭上见"了。这是怎么回事呢?

这些首先是源于1964年的民权法。六十年代是一个全世界都在那里骚动不安的年代。对于美国,六十年代几乎是一个历史分界线。在此之前和在此之后的美国,非常非常不同。六十年代美国民权运动的结果不仅仅是立法取消了种族隔离,它还使得自由派思潮广为流行。在六十年代之前,美国大致是雇主说了算的。但是,此后,保护每一个人的平等权利的观念浮到了表层上,尤其是社会上的弱势群体,比如少数民族、妇女、残疾人等等,他们的权利受到了前所未有的关注。民权法就是在这样的背景下产生的。

1964年的民权法中有关雇主的规定,涵盖了所有二十五名以上雇员的企业,该法禁止因雇员的种族、宗教、肤色、性别以及他的移民背景(母国),而在雇用和工作条件等方面予以歧视。因此,如果雇主问了这些问题的话,他拒绝雇你的真正原因就有可能是"移民歧视"、"种族歧视",担心妇女有孩子要影响工作……而以这些原因剥夺一个人工作的权利,都是违法的。所以,干脆法律规定,这些问题都不准问。1967年的"雇员年龄歧视法",又规定了不得对年龄四十岁以上的公民在雇用上歧视,从此,雇主就连年龄也不能打听了。

到了1972年,美国又制定了著名的"平权法案",更规定了所有的政府机构和超过十五名雇员的私人企业,都必须在招工、技术培训、升迁等机会上,给弱势群体一定的比例。否则,就是违法的。顺便提一下,平权法案还扩展到大学招生。例如,美国的大学招生,是没有体检这一关的,有残疾的年轻人在平权法案的保护下,比一般的年轻人更容易入学。我特别提到这一点,是因为我考大学时,就有一个一起工作的年轻人，考得非常好，却因为一只手有一点残疾而落选，我已经不记得他的名字，却无法忘却发录取通知那天他的目光。这真是很不公平，华罗庚还脚有残疾呢，凭什么他就不能上学。执行这个法案也产生许多问题，这我想以后再向你介绍。

1990年，美国又通过了"能力缺陷法"，不仅涵盖了有身体和智力缺陷的人，还涵盖了有传染病的人。雇主不仅被要求不准歧视，必须提供给他们力所能及的工作，还被要求提供必要的条件和设备。例如助听器、助读器等等。比如说，一名雇员被查出有艾滋病病毒，只要他的病尚不影响工作，雇主就不得解雇他，还必须为他提供必要的防止传染的条件。否则，就是违法的。

1991年，美国再一次制定新的民权法案。把雇主和雇员在发生民权官司时，提供证据的负担重新放到雇主一边。这是怎么回事呢？比如说，雇员告雇主性别歧视，那么，法庭当然需要证据。证据是有两方面的，一是雇员拿出受到歧视的证据，二是雇主拿出没有歧视雇员的证据。如果，法律规定证据的负担是在雇员一方，那么，雇员如果拿不出受到歧视的充足证据，就判雇主无罪。但是，如果法律规定证据的负担是在雇主一方，那么，雇员不必提供充分证据，而是雇主必须拿出充分证据证明自己没有歧视雇员，只要雇主拿不出这样的证据，那么，法庭就可以认定你是有歧视行为的。当然，证据的负担在哪一方面，就对哪一方面要求更高、更不利一些。

八十年代，最高法院在判这一类案子的时候，比较倾向于保护雇主的利益，证据的负担也要求在雇员一边。1991年的民权法，就是以立法的形式纠正这一倾向。最厉害的一招，是该法在美国历史上第一次规定，如果雇员由于其种族、性别、年龄、宗教等等原因受到歧视的话,可以向雇主提出精神伤害的惩罚性赔款。后来,就发生过一个保险公司的全体女职员联合起来,告老板在升迁问题上性别歧视,胜诉之后赔偿金额几乎是天文数字。前几天,又有一个体重三百多磅的汽车零件公司管理人员,被解雇后告老板体重歧视,也在胜诉后得到高金额的赔偿。由于执法很严,因此,在美国当上老板之后似乎也并不"自由"。

在中国的时候,人们都对美国的"性开放"、"性自由"留有深刻印象。但是,对美国的另一面几乎没有什么了解。所以,我想向你介绍美国的一些有关"性骚扰"的规定。禁止性骚扰也是民权法的内容之一。如果你进入一个美国公司工作,尤其是一些大公司,工作场所都有一些严格的行为规范。你看到这里,也许会以为一种非常严重的"骚扰行动",才会被称为"性骚扰",实际上,从一个中国人的角度看,好像并不是如此。我曾经看过一个大公司的规章制度,厚厚一大本,其中就有按民权法所制定的禁止工作场所"性骚扰"的很多规定。比如说,不允许在工作场所张贴裸体照片。美国人是非常习惯在自己的工作环境里放一些私人照片和装饰的,一般的办公室,其主人都会放各种放大的家庭照片,还有各种自己喜欢的装饰画和照片,五花八门,什么都有。但是如果放一张裸体照,就属于"性骚扰"的范围。这条规定甚至严格到如果你在自己更衣箱内侧贴裸体照,都在被禁止范围之内。又比如,在工作场所说脏话也属于"性骚扰"范围,哪怕是顺口溜出来的也不行。对于开玩笑也有明确的界限,规章制度认定,不同的性别对于一个玩笑是有不同的感受和理解的,对于一个"玩笑"是否属于"性骚扰",它的确定,以听这个"玩笑"一方的感受为标准。也就是说,你在开一个玩笑的时候,不论你自己认为是多么"无所谓",只要听这个玩笑的人认为听了不舒服,认为你是在"性骚扰",就可以确认你是"性骚扰"。

对于管理人员要求就特别严格,如果和自己所管理的工作人员约会谈恋爱的话,公司规定其中一方必须调往另一部门工作,并且明文警告,这样的情况有可能影响管理人员的前程。同时,制度中还有对发生了"性骚扰"的情况之后,被"骚扰"者如何向上投诉的指示,指定向一定的部门和负责人提出告诉。接受告诉者有责任代为保密,并在规定的天数内必须给出调查和处理的答复。但是,如果已经告上法庭的话,公司不再有代为保密的责任。

我的一个朋友在工厂的流水线上操作,她告诉过我发生在她这个车间的事情。有一天工作特别忙,女工们纷纷在抱怨腰酸背疼,一名男性管理员就站在一名女工身后,他就为那个女工捏了捏肩膀。通常,这只是一种友好的表示。事后,那名管理员被主管找去谈话,他已被控"性骚扰"。他当然为自己声辩,主管就拿出公司规定给他看,在规定上,建议所有的工作人员肢体"不接触"。因为,"不情愿的接触"是性骚扰罪名中很重要的一条,为了避免这一点,干脆"不接触"是最简单的。不仅异性之间有这样的问题,同性之间都是如此,因为社会上还有同性恋者。实际上,美国人对于"接触",是远比中国人敏感的,概念也不一样。时间长了,我们也习惯了和美国朋友在见面和分手的时候拥抱,不论男女,一切感觉都很自然。但是,在不太熟悉的人之间,美国人的个人空间要求相当高。我第一天到美国,就发现他们从我身边走过,常常还在两尺距离之外的时候,已经在对我说"对不起"了。因为,他感觉已经侵犯了我的空间。在邮局排队,人们之间的距离也会拉得很开。当然在地铁里,尤其是大城市的地铁里,无法做到拉开距离,但是只要在可能的情况下,距离会十分自然地马上拉开,更不要说互相"接触"了。

这些法律法规对于美国人,是一个个不同地区的人们共同生活的公约,地方法律的改变,往往需要经过当地的公民投票。一些公众关心的重大问题,更要由立法来决定。比如说,是否可以发行彩票。我们刚到这个州的时候,这里的法律是不允许发行彩票的,之后,州长提出议案,以发行彩票集资改善教育,遭到另一部分人强烈的反对。经过大量的宣传和反宣传,老百姓两边意见都听了一年多,最后,公民投票通过,从两年前开始,这个州修改法律,这才开始发行彩票。你进入一个地区生活,也就必须遵从这个地方人民的公约,如果你不喜欢,你有搬家的自由,但是没有在当地违法的"自由"。

在美国多如牛毛的法律之下,我们发现,中国人常常以"好"、"不好"、"坏"这样的字眼去作道德评判的事情,在这里往往是通过立法尽量把它归入法律的范畴,并且使之深入人心。所以,刚来的时候,和美国人聊天,立即发现我们和他们之间有一个很大差别,就是我们在评论一件事情"好"和"不好"的时候,他们经常只是简单地说:"这是合法的"以及"这是非法的"。

有一件事我印象很深。几年前,我们和一个从芝加哥来的北京朋友聊天,他谈到有些华人老板在这里颇为抠门,有时工人加班都不给加班费。这时,他那个到美国学校接受教育才两三年、只有十二岁的女儿在一旁听了之后,马上本能地用英语大叫:"这是非法的!"我们听了反而愣住了。

很快,我们也渐渐习惯了这样的思路。记得那次从大峡谷回来,我兴高采烈地和一大帮美国人一起谈我的大峡谷之行。他们也兴冲冲地和我开玩笑:"这么深的峡谷,不干点什么多可惜呀!你就没往下扔个可乐罐吗?"我脱口而出:"那是非法的!"大家更高兴了,因为他们发现我也终于开始习惯用这样的字眼了。看到这里,你也许忍不住要问了,闹了半天美国居然是这么"不自由",那么美国的"自由"到底体现在什么地方呢?

在美国,所有的地方法都不能与宪法的精神相违背。它的宪法确立了一个民主制度,宪法的修正案,尤其这个修正案的前十条,通常被称为权利法案的,保证了美国每一个"个人"最基本的权利不受侵犯。美国人认为,假如一个人最基本的权利能够得到保障,他就是自由的。可以自由地思想,不必担心受到禁止和压制;可以自由地获取各种知识和信息,不必担心受到限制;可以自由地表达自己的意见,不必担心受到威胁;可以自由地进行创造,不必担心受到约束;可以自由地在自己的土地上生活,不必担心家园受到入侵和破坏;可以在法律的范围内自由地做任何事情,不必担心受到诬陷和冤狱;而且,在这一切受到威胁的时候,可以请求法律的保护,甚至有权利拿起枪来捍卫自己的自由。

因此,在美国教育下出来的老百姓,对于公民权利是非常敏感的。一方面,他们接受非常严格的"合法"与"非法"概念;另一方面,他们最关心自己在这个国家拥有哪一些法律所保障的权利,并且在现实生活中切切实实地享有这些权利。因为对于他们来说,这就是自由的保证。如果任何人,包括美国政府在内,试图侵犯他们的权利,他们非跟你玩命不可。所以,我们看到,凡是有关公民权利的案例,也就是那些牵涉到宪法所保护的个人自由的案例,他们非常较真儿,经常一个小人物的案子就会引起全国性的辩论,甚至惊动最高法院。

所以，看来我要谈到美国自由的话，必须介绍美国人拥有一些什么权利，最简单的方法就是介绍一下美国自由的守护神——权利法案了。这些法案对于中国人并不是什么新鲜玩意儿，我记得在中国的时候，我们都读过这些法案，当时这些法案已经和美国的一些其他重要历史文件一起，被翻译介绍到了中国。但是，对于当时的我们，这只是一些写在纸上有关权利的简单条文，似乎并没有什么现实意义。来到美国之后，最大的不同，就是看到了这些毫无生气的条文在美国人的生活中如何地"活"起来。说真的，看着这些条文活起来，真是非常有趣。我想和你聊的，就是那些"活"的条文。

要谈到著名的权利法案，我必须提一提这个国家的建立过程，因为美国这个国家的建立是非常特别的。你知道美国在建国之前有很长的殖民地历史，当时它的大部分只是英国的殖民地。后来，这里的人越来越不满于英国对于美洲殖民地的政策，首当其冲的是其税收政策和限制美洲殖民地的自治。同时，引起极大民愤的，是英国立法不允许美洲的老百姓有集会自由，并且允许当地驻军占用民房，使人民的私有财产受到侵犯，结果冲突频起。每当发生冲突，他们面对的总是武器精良训练有素的英国正规军的镇压，所以他们深感这是一种不公平的对弈。

想想是很有意思，最终引发的那场称之为"独立战争"的战争，实际上并不同于此后世界上发生的许多殖民地争取独立的战争。因为美国的"独立战争"没有此类战争通常所具有的民族主义色彩。在当时的美洲大陆上，大多数居民来自英国，而且还有不少人的移民历史不长，他们不仅与英国有着千丝万缕的关系，甚至还有着很强的认同感。而他们偏偏是想要从英王那里独立出来。所以，与其说这是一场反抗殖民者的战争，还不如说这是一场官逼民反、要求地方独立自治的国内战争。事实上,当时确有许多美洲的英王保皇派站到了英国军队一边,使这场战争内战的色彩更为浓厚。

我说这个国家的建立很特别,是因为我发现如果严格追究的话,你都无法确定这个国家到底算是什么时候成立的。现在美国人庆祝国庆是在每年的七月四日,这是美国1776年发表《独立宣言》的日子。美国的建国就是从那一年算起的。但是,这个时候,为时八年企图脱离英国统治的"美国革命"刚刚开始一年,美国只是宣布了它决心独立这样一个目标,离真正独立还有一段很长的路要走。所以,当时的美国根本还没有像其他的国家那样,在成立的时候拥有一个必不可少的像样的政府,也没有总统,没有宪法,没有很多作为一个国家似乎必须有的东西,它的建国者甚至还没有把美国的江山打下来。

《独立宣言》是由所谓的"大陆议会"发布的。这个"议会",只是当时英国的美洲殖民地各个地区的代表,暂时凑在一起的一个"会议"而已。这个"大陆议会"算不上是政府,它的第一次会议也不是《独立宣言》发表那年。1774年,也就是《独立宣言》发表的两年之前,它已经开过一次会,决定"造反"了。只是当时他们中的大多数人决定"反"的,还只是"反"英王的不合理法令,目标并不是独立,而只是争取殖民地人民的自由。两年之后,他们再次开会的时候,已经经过了一段和英王驻军的战争,此时他们一致认为,不摆脱英王的统治,他们不可能自由。这才产生了独立的念头,有了《独立宣言》。因此,严格地说,这时,美国的建国者只是宣称要"独立",天下却还远远没有打下来。

也许,在当时美国人的概念中,他们已经是"自由独立的美国"了。在他们看来,总统不是什么必要条件,中央政府也不是什么必

《独立宣言》

要条件，他们有关自由独立的美国的理想，才是一个必要条件。他们认为，当他们向全世界宣布他们的理想的这一天起，美国就已经建立起来了。

他们毕竟曾经是英王的子民，独立实际上就是颠覆英王派驻在美洲殖民地的合法总督政府。在哪国的历史上，造反都不新鲜，中国也有的是农民起义，成者为王，败者为寇嘛，这种情况多的是。可是，美国的建国者好像和中国历史上所有的农民起义领袖都不同，他们要的并不是"拉下老皇帝，我当新皇帝"。他们自认是在追求一种属于人类的理想，他们在《独立宣言》中说，他们要求是在这块土地上生长平等、自由和幸福。

因此，他们在《独立宣言》中，很有意思地否定了他们自己在打下江山之后必定要坐江山的合理性。他们似乎没有看出"打江山"和"坐江山"之间有什么逻辑上的必然联系，那么，什么是成立政府的"合理性"呢？他们在《独立宣言》中说："我们认为下面这些真理是不言而喻的：人人生而平等，造物主赋予他们一些不可剥夺的权利，其中包括生命权、自由权和追求幸福的权利，为了保障这些权利，人类才在他们中间建立政府"，所以，"政府的正当权利，是要经过被治理者的同意才产生的"。美国的建国者通过这个宣言明确表示，政府是人民为了保护自己的天赋权利才组织起来的，一旦"任何形式的政府对这些目标具有破坏作用时，人民有权力改变和废除它"。

这一切都发生在打下江山之前，事实上，此后还经历了七年的"独立战争"。直到1783年，他们才打胜了这场以"生命、自由和追求幸福"的名义而举行的战争，英国终于签字承认了美国的独立。但是，独立之后的美国人民就保证能够得到自由了吗？我想这肯定不是必然的。在历史上,所有试图推翻旧政权的力量,都拥有过一个对老百姓来说是绝对动听的口号。道理很简单,仗是要老百姓一起打的,没有人民的支持,任何草莽力量都无法和一个现成的政府抗衡。当胜利的一天到来的时候,当得胜的将领胸中回荡着一股豪壮之气的时候,当初的动听宣言后面,往往就悄悄地爬上了一个问号。独立战争取胜的时候,对于胜利的将领们,应该是顺势把大权一下子揽过来的最佳时刻,因为此刻的人民心中正充满了对他们的英雄的崇敬,尤其是对华盛顿这样一个军队统帅。但是,这个英雄和统帅以及所有的美国独立的功臣们,居然像他们的士兵们一样,仗一打完就一哄而散,统统回家该干什么就干什么去了!美国还是没有一个像样的政府。这事儿摊在哪个国家头上似乎都无法想象,你说这美国的建国是不是很特别?

和华盛顿有过同样功绩的世界各国伟人们,不知是否能够理解华盛顿和他的伙伴们。我至少一度怀疑他们的"反常"举止,是因为他们是蛮荒大陆上的乡巴佬的缘故,没有领袖的"气质和魄力"。因为我老是很奇怪地在美国园林史里看到华盛顿的身影。华盛顿酷爱田园生活,所有介绍美国园林史的书籍,都要提到他和他这一辈人对美国园林的影响。在独立战争中,他还念念不忘写信回家,对庄园的种植进行安排,并且从英国邮购各种植物的种子。战争一结束,他就迫不及待地回到他的庄园,忙着在他的土地上,致力于改良品种,终日与牛马为伍,尽情享受着归隐田园的乐趣。以至于在1783年英国承认他们独立之后,美国似乎还是没有"建国"。依然没有总统,没有统一的税收,没有一个政府应该有的许多东西,一点不像一个正儿八经的"国家"。

所以,当这批最初的建国者打下江山的时候,看上去他们好像就跟他们手下的士兵一样,松下一口气,说:这下好歹摆脱那该死的中央政府,可以自由了。所以,独立后的美国非常松散,他们甚至把这个应该是国家的东西叫作"友好联盟"。各州纷纷通过他们自己的州宪法,在这些州宪法里,很多都包含了今天的《权利法案》的内容,即以法律的名义保护个人的自由。独立第二年,当时的"大陆议会"还通过了一个文件,以确认各州可以保持他们的"主权、自由和独立"。不管这事情看上去是多么荒唐,但是有一点是可以肯定的,美国的建国者确是一批真正热爱自由的理想主义者,他们的作为,尤其是他们在得到这个国家之后的作为,为美国成为一个自由国家奠定了基础,为美国人和千千万万个即将来到这个国家的移民的自由奠定了基础。

此后,几年的实践证明:美国作为一个主权国家,如此薄弱的政府体系实在挑不起类似协调金融贸易、调节市场流通、保卫边疆之类的重担。于是,在美国《独立宣言》发表十一年之后,在独立战争结束四年之后,1787年,美国的各州代表才被迫重新聚集在一起,讨论起草一个宪法,以试图建立一个强有力的政府,即美国联邦政府。

但是,这些建国者们似乎对英国政府统治下的前车之鉴尚且记忆犹新,而且深恶痛绝。对于"中央政府"这个玩意儿依然疑虑重重,他们生怕逃出虎穴又落入狼口,生怕美国人民重新丧失他们刚刚得到的自由。也许你会说,这回该是轮到他们自己建立政府了,只要他们自己下定决心"施仁政",不就得了,有什么可犯难的。但是,他们似乎认为事情并不那么简单。他们认为,国家机器自有它自己的运转机制,只要建立起来,它就会成千上百年地运转下去。万一走上歧途,小小百姓根本很难与之匹敌。

他们从与英政府打交道的过程中深有体会,政府是可以随时调动

美国的建国者们（2美元纸币上的画像）

包括军队在内的强有力手段的，而人民是势单力薄的；政府是由一大批精英组成的，而人民是松散的、水平参差不齐的；政府是可以调动上千亿来自税收的财富的，而老百姓手里的小钱是干不了什么的。如果没有一种制度上的保证，那个原本期望是为人民效力的联邦政府，轻而易举地就可以做到金蝉脱壳，变成一个凌驾于人民之上的怪物。到了那个时候，再想要"扭转乾坤"就太吃力了。因此，在制造这个巨兽之前，他们只觉得自己是在面临一场巨大的挑战。

美国的建国者依然面对他们原来的问题：如何虎口余生——如何制造一个强大的国家机器而人民的自由又不被它一口吃掉？对于他们来说，有一个思路是非常确定的，他们认为，所谓人民的自由不是什么抽象的东西，它就是具体的一个一个"个人"的自由，而对于这种自由最大的威胁,就是一个有组织的、有财力的、有执法权的巨大力量。因此,如果能限制联邦政府的权力,如果能在联邦政府的巨大威胁之下立法保护每一个具体的美国人的个人自由,那么,抽象的"人民自由"就已经实现了。

鉴于上述思路,他们在起草美国的宪法的时候,也就是在确立一个政府框架,制造美国的国家机器的同时,决定同时制定一些限制联邦政府权力、保护个人自由的条款,作为整个宪法的一部分。这就是著名的《权利法案》。在确定宪法的过程中,有两种意见发生了激烈的争执,一派的意见是这些保障人民自由的条款,必须与宪法的其他条款一起通过;另一派则希望政府能够早日进入工作状态,他们的意见认为,先通过宪法把政府建立起来,然后再讨论《权利法案》的条款,把它作为宪法修正案加上去。结果后一种意见占了上风。实际上,他们并没有什么大的分歧,他们都确认《权利法案》的重要性,分歧只是一个时间先后的问题。《权利法案》就是在这样的情况下诞生的。它旨在限制联邦政府权力的无限扩张,防止联邦政府干涉和剥夺美国人民的自由。从此由宪法所支撑的美国变成了一个设计精巧的结构,政府和人民时时处于互相制约的状态之中。这个运转结构也是美国稳定的原因之一:政府时时处于强有力的监督之下,它就不容易在错误的道路上走得太远,甚至发生大滑坡;同时,人民有了充分的自由,他们有了表达意愿的渠道以及宣泄情绪的出口,也就不容易积怨至深从而产生爆发性的破坏力。美国的政府结构也是很有意思的,以后有时间再聊。

到1789年,美国的宪法前一部分才被通过。也就是说,美国打赢独立战争的六年之后,美国人法定的建国日十三年之后,美国政府才开始工作,美国才刚刚通过民主选举,选出他们的第一届总统华盛顿。这

《权利法案》

个时候,美国大概可以说正式建立起来了。正是这一年,法国大革命爆发,法国人攻下了巴士底狱。整个世界都为之震动,把法国革命看做是平等自由的先驱。而在当时人们不屑一顾的蛮荒之地美洲大陆,一个民主的制度,一个自由的国家已经在非常理性的思考下悄悄建立起来了。即使我们在今天以挑剔的眼光,审视这份二百年来一个字都没有被修改过的美国宪法,都会被它所表现的人类智慧和理性所折服。

《权利法案》,即宪法修正案的前十条,是在1791年依法被大部分州通过之后,成为美国宪法的一部分的。

以上我所谈到的历史部分,你可以轻易地从美国的中学课本中找到,宪法教育是他们中学教育中很重要的一部分。我看到过一本中学课本,一张卡通画形象地表现了他们前辈的思考:画上的一个人拿着一份宪法草案说:"我们需要一个有力的国家政府!"一个惊叹号;另一个人则激动地争辩:"你这文件上没有列出我们的权利!!!"三个惊叹号。画得十分生动。

美国的自由就是这么开始的。但是,我会在后面向你介绍,美国人追求自由的过程实在并不是一帆风顺的,《权利法案》在两百多年来的实践中,它简洁的条文必须面对复杂而且活生生的现实生活,它纸面上的立法必须逐步打破甚至已经存在了几百年的习惯势力(如种族偏见),去真正确立人的尊严。它不断受到不同时代特点的挑战,而且在将来肯定会遭遇更为严峻的考验,人们为此所支付的沉重代价会一次次动摇自由的信念。所以,看到了美国的自由之后,我们常常说,自由实在不是什么罗曼蒂克的东西,这只不过是一个选择,是一个民族在明白了自由的全部含义,清醒地知道必须付出多少代价,测试过自己的承受能力之后,作出的一个选择。

而且,这并不是一锤定音的终极选择。自由除了质的定义,还有量的测度。在不同的时代,自由所经受的冲击和支付的代价是不同的,人们的认识程度和承受能力也是不同的。当必须支付的代价超过了承受能力,人们往往会选择放弃一部分自由。自由和代价是两个分不开的话题。

今天写得够长的了,下回再接着写吧。

盼来信!

林 达

三K党的故事

卢兄：你好！

谢谢你的来信。你说正在等我的"下回分解"，才发现自己一停笔已经不少日子了，真是抱歉。

昨天是星期日，我们去了市中心的"人权节"，很是有趣。在这里，每个城市都有各种各样的节日，一般都安排在气候最舒服的季节。一方面，给人们提供一个轻松愉快的假日休闲去处；另一方面，这些节日的主办单位也可以有一笔收入。我们所居住的城市也有这样的节日。这种节日有各种各样的主题和名称，例如，苹果节（庆祝苹果收获）、樱花节（在大片盛开的樱花树下赏花）等等。主要形式都差不多，最多的总是小吃摊，然后，就是卖各种小商品、小工艺品的。正中总是有搭建的临时舞台，鼓乐歌舞不断，十分热闹。有时还有化装游行。整个安排，比如在市中心划出一块禁车区，附近的交通管制，警察维持治安等等，都是由当地政府协助完成的。

"人权节"的名称听上去严肃了点儿，但是整个形式和其他节日差不多，有的是好吃好玩和好看的。你猜猜这一天该着谁最不高兴？是开饭馆的。因为大家都在小吃摊上吃饱了，顾不上再照顾饭馆的生意了。

整个气氛确实就像过节，唯一不同的是，在"人权节"上，最好的中心地段只有非营利组织才能在里面设摊。任何一个地方，呼吁人权的呼声最高的，往往总是处于少数、处于劣势、处于被动地位的人和团体，在美国也是一样。这一天，是这些组织特别高兴的时刻，他们拉起横幅，放上宣传画，卖他们自己出版的报纸，散发宣传品等等。他们的观点、宗旨、目标包罗万象，什么样的都有。从保护环境、保护宠物，到共产党、托洛斯基派、民兵组织……应有尽有。他们之间的观点有很多是互相冲突的，甚至是势不两立的。但是，在这里，在春天暖暖的阳光下，他们比邻设摊，友好相处，绝对没有剑拔弩张、一争高下的景象。他们都积极地向过往行人阐述，或者说兜售自己的观点，以赢得听众。"言论摊"在这里就像小吃摊一样在争取人们的光顾。

说真的，这些人挺吃力的。你想想，在一个什么都可以说、什么都有人说的地方，你要想脱颖而出，引起人们的特别注意，可不就是怪难的吗？

我们逛了一大圈之后，来到中心广场。小小的广场安排得十分紧凑，台上的摇滚乐正在兴头上。一个大概是跟儿童有什么关系的组织，派出了两名女士正在给小朋友的脸上画各种好看的图案。不知哪个组织提供了好几罐彩笔，让大家在广场的水泥地上，随心所欲地涂抹写画自己的想象和理想。我们在托洛斯基派的摊位上买了一本他的自传，还在共产党的摊位上看到了久违的毛泽东戴着军帽的大幅画像,看到了"文化大革命"时出版的小册子。我翻了翻,"红卫兵文艺小分队"在里面摆着很革命的姿势,"赤脚医生"正背着药箱在向我微笑。

我们恰巧认识这个摊位上的一个小伙子,他叫杉尼加。他剃着一个"朋克"头,头发染了一点绿色,头颈里挂着一条粗粗的铁链条作装饰,牛仔裤破得很时髦。他的兄弟是美国共产党的党员,他也参加共产党的活动,他们的头儿是一个马克思家乡来的德国人。据说他们每周开一次会研究革命大业,总是通宵达旦,以致他第二天总是不能再上班。为此他甚至几次丢了工作,依然为理想在所不惜。杉尼加实际上是个十分腼腆、和善的小伙子,只有十九岁。他对中国发生的"文化大革命"的了解,只限于当时中国向海外发行的宣传品的范围。其实,他在诸多中国留学生来到这里以后,已经听到了许多不同版本的"文革故事",但是他宁可相信那些三十年前的宣传品,也不愿意让留学生们那些扫兴的故事搅了他十九岁的乌托邦好梦。看到他,使我们又想起前年我们去旧金山时,一个朋友讲到她遇到的"美国红卫兵"。

这位朋友在旧金山的"中国城"也遇到一个美国人积极向她宣传"文化大革命"。她想,你这家伙在美国吃饱喝足,昏了头对中国来的人奢谈什么"文革"。当初,我们谁也没有逮着机会向中国的"文革宣传者"喝他一声,这回可不想错过机会,就用英语对他大叫了一声"闭嘴"。我们一群听了都哄堂大笑,觉得颇为痛快。尽管这个朋友和我们大家都知道,谁也无法让他真的"闭嘴",因为他有言论自由,这是宪法赋予他的权利。那就是我上封信中所提到的《权利法案》。它的第一条就是:"国会不得制定有关下列事项的法律:确立一种宗教或禁止信教自由；剥夺言论自由或出版自由；或剥夺人民和平集会及向政府要求申冤的权利。"一般认为，在整个宪法修正案中，这是最重要的一条。当然，有了这一条，说什么都可以，嘴是挺痛快的，可耳朵就不一定舒坦。因为你时时有可能听到你不喜欢的、讨厌的，甚至极其憎恶的言论，但是，也同样因为有了这一条，谁也无法真的让别人闭嘴了。

宪法第一修正案的第一句，即"国会不得制定有关下列事项的法律"，简称"不得立法"条款，是美国宪法和宪法修正案的灵魂。我以后会慢慢给你解释这一条的深刻含义。你一定记得，我们尽管只是普通人，在一起的时候，倒也琢磨过民主自由的含义，甚至还琢磨过为什么必须有言论自由。我们谈到过，在大众语言中，民主自由总是像四字成语一样连在一起，而实际上，它们只是凑巧因为同是被人们追求的目标，才被许多人一糊涂而误以为是一回事儿。包括希特勒在内的不少专制体制都不失时机地利用过人们的这种糊涂。其实中国人倒是应该很能理解辨别其中的差异，甚至明白它们水火不相容的矛盾冲突的。只需这么一想马上就清楚了："文化大革命"那样的"大民主"一来，那些掌握了真理的少数人别说是自由，还会有活路吗？

我们想过，也许，正是考虑到在特定的历史条件下，人们的普遍认知水平受到局限的情况下，必须避免任何人以"民主"的借口扼杀思想扼杀真理，或者干脆谋杀了那个口吐真言的倒霉蛋。所以，才必须有言论自由。我们当时还谈到，言论所表达的思想，是最丰富最无从把握的，其发展是与人类共存亡的。也就是说，只要人类还存在下去，就没有终极真理和绝对真理。谁也不能仗着人多势众就不准别人开口。如果把这个问题用通俗化的简单语言来表达，那就是在中国大家都熟悉的一句话：真理往往掌握在少数人手里。

直到我踏到美国的土地上，我还以为，美国人把言论自由看作是最基本最重要的权利，也是因为他们和我们有共同的理解：正是为了保护在任何时间空间里有可能存在的"潜在真理"，所以，才不给任何人以绝对真理自居，并且迫使别人服从的权力，或者像我们以前熟悉的说法，真理越辩越明。

可是你一定没有想到，这居然是一个天大的误解。美国人心中的言论自由，与真理不真理根本不沾边。美国的《权利法案》第一修正案的关键就是：言论自由与真理完全无关。

其实很多国家的宪法都有言论自由这一条，并不是什么稀罕玩意儿。那么，美国的《权利法案》有什么特殊的地方呢？它的特点就是规定了政府不得立法剥夺这种自由。也就是说，政府不能借口紧急状态、战争状态或其他任何非常状态，去剥夺或限制人民的宗教、言论及出版自由。为什么呢？就因为美国人对于这些权利的理解与我们当初的理解大相径庭。

他们认为，这些自由是基本人权，即，这是一个人与生俱来的天赋权利。如言论自由，只要是一个人，就有表达自己思想的权利，这跟发表言论的这个人是好人还是恶棍没有关系，这和表达出来的东西是真理还是谬误也毫不相干。哪怕他的思想是彻头彻尾的谬误，哪怕假设有一种方法，可以鉴定出他的思想不论在过去、现在和将来都绝对是谬误，但他作为一个人，还是有权利说出他的想法来。说出来，是合法的。

但是，这么说只是一个非常抽象的概念。并没有回答你的好奇，你提出的大问题还在这里：到底是怎么个自由法呢？

当然，在来美国之前，我们就知道这里有言论自由这么回事儿。然而，真正看到这里五花八门的言论，还是发现自己以前的想象力不够丰富。很多中国人能够想象得出的最大的自由，大概就是毛泽东在提倡"百花齐放，百家争鸣"时所做的形容和定义："有选举权的，宪法就规定他有言论自由，我们就得让人家讲话。我可以批评他，他也可以批评我，这就是言论自由。"

那么，在美国，言论自由是什么呢？说白了，它的意思就是不管你说什么、写什么，只要不真干，都无人干涉。真干的话，必须受法律约束，合法的行，非法的不行。因此，基于美国复杂的移民背景，你在这里不仅永远可以听到不同声音，而且，可以听到超出你想象的千奇百怪的无数种不同声音，包括滥用言论自由者发出的不和谐音。

这非举点例子不可。

你比较熟悉的美国运用言论自由的例子，是当年的黑人运动领袖马丁·路德·金。他是基督教黑人教堂的一个牧师，他充分利用了宪法中"言论自由"的条款，坚持非暴力。他发动的呼吁人权的走向华盛顿和平大游行，吸引了包括许多白人在内的二十五万人，成功地使六十年代黑人争取人权的运动达到了目的。由于他被一个白人的种族主义分子暗杀后，毛泽东曾经发过唁电，因此，一般中国人对这个名字都不陌生，虽然在中国对他有深入了解的人并不多。他和这一段历史在美国的公共电视台经常播放，他的生日被定为国定假日，在电视上你可以无数次地看到他的著名演说："我有一个梦……"这是很典型地运用言论自由的正面事例。

可想而知，当时的美国政府对日益声势浩大的民众动荡也伤透脑筋，但是，他们却只能对整个运动的领袖听之任之。因为，马丁·路

马丁·路德·金

德·金是合法的。枪杀他的詹姆斯·厄尔·雷是一个白人的极端分子，这一行动只是他的个人行为，与美国政府没有任何关系。这个人如果只是像其他所有的白人种族主义分子一样，仅以言论表达他的意见，那么他在美国也是合法的，可是他走了极端，杀了人，被判定为一级谋杀罪，处以终生监禁。最近，他曾提出假释要求，被否决了。所以，他至今还待在囚牢里。

马丁·路德·金是诺贝尔和平奖的获得者。他认为"手段代表了在形成之中的理想和在进行之中的目的，人们无法通过邪恶的手段来达到美好的目的，因为手段是种子，目的是树"。因此，他的演说一直是非常理性的。

与马丁·路德·金同时期的另一位重要黑人运动领袖马康姆·X（Malcolm·X），也是当时黑人穆斯林教的领导人之一。他和马丁·路德·金一样，也充分利用了美国宪法所保障的言论自由，去唤醒黑

马康姆·X

人的人权意识,但是他的主张是"为了赢得自由可以用一切必要的手段"。他的经历以及他的观点都远比马丁·路德·金有更大的跌宕起伏和变化。

他曾经相信过"白人都是魔鬼",也曾有过非常极端言论的演讲。他曾经宣传过"以暴力反对暴力"。但是,即使在他的言论最极端的时候,他本人的行为始终还是在言论自由的范围之内,从未使用过任何暴力。因此,他也是合法的。

在肯尼迪总统被暗杀,全美国都处于震惊哀痛的气氛中,唯有他发出了"恶有恶报"的评论,引起舆论大哗。要知道,在六十年代美国的种族问题在立法上面临彻底解决的关头,肯尼迪支持黑人民权运动的态度还是鲜明的。当立法取消种族隔离前后一段时期,一些保守的南方城镇种族矛盾十分激化。如阿肯色州的小石城有一些白人种族主义分子,试图阻止第一批黑人学生进入原来的白人学校,正是肯尼迪总统下令由联邦国民兵保护黑人学生上学。此类措施确实有助于美国尽可能平稳地度过这个历史转折。尽管马康姆·X对肯尼迪的死发表了异乎寻常的见解,但是,除了他的伊斯兰教组织的教主因此令他禁口九十天之外,也没有任何其他方面对他的言论加以限制,因为他是合法的。他有权说出他的个人感受。教主后来变得无限期的禁口指令,也成为他离开该教会组织的原因之一。

马康姆·X最终成为一个悲剧的主角。当他到麦加朝圣,开始相信,在美国黑人和白人有可能互相尊重而共存的时候,当他开始转向温和、可以冷静地思考马丁·路德·金的理想的时候,激进派却讨厌他了。"他们不让我转弯,我走进了死胡同",说完这句话不到一个月,从麦加回来只有九个月,他就被枪杀在演讲的讲台上。

《权利法案》是针对美国联邦政府的,它有效地阻止了各届美国政府对人民言论自由的干涉。但是,不同的时期,都有各种各样来自各个民族的极端主义者。总有人企图用枪弹封杀与自己观点不同的言论。枪杀马康姆·X的三名枪手都是来自新泽西州纽瓦克清真寺、和他的观点不同的黑人穆斯林。他们被判无期徒刑,在1985年被假释。

马康姆·X是一个非常有意思的历史人物,我希望以后有时间专门给你聊聊他的故事,因为他和美国最重要的一段历史密不可分。在这里我提到他,是为了说明,过激的言论同样在宪法保护的范围之内。

那么,到哪一步法律就要开始追究了呢?就是当你开始走向违法的行动,哪怕只是迈出半步。作为一个例子,我再把刚才的故事接着讲下去。马康姆·X的被谋杀抓住的只是枪手,对此案幕后的主使者尽管有种种猜测,却一直没有被确认。原先的教主有一些幸灾乐祸的言论,但是断然否认参与阴谋。被人们怀疑为幕后者的有一个是曾与马康姆·X关系非常好的教内兄弟,叫路易斯·法拉肯,在马康姆·X与教主分裂的时候,他站在教主一边激烈地反对过马康姆·X,我们现在还时而可以在电视上看到他,他至今仍是美国最大的黑人穆斯林组织的领导人之一,非常能言善辩。据说,在马康姆被害的前夜,他不仅就在纽瓦克清真寺,而且还说过"马康姆逃不了,只有一死"的话。但是,由于没有确切的证据,一切只能停留在猜测的层面上。

但是,当初年仅十四岁,亲眼看到马康姆倒在血泊中的他的大女儿,却坚信这个人是幕后凶手。据新闻报道,在复仇的念头下,她在去年多次打电话并且已经部分付款给她的男友,雇他去刺杀路易斯·法拉肯,结果被告发。经过起诉,成为马康姆案三十年后的续集,因而轰动全国。但是在今年开庭之前,原告与被告之间以某种交易达成庭外协议,原告撤销了起诉。对于该案,众说纷纭,有说是被雇者诱她上钩之后去邀功请赏的,也有说是政府阴谋的。这只能留给历史学家去研究了。我想说的只是,美国宪法只保护包括过激言论在内的一切言论,一旦走出《权利法案》保护的范围,哪怕只有一小步,也是非常危险的。严格地说,她的行为本身并不是杀人,但是用法律的语言说,她的言论会导致迫在眉睫的危险,因此,出了宪法保护的范围。这一案件如果不撤诉并且判定有罪的话,最高刑期可达九十年,罚款可达二百二十五万美元。

《权利法案》本身是用于限制联邦政府的,但是,从政府、司法,到民众各方,对于言论自由实践中产生的具体问题,如何在合法与非法之间界定,也是随着历史的发展而认识逐步深化,逐渐取得基本共识的。在整个发展过程中,美国人同时还时时面临着滥用自由者的挑战,还常常不得不在个人安全、国家安全与言论自由之间权衡。尤其是最高法院,总是被推到困难判断的最前沿。因为要保障言论自由,仅仅靠一条抽象大原则的宪法修正案是远远不够的。具体界定通常需要由法院裁决,困难的案子一般都要上诉到最高法院,他们的判例可以被此后的案子援引,直至新的判决推翻老的判例为止。

对于宪法修正案最重要的第一修正案,几乎从一开始,最高法院就挣扎在两难之间:既要维护言论自由的承诺,又惧怕言论引起的非法行为以及煽动的暴力,甚至担心危及国家安全。因此产生了最著名的,对所有宪法条款都有效的"清楚与现实的危险"测定原则。在此原则之下,如果政府无法证明某一言论是造成了清楚与现实的危险,它就不能对该言论的发表者进行惩罚。这条原则产生在二十世纪初。

但是,新的判断困难随之而来。什么样的危险算是"危险"了呢?危险的可能性到什么地步算是"清楚"了呢?离危险相距多远就算是"现实"了呢?到了美国以后,我们发现美国人对于这一类问题非常顶真,已经到了咬文嚼字、锱铢必究的地步。大概对于他们来说,人命关天,马虎不得。或者更确切地说,个人的自由事关重大,不得马虎。

由于这一类问题本身的模糊性,也由于"自由言论"在美国的生活中的重要位置,使它在美国的发展带有很鲜明的历史印记,几乎每一次重大案例的确定都反映了大的社会变革。在早期,美国的最高法院依据1917年的《间谍法案》判案时,对于自由言论的理解还是非常狭窄的。例如,在1918年,一个曾四次以社会主义者身份竞选总统的工人领袖尤金·德布斯,就因为站在大街上公然反对第一次世界大战和宣传社会主义而入狱,罪名是煽动不服从、非忠诚和叛变,煽动拒服兵役和阻碍美国征兵。

五十年代，还有一些涉及美国共产党的案子。我们都很熟悉，在共产党的思想体系里，要武装革命，暴力推翻政府，这和武力夺取政权是很合逻辑的事情。美国最高法院在这些案子里，则竭力试图将直接组织暴动和宣传暴动分开，因为根据宪法，对前者联邦政府有权干预，而后者却属于信仰范围，政府就是不满意，也只能干瞪眼。1951年，美国最高法院还认定美国共产党领袖有阴谋颠覆政府罪，但到了1957年，最高法院在判案时观点已经完全不同，因为他们发现，这些共产党领导人所说的"暴力革命"和"武装推翻政府"，更像是在宣传一种信仰，也就是说它所可能引起的"危险"，并不是非常"清楚"和"现实"的。

到了1969年，在美国最高法院判决布朗登堡案的时候，重新规定了"清楚和现实的危险测定"原则。它规定，只有当一个言论所宣传的暴力，有可能直接煽起"迫在眉睫"的非法行动时，政府才有权干预。在这时，整个美国社会也已经变得非常宽容。在我刚刚提到的尤金·德布斯被判刑的五十年后，人们再回顾这个案子，已经觉得完全不可思议。在六十年代，煽动反越战和宣传不论什么主义，都已被公认为是天经地义的"言论自由"了。这也是六十年代黑人能够取得民权运动胜利的基础。

这种历史的巨大进步，和最高法院在解释宪法对于言论自由的条款时，所作出的"清楚和现实的危险测定"，以及规定这种"危险"以"迫在眉睫"为标准，是分不开的。如果没有这一条，只要是对美国政府不满，或是呼吁大家起来反对联邦政府的某项政策的言论，都很难逃脱"颠覆政府"的罪名，更不要说像美国共产党这样公然主张"武装斗争"的政党，也赢得一席合法地位了。有了以上的原则和标准之后，美国几乎杜绝了以言论获罪。

对于一个社会来说，它所得到的收获不仅仅是自由，还有一个意外的收获，就是，美国几乎没有什么地下的秘密政党，因为不再有这个必要。"政党们"发现自己都可以堂而皇之地站在大街上，宣传自己哪怕是要求大家起来"暴力革命"的主张。这样，也就没有了某个"地下政党"和美国联邦政府作"地下斗争"的所有惊险故事。所有与这种故事有关的血腥气也就都不存在了。当然，美国联邦政府也因此省了很多力气，它乐得摆出一副"无为而治"的样子。大大小小的政党们也就全凭自己的"本事"了。民众是任凭你去"呼唤"的，就看你"唤"得起"唤"不起了。

时过境迁，当我们踏上这块土地的时候，六十年代以前南方种族隔离的情况已经恍如隔世。当然，在美国这样多种族的国家，种族问题依然存在，只是变得复杂得多了。白人和黑人的冲突远比当年淡化，而当初谁也没有想到过的不同少数族裔之间的问题却日益凸显。这我在前面也已经提到过一些了。

现在的美国，有各种各样的种族主义观点的人相信还有不少，但是，像三K党这样的极端种族主义分子却已经少了。即使同为三K党，他们中的大多数也比几十年前远为温和。不要说暴力行为要顾忌法律的惩罚，就是在宣传上，口气也软得多了。除了他们本身的认识也随时代变化有所不同之外，他们也希望靠这种变化，逐步把已经走散了的听众再吸引一些回来。真是三十年风水轮流转，当年的黑人领袖们，在美国处于劣势，必须充分利用宪法赋予他们"言论自由"的权利，争取黑人应有的人权。在今天，当三K党变得很不得人心，成了极少数的时候，竟轮到他们也想利用"言论自由"这一条来求生存了。你也许要问，像三 K 党这样的在历史上臭名昭著的团体，也允许他们公开言论吗？我前面已经说过，美国的言论自由与言论的内容无关，与言论的正确与否无关，与真理还是谬误无关。

三 K 党在这里也确实是够声名狼藉的，因此，在 1987 年 8 月，当他们在堪萨斯市的电视上想试一试言论自由的时候，居然引发了一场全国关注的辩论。

堪萨斯市的电视 20 频道，是当地一个闭路电视公司在商业经营的过程中搞的一套节目，称之为"公众参与"频道。它宣称来者不拒，先来先播。不论是谁，都可以事先制作好一套录像节目，付一笔费用后就公开播放。在今天的技术条件下，拍一套录像节目也不是一件很难的事情。电视台还宣称，对于任何人拿来的录像带都不做任何检查与删选，唯一的规矩是排队，"先来先播"。结果有一天，一个名叫丹尼斯·马昂的水力机械师，他同时也是三 K 党的一个领导人，拿来了一套名为《种族与情理》的录像带，要求每周播放一集。这一次，电视公司却没有痛快地接下他的节目，反而左右为难起来。

我们知道，《种族与情理》的节目制作人叫汤姆·麦茨格，此人以前是三 K 党的成员，当时是"白色雅利安人"组织的领导人。在言论自由的美国，有人制作播放这样的节目并不奇怪，这套节目当时在全国的五十个城市已经播放了五年，但是在堪萨斯市，这家电视公司和地方当局，却难以简简单单地把它当"言论自由"接受下来。

从这家电视公司来说，它的周围百分之九十五是黑人居民，他们完全有理由担心因为这套节目，失去公司的闭路电视订户。甚至还担心会出现抗议和引起暴力冲突。至于地方当局，里面已经有了一些黑人部长，当地还有不少黑人政治家。对于他们来说，这实在太过分了。

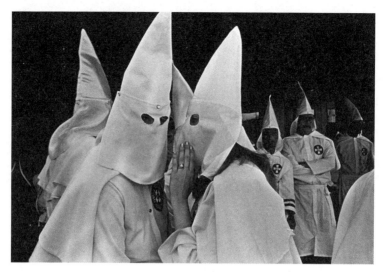

三K党

他们做梦也想不到,当年把他们引向民权运动胜利的"言论自由",有朝一日也会变成他们的对手所拥有的有效武器。

电视台的拒绝引起了三K党在电视公司前的集会,他们身穿连中国人都熟悉的三K党白色长袍,游行要求得到宪法所赋予的权利。这种视觉效果在黑人面前引起的刺激当然可想而知。全国关注的一场争辩就这么开始了。一方是以丹尼斯·马昂为首的三K党,另一方则是以黑人牧师克莱弗为代表的当地居民、堪萨斯市的市政府及电视公司。克莱弗牧师从小生长在种族隔离严重的南方,在他十五岁的时候,就带领过反种族隔离的游行。他取得神学硕士之后,成为一名牧师,同时,他是著名的美国公民自由联盟的地方委员,是马丁·路德·金所领导的南方基督教联合会的副主席,1979年还成为一名市议员。

电视公司手中的挡箭牌确实甚为薄弱。他们先提出,该公司的规定是播放当地制作的节目，《种族与情理》节目并非当地制作，故而他们有权拒绝。三K党立即表示他们将在当地重新制作一套"谈论节目"取代《种族与情理》。电视公司只好又提出，规定必须有六个人参加电视制作的训练，三K党一口答应，表示乐于接受训练。电视公司有点"黔驴技穷"了。据马昂说，他们打算制作的"谈论节目"，主题是种族问题，但是也打算揭露官僚主义及政府，他说："我们的节目是以白人劳动者为基础的，我们也打算揭露有钱人，他们的大多数都是白人。"他们还打算与黑人的黑色种族至上主义者和种族隔离主义者在"谈论节目"中交谈，马昂说："我们都不相信种族融合，我们只是肤色不同，观点是一致的。"克莱弗牧师却愤怒不已，他说："我从来不认为这是什么言论自由的案例，我只认为这是恐怖主义分子在利用电波。他们是在恐怖有可能滋长的地方制造气氛，在有问题的地方培育种族偏见的种子……如果有人享受言论自由而不影响别人的生存，我不反对。可他们是恐怖主义者，是谋杀者，从历史记录看，他们已经谋杀了成千上万的人，成千上万！"这是一个经历过种族隔离时期的黑人牧师非常自然、情绪激烈的反应。但是，连他也清楚地知道，从宪法的角度看，以前的三K党有谋杀黑人的记录，并不能成为剥夺今天的三K党成员言论自由的理由。他要领着人们取胜还是要寻找法律依据。

电视公司从公司规定的角度试图阻挡三K党的方法已经失败。克莱弗牧师是市议员，因此，他想从政府干涉的可能性入手，即我刚才提到过的"清楚和现实的危险测定"原则。但是，根据最高法院对布兰登堡的判例，他必须提供证据，同时证明这个即将播出的"谈论节目"不仅有引起暴力的"可能性"，而且暴力"迫在眉睫"，否则，这一条就套不上。由于当地居民曾经宣称,要以战斗来阻止三K党向电视台的进军,马昂也向新闻界说过"我们不惜杀开一条血路去得到这个机会,也不惜为言论自由而牺牲"之类的话。克莱弗相信自己可以提供暴力"可能性"的证据。但是,该节目还没制作出来,他和他在市议会的同事们自己也吃不准,是否拿得出暴力"迫在眉睫"的证据。他们只能放弃这个方向,寻找其他途径。

美国是一个私有制的国家,有权把别人从自己的私人领土上赶出去,是这个国家的最起码原则。一家之主当然有权不准别人在他自己的屋子里胡说八道。这一条对于克莱弗牧师和电视公司,真可谓柳暗花明又一村。他们立即提出:播放"公众参与"节目的有线电视频道,是该电视公司的私有财产,而不是什么"公众论坛"。

什么是"公众论坛"呢?在宪法第一修正案的保护范围里,除了演讲这样的"言论"之外,还有包括新闻、写作、示威、游行、传单和一定形式的象征性表达,例如在学校里戴个有象征和平图案的黑袖章,表示抗议战争。但是有一条,根据美国最高法院的原则:美国的地方政府可以制定一些合理的规定,规定这种表达的时间、地点和方式。但是,一是必须合理,比如不妨碍交通是一条合理的规定;二是"内容中性"。什么是"内容中性"呢?就是我前面说过的,言论自由与表达的是真理还是谬误无关,与表达的内容无关。

所以,有一点是很明确的:美国的地方政府对于言论的方式、地点等等的规定,其目的不能是为了限制某一言论的内容。因此,对所有的言论必须一视同仁。比如说,地方政府在某一广场举行过庆祝国庆的集会,那么,它就无法再拒绝其他任何内容的集会在同一地点举行。否则,就有违背"内容中性"的嫌疑,打起官司来的话,法院就可以判定该地方政府为违宪。同时，在美国，在一些特定地点的言论表达是特别受到保护的，比如说，街道、公园、广场和公共场所。有些地方历来被认为是属于人民的，这就是所谓的"公众论坛"。

这里还有一个很有意思的情况，在辩论开始以后，双方当然都请了律师，以便占据法律上的制高点。这一次，同意为三K党提供法律服务的，是美国公民自由联盟。在我们刚来的时候，就有美国朋友对我们说过："作为一个少数族裔新移民，又是穷人，你可不能不知道这个联盟。"因为，它经常为没钱请律师的少数族裔穷人提供免费高质量的法律服务，并且竭尽全力捍卫公民自由。所以，这个联盟在这里有很好的声誉，尤其在包括黑人在内的少数族裔中口碑甚佳。这也是我前面提到过的，克莱弗牧师担任这个联盟的地方委员的原因。但是这一次，他们却站在三K党一边，原因很简单，他们是美国公民自由联盟，他们的宗旨是保护公民自由，并不在乎提出申请要求帮助的是哪一部分公民，是持有哪一种观点的公民。

这个案子又有了时代变革和发展的特点。它把言论自由带到了电子时代。它提出了这样一个新时代的问题：电视节目到底是电视公司的私有财产，还是公民可以在宪法第一修正案保护下享受言论自由的"公共论坛"？对于这一点，承接三K党委托的美国公民自由联盟律师斯蒂芬·潘弗，他的观点与克莱弗牧师完全不同。他认为："今天的公众参与频道相当于两百年前支撑着演说者的肥皂箱。它是穷人的论坛。在今天的高技术时代，一个人若想支付不多的钱而得到较多的听众，这是屈指可数的方法之一。"你知道，他所指的肥皂箱，就是我们都熟悉的英国海德公园的公共论坛，美国并没有一个海德公园，但是它有渊源于英国的同样的传统。两百年前，人们只要在公共场所，在地上放上一个空的木头肥皂箱子，往上一站，就可以发表演说了。这是人们曾经非常熟悉的街头景观。今天，你在美国已经很少看到这一景象了。人们已经找到了更合适的地方去发表他们的意见。除了刚才提到的，自己制作节目，然后到电视台付费播放的"公众参与"节目之外，更普遍的是广播电台和电视台的"谈论节目"和"空中交谈"。

"谈论"节目实际上属于娱乐业，范围广泛。凡是以"说"为主要内容的节目，大多都可以归入其中。刚来美国时，有一次看电视的时候我问一旁的朋友：美国有相声吗？他说，没有。犹豫了一会儿，又说，也可以说有。后来我熟悉了美国的"谈论"节目，才理解那位朋友为什么没有一个准确的回答。"谈论"节目的一部分可以说很像中国的相声，尤其是单口相声。因为这里的"谈论"节目以一个人"自言自语"的居多。绝大多数以不停地博得大家的笑声为目的。但是它不像中国的相声有越来越精确的文稿，在这里，随心所欲的成分更多一些。两人谈的也有，场内笑声不断，一般都没有文稿。有些有名的"谈论"节目主持人，以访谈的形式为多。他们能够经常约到电影明星之类的娱乐界名人，双双妙语连珠，总是一开口就笑倒一片。但是，这实在不能说是"相声"。同时，还有一些十分严肃的"谈论"节目。尤其是"空中交谈"。

世界上第一个现场"空中交谈"主持人莱利·金主持的节目，到今年已经是十周年了。在美国，他的节目最受瞩目的一次，是当初克林顿、布什和裴洛竞选总统时，把他的"莱利·金现场"当作大辩论的战场。他已经访谈的对象，从美国的总统、第一夫人，到戈尔巴乔夫等国际政坛名人、著名罪犯以及种种娱乐界巨星等等，什么样的名人都有。之所以称为"空中交谈"，是因为这些名人在节目中，不断回答世界各地的普通人从电话中提出的问题。这个节目仅美国的固定观众据说就达一千万人，根据美国最大的一家电话公司的统计，在他的节目中打进的电话达两百万次。

从十年前莱利·金的"空中交谈"开始，此类节目由于讨论的议题常常有关民众切身利益，民众亦可参与发表意见，因此发展非常迅速。现在，美国已有一千三百多个电台播放"空中交谈"。和我们在国内所听到的一些类似广播节目所不同的是，这里的主持人不总是那么脉脉温情地与听众亲切交谈，相反往往是充满了火药味儿，"空中交谈"演成一场"空中舌战"是家常便饭的事情。

之所以可以把它比作支撑自由言论者的现代肥皂箱，其主要原因不仅在于它是面向大众的，同时还在于它的议题是无禁区的。因此，你在电台里，可以听到各种言论。有白人至上主义者，有宣扬黑人权利因而攻击白人和已经当政的黑人（骂他们全是白人的御用政客）的，有赞成和反对同性恋的，也有攻击和同意堕胎的，有的则痛骂政府和总统。但是，也有从正面宣传美国理想的。比如收听率排位第三的保守派电台主持人坎·汉波林。他是一位黑人，却又是一个极端保守派，这很不寻常。他节目的口号就是"一个依然相信美国梦的人"。每天他的节目开始，都要先宣布前一天为打击罪犯而牺牲的警察名单，放一段为阵亡军人送葬的凄凉的军号。然后，会有一个人出来唱一遍国歌，通常是两三岁的幼童，或是年迈的老人，虽然可能五音不全，但是很能打动听众。他的"谈论"十分严肃正面，感召力也很强，我的朋友比尔是个白人大学生，就是坎·汉波林的忠实听众。"空中交谈"节目的主持人都是反应很快的聪明人，尤其是对每天在那里发生的重大时事，非常敏感。有一个"谈论"节目的主持人就告诉大家，他每天一大清早就必须起床,然后读二十多种报纸。所以,美国政府的各项决策、新闻等等,你都可以在"空中交谈"的唇枪舌剑里,立即感受到美国人的各种反应。因此,对我们来说,听这样的节目实在是了解美国人的一条捷径。

同时,应该说,这样的节目也真是非常的"美国化",很能够帮助你理解所谓的"美国方式"。为什么这样说呢?因为我们来了以后不久就发现,美国人总是有办法把所有的事情都做成某种"经营"。就像堪萨斯市的"公众参与"节目,也是电视公司的挣钱方式之一。当你在收听各种政治宣传和辩论的时候,你会发现,他们时而慷慨激昂,博来一片掌声;时而又插科打诨,下面笑作一团。但是,不管主持人论及的是如何重大的议题,不管有时听上去是多么严肃认真、正义凛然、义愤填膺,可是,正如我一开始所介绍的,台上台下都认同一点:这是一个娱乐业。听众一般总是挑他们相近观点的节目去听。通过这样的节目,听众除了对他们所关心的议题感受到参与、情绪宣泄、心声为之一吐为快等等痛快之外,他们还享受了主持人的思辨和智慧,欣赏了幽默、犀利等语言技巧,实在很值。众所周知,成功的"谈论"节目的经营者或是主持人,绝不是当上了总统或反对派政治领袖,绝不是呼风唤雨,唤起了民众领导了革命,而是,挣了大钱。谁都知道这是一个获利甚丰的行当。但是,和其他电台电视节目一样,他们获利的基础是他们的收听率(收视率)。听众多,广告则多,广告多,广告费就多,道理十分简单。所以,他们本能地很注意抓住广大听众所关心的焦点。政界和百姓所关注的重大议题和娱乐性的"谈论"节目的内容就这样自然地重合了。他们以自己的观点,对民意的掌握(不同观点的节目掌握不同的观众群),以及智慧和技巧获取观众。他们并不接受政府或党派的捐赠而成为他们的喉舌。因此，被民众公认钱挣得无可厚非。美国人都不会否认，"谈论"节目是美国娱乐生活的一个重要组成部分，同时，他们也承认，这样的节目是美国言论自由的一个象征，同样也是普通美国人政治生活的一个重要组成部分。把二者如此有机地结合在一起，"寓政于乐"，确实很代表一种"美国风格"。

我前面已经说过，很多"谈论"节目同时也是严肃的，它的娱乐性丝毫不减弱它对于民众的政治影响力。没有一个政治家会对这个节目掉以轻心。因为每一个政治家或是政客，他们的一举一动都在"谈论"范围之内。这种"谈论"往往是措辞激烈的批评甚至是言语刻毒的攻击。但是，一般来说，政界人士总是姑且忍之，很少有出来"反攻的"。因为，看似平平常常的一个娱乐节目，它有着一个谁也奈何不得的最强劲的后台，这就是宪法第一修正案。在这个国家，不要说政界人士，就是政府机构要出来干预言论自由，也肯定被看作鸡蛋碰石头之类不自量力的举动。曾有一次，由于一个"谈论"节目严词批评加利福尼亚州议会的议事质量，州议会一怒之下立法禁止该州的广播系统收听"谈论"节目。结果听众在该节目的号召下纷纷打电话去抗议，当天就推翻了该项法案。

我再回到我们的故事中来。克莱弗牧师和其他市议员在市司法部进行了法律咨询，然后，在市议会提出取消整个"公众参与"频道。尽管大多数人都认为，他们这样做只是为了把三K党拒之于电视台的门外，但是，克莱弗牧师认为，他们既然不是只取消一个节目，而是取消了所有的该频道的节目，这样，在限制言论方式的"内容中性"这一条上，大概就可以说得过去了。于是，1988年6月16日，堪萨斯市的市议会以9：2通过决议，授权电视公司干脆关闭这一频道。

两张反对票之中的一张,是来自一名五十四岁的女议员。投出这一票,她经过一番特别认真的考虑,因为她是一个黑人。她说:"我憎恨他们(三K党)的某些作为和某些言论,但是我不憎恨这些人……我认为应该从教育中学习,不应该抑止任何声音。从最反面的人那里我也学到过东西。我可以不赞成某一观点,但是这并不意味着这一观点就不应该发表,或者说,我就不应该去听。我相信正确的观点最后终会被大家所接受。"

在本世纪,美国的荷尔姆斯法官曾经就类似观点提出过很形象化的比喻,他把它称为言论的"战场化"和"市场化"。他认为,与其让不同的观点像在战场上一样殊死决斗,一方一定要扼杀另一方,那还不如把这些言论抛入"市场",让它们去竞争,看看到底哪一种观点能被大家所接受。同意这一理论的人相信,宪法第一修正案的力量所在,正是让大家分享言论自由的理想和它的原则。根据这一理论,如果三K党播放他们的节目,克莱弗牧师们所应该做的事情,不是去阻止他们的节目,而是应该也播出自己的观点。在这种"市场竞争"中能最终站得住脚的理论,才是更可靠和更持久的。但是,克莱弗牧师显然并不同意这样的观点。

接受了三K党法律委托的斯蒂芬·潘弗所说的一段话,颇能代表今天一般美国人的看法:"自由言论就是自由言论,对于流行观点和非流行观点都是一样的。我们不可能一边宣称这是一个自由的国家,一边又把言论划为可接受的和不可接受的两部分。如果有一种检查制度可以把三K党从电视里剔出去,那么,同样的制度也许早就把马丁·路德·金的讲话从亚拉巴马州剔出去了。"必须听那些听不下去的话,"这正是我们必须为自由支付的代价"。

你也许会问：有一些人，他们一旦掌权了就会扼杀别人的言论自由，对于这种人，也要给他们言论自由吗？比如那个三K党的马昂，他就宣称要成立一个纯白人的国家，并且公然表示：在他理想中的这个白人国家里，只有和政府一致的言论才是被允许的。对于这个问题，我觉得斯蒂芬·潘弗回答得很聪明，他说："如果你因为害怕一个不自由的时代，因此就不给他们言论自由的话，那么，这个不自由的时代已经开始了。是你自己给它开了头。"

市议会刚刚表决，潘弗已经告到了联邦地区法院。三K党告堪萨斯市政府的案子就这样立案了。诉状包括以下内容：市政府以言论内容为依据歧视三K党，市政府无权限制"公共参与"节目这样的公共论坛，市政府撤销这个频道不仅侵犯了三K党的言论自由权利，还侵犯了其他制作者以及观众的权利。市政府曾试图阻止立案，提出若是三K党不播放这个节目，也并不意味着他们在该市没有言论自由，他们还是可以在其他"谈论节目"里，当别人邀请的时候，发表自己的观点，他们还可以发传单、在中央大街游行等等。但是这些理由都被法院驳回，因此，还是立案了。

根据对美国的《权利法案》的了解，市政府对能够赢这个官司确实没有信心，于是向三K党寻求庭外和解，提出设立一个公共麦克风，任何人都可以每次上去讲十五分钟，以此替代"公共参与"节目，作为和解的条件。这一提议被拒绝了。最后，作为撤销起诉以及庭外和解的条件，由潘弗律师代表三K党提出两条："公众参与"频道必须恢复；这个城市必须制定新的规定，以确保其他参与这个频道的节目制作者的言论自由也受到保护。

市议会恢复"公共参与"频道的投票在1989年7月13日举行，

场面十分情绪化。大量反对三K党节目的民众来到议会厅。他们发表了演说,唱着马丁·路德·金民权运动时代最著名的歌曲和《上帝保佑美国》,市长几次想清场都做不到。最后人们齐声祷告……投票是在人们的祈祷声中进行的。

结果最后由市长宣布。

结果如何呢?

你猜猜吧,我下封信告诉你。我可要去睡了。

祝

好!

林　达

肥皂箱上的讲坛

卢兄：你好！

我上封信所讲的故事，你在回信中已经猜对了它的结果。

堪萨斯市议会的表决结果是这样的，由七票对三票通过，在保护言论自由的原则下，"公众参与"频道重新恢复。三K党的第一集录像节目在1990年4月3日播出。

这是一个相当有名的案例，发生的时间距离现在也不是太远。我之所以讲这个故事，是想通过这个案例，让你可以大致了解美国人现在对于言论自由的看法。因为，你已经看到，即使在美国，朝野双方对于这个问题也是在不断探索之中，这种探索至今也没有停止。他们也经历了从不宽容、草木皆兵，到更为宽容和放松，以及面对出现的新情况，再逐步加以调整的过程。

呼吁言论自由的一般都是在某一阶段处于少数、不利地位的政党、团体和个人。他们总是相信，尽管自己当时处于劣势，声音微弱，但是真理在手,必须呐喊。尤其当他们的言论受到压制的时候,他们之中也许有一些人真心相信,如果他们有朝一日成为多数,他们会非常自然地推崇言论自由。他们在争取自己权益的时候,在宣扬自己的主义的时候,自由常常就是他们宣称的目标和大旗。但是,我们已经看到过无数先例,情况经常是相反的。在大多数情况下,言论自由总是在事实上仅仅成为争取胜利的工具和手段,一旦获胜,就常常被有意无意或是无可奈何地弃之如敝屣。

这种情况究竟为什么一再在历史上重演呢?究竟是走到哪一步就出了岔子呢?言论自由的关键是什么呢?我想,关键就在于它的"内容中性"原则,就是要把"真理"二字坚决地摒弃在言论自由的大门之外。只要让"真理"二字一不小心从门缝里溜进来,言论自由就完了。为什么这样说呢?呼吁和宣扬言论自由的人们是很容易上"真理"的当的。他们或是明确认为,或是在潜意识中,总是觉得言论自由是走向"真理"的一条"阳光大道",觉得言论自由只是让真理"越辩越明"的一种方式。在这种概念的指导下,一旦走到自己感觉已经"真理到手"的这一步,言论自由被抛弃就成了十分顺理成章的事儿。

只要不坚持"言论中性",只要以为言论自由的目的只是为了追求真理,那么,就无法避免这样的情况发生:终有一日,在理论和现实上,都无法阻挡一个或数个权威在手的人物,或是一群所谓的"大多数",出来把自己宣布为"真理",而扼杀别人的言论自由。

在美国,"言论自由"和"追求真理"之间的界限,是划得非常清楚的。在这里,这是两件完全不相干的事情。言论自由只有一个目的,保证每个人能够说出他自己的声音,保证这个世界永远有不同的声音。而绝不是希望到了某一天，人们只发出一种声音，哪怕公认为这是"真理的声音"。

愿意理解和真正理解言论自由的原则，以及甘愿为此支付代价，是一件很不容易的事情。人们在面对它的时候，往往比事先想象它要困难得多。我敢打赌，现在世界各地正在为言论自由呼喊的许多人，都还没有认真想过这种代价，他们若是真的看到美国的言论自由，看到那些滥用自由的人也同样拥有的权利，保管要吓一跳。

我再举个例子吧。你信中问起过今年的俄克拉何马市的大爆炸，并且关心我们的安全。可见这消息马上传到了中国。但是我想，站在美国之外，确实很难体验这场爆炸对于这个国家的震动。这不仅仅是隔着一个太平洋造成的"隔岸观火"感，我相信还有文化隔阂所拉开的距离。所以，我就从这场爆炸讲起。

爆炸发生时，我正昏头昏脑地开车在跑长途，当时从车内的收音机里断断续续听到新闻时，还没有意识到它的严重性，也没有去想它究竟意味着什么。当天晚上，我在一个美国朋友迈克家里歇脚。一进门他就激动地带我到电视机前看爆炸新闻，他知道我开了一天车肯定没机会看电视。面对电视里被开肠破肚浓烟滚滚的联邦大楼，死者伤者包括楼内托儿所的许多幼童一片惨状，我自然也和所有的美国人一样感到非常震惊。你知道，两年前纽约的世界贸易中心也发生过类似的事件，那是一场不完全成功的爆炸，由于只炸塌了几层停车库，死亡人数相对少得多（死亡六人）。但是，这次爆炸不仅选择在刚上班的人员密集时间，而且大楼正面的九层全部炸塌，当时估计的死亡人数在一百至三百人之间，实际死亡人数为一百六十八人。当时，新闻媒体就把它称为自第二次世界大战的珍珠港事件之后，美国本土所遭受的最严重的袭击。这一说法，除了说明爆破的杀伤力之外，也隐含着人们对于这次爆破者为国际恐怖主义组织的猜测。这样的猜测应该说不是毫无道理的。因为，美国实在是一个很特殊的国家。首先，美国参与了众多的国际事务，静下心来想想，似乎许多国家的恐怖组织都有理由将他们在国内的困境迁怒于美国，两年前的纽约世界贸易中心爆炸案就是一个例子。同时基于美国的特殊背景，任何一个恐怖组织都非常容易在美国的本土上，找到他们狂热的同胞和支持者。美国什么样的人没有哇！

记得那天晚上，迈克还估计，在这个作案组织后面很可能有一个脑子聪明的家伙。因为俄克拉何马市是俄克拉何马州的首府，这个州在美国属于南方并且偏中部。这个城市很少被人提起，与热热闹闹的东西两岸大城市相比，这是个祥和宁静的地方。和美国大多数地方一样，用"安居乐业"来形容恐怕最为恰当。谁也不会料到这样的地方会成为攻击目标，当然也就不会严加防备。所以，挑选这样的地方下手，还不是个狡猾的家伙吗？

接下来，谁都以为，如此大案的侦破总要有相当长的时间才可能搞出点眉目来。当克林顿总统宣称"没有人能在美国藏匿"的时候，我心里马上就嘀咕，在这里要藏个人真是太容易了。美国从来没有户籍制度，家乡观念非常薄弱，我们经常开玩笑说，美国人没有中国人的"村头老槐树情结"，因此人员流动就像蚂蚁搬家一样频繁碌。但是不到四十八小时，一切就见分晓了。开箱结果真是让所有的人愣了一愣。被逮捕的麦克维和尼可斯都是典型的土生土长的美国人，而且几乎是两个通常所说的"乡巴佬"。

一瞬间，大家似乎稍稍松了一口气。因为如果真是国际恐怖组

俄克拉何马大爆炸现场和作案者麦克维

织,谁知道还有没有一连串爆炸跟在后头。如果只是一个单独的个人行为,这就可以告一段落了。但是,稍一缓过神来,人们就意识到事情并不那么简单。大概有很多人,会想起美国总统克林顿在事情发生后当即发表的讲话。这大概是他上台以来,发表的最好的一篇讲话了,尽管非常非常之短。大家都会想起他对于爆炸案的一句评价:"这是针对美国,我们的生活方式以及我们所有信仰的攻击。"人们渐渐意识到,不论是什么人发动的这场攻击,只要是在这块土地上使用暴力恐怖手段,都是对美国人民所选择的最基本的目标——自由的攻击。为什么这样说呢?这就回到了你的问题:这个国家有着什么样的自由?这个自由有什么特殊之处?对于在这里生活了几年的我们来说,在试图回答这两个问题的同时,似乎无法回避像影子一样紧紧跟在后面的

肥皂箱上的讲坛　　071

另一个问题：美国人民两百多年来究竟支付了什么样的代价，才维持了这样的自由？自由不是无偿的。随着对这一事件背景的深入了解，人们越来越清楚，俄克拉何马的爆炸案只是美国人为自由所支付诸多代价之一。

涉案的麦克维和尼可斯都是退伍兵，他们都不是一般意义上的"歹徒"，甚至可以说是走火入魔的"理想主义者"。联邦调查局曾经认为，他们身后有一个尚未发现的国内危险组织，他们还一度怀疑某一个民兵组织是他们行动的后台，该组织的领导人却立即声明否认。至今为止，也还没有任何证据证明任何民兵组织直接涉案。但是，他们和一些右派民兵组织经常接触，深受他们的影响，说这些右派民兵组织的主张是他们精神上的后台，大概是不错的。

在上次我们去玩的"人权节"上，我们在民兵的摊位上也逗留过。当时，正是俄克拉何马爆炸案发生不久之后，新闻界的报道引起了我们对于民兵的好奇心。我们买了一张他们的报纸，顺便和一个穿着迷彩服的民兵聊了起来。他马上把话题引向了刚刚发生的爆炸案。并且很激动地对我们警告说，现在最重要的事情，就是要防止政府利用这个案件，剥夺人民的权利。此话怎讲呢？因为在当时，新闻界大量报道了一些民兵的偏激言论，不仅引起了很多人的批评，还引出了克林顿总统措辞激烈的一番抨击。

大量的美国民兵正在宣传些什么以及正在干些什么呢？平时一般美国人也不太清楚。或者说，即使听到看到过他们宣传的人，大多数也不以为然。他们基本上都自称是爱国主义者，强调民权，向全民警告联邦政府正在日益扩大他们的权力，使人民正在逐步失去他们的自由；他们反对税收，指责政府官员贪污腐败，浪费了老百姓的钱；他

美国十分普遍的民兵组织

们反对政府管制枪支，声明他们成立的宗旨就是在政府失去人民控制的时候进行自卫等等。

对于这样的观点，美国人从来就不陌生。他们愿意各种各样的怪论合法存在，哪怕再偏激一点也无所谓，只要它不是一种行动。再说，大家还想，有人对政府的行为敲敲警钟，总比没有好。但是，永远有人滥用自由。你确定了任何一种自由，都会有人滥用，言论自由也不例外。实际上，尽管滥用言论自由不像滥用武器和武装看上去那么触目惊心，但是，却远为复杂。

美国民兵的宣传各色都有。他们中间也有像麦克维那样的偏激妄想的观点。看了下面的宣传，你也可以对美国言论自由的容忍程度有进一步的了解。

有些民兵的偏执宣传认为,一个"世界政府"即将出现,这股阴险的力量将统一摆布所有的人,这个世界将充满仇恨和恐惧,联邦政府和联邦调查局是真正的爱国者的最大敌人。在一些最具有影响力的民兵团体所散发的训练手册中,你可以看到设计周详的攻击行动计划,包括攻击联邦大楼、绑架重要人物、破坏食物供给和处决敌人。在这些计划中,美国联邦政府始终是他们的假想敌。

蒙大拿州民兵是全国三个最重要的民兵组织之一。它散发到各地民兵组织的"M.O.D. 训练手册"价值七十五美元,二百页,是该团体公开销售的出版物。里面包括以下内容:

—— 一种涉及爆炸,或者具有极大摧毁力的行动,可以导致敌人无可弥补的损失……这需要理论和实践两方面的爆炸知识,市郊游击队必须冷酷无情地来执行这种行动。

——对国家的经济、运输和通讯系统,军队和警察系统进行破坏性攻击。政府机构和服务中心是较容易破坏的目标,如果市郊游击队员本身是工人,由他们对工业下手则更好,因为他们比较了解工厂、机械,懂得如何摧毁整个运作系统,损害力会更大。

——多散布有关警察失职、政府管理不当的谣言,让错误的计划落入当局手中,这种错误信息可以产生"一种紧张的、不安全的、不稳定的以及对政府警觉的气氛"。

——袭击兵工厂以夺取武器、炸弹、军需品。发展气象预报、求生、埋伏和狙击的技巧以及掌握夜间透视设备、手榴弹等等。可以处决奸细、政府官员以及向警方自首或提供线索给警方的成员。

——绑架知名艺术家、运动员,或在其他领域的杰出人物,他们虽然对政治没有兴趣,但是绑架他们"可以成为一种宣传革命和爱国主张的有用手段"。

不知道你看了有没有吓一跳,我反正第一次看的时候,是真的问了好几遍:这样的出版物真的是合法的吗?在美国,确实没有人能够禁止这样的宣传,因为它只算是抽象的指导原则,而不是正在具体实施的一项恐怖行动计划,没有"迫在眉睫"的危险。所以,就还没有走出这个国家所规定的言论自由的范围。

但是,谁也不能保证这帮人是绝对的"光说不练",里面出个把麦克维之类的"走火入魔"的家伙,是完全可能的。大爆炸的后果已经摆在眼前,因此,所有的美国人都知道,这正是他们所付出的自由的代价之一。

当然,禁止和批评反驳是两回事儿。对于各种言论不禁止,并不是说明没有人反对。虽然,一般情况下对这一类的言论连批评都很少。主要原因是因为没有人关心,这里的书籍杂志以及各种出版物多如牛毛。只要你有钱,可以"自营出版",也就是把稿子往印刷厂一送,印出来就是了。问题是你的书要有人看并不容易。书太多了,人们只挑自己有兴趣的看,就是偶尔翻到上面提到的这种读物,至多说一声:"这家伙疯了",也就扔一边去了。另外是因为人们已经习惯了这是一个包罗万象的世界,各类狂人疯语有的是,谁会去认真写文章批评一个疯子呢?

但是发生了大爆炸,情况就完全不同了。平时人们不屑一顾的疯言疯语,被一而再、再而三地在各种报纸杂志上提起和转载。尽管至今为止,并没有证据说明那个放炸弹的家伙有什么组织背景,但是,看着电视里的浓烟滚滚、天天在报道新的死亡数字,人们再看那些"疯话",已经不敢小看它们了。各种文章开始纷纷攻击这种滥用言论自由的行为,指责这些人煽动恐怖主义,抨击的声音绝对占了上风。就在这个时候,克林顿总统发表了一次谈话,轰动了全国。

克林顿在 4 月 24 日,也就是爆炸案发生的五天之后,发表谈话,斥责那些煽动公众的"愤怒声音"。他说,美国的广播电台太多地被用于"使一些民众尽可能陷于偏执妄想,也使我们其余的人陷于分裂,彼此不满。他们散布仇恨,他们的言论使人觉得暴力是可以接受的……现在是我们挺胸而出,公开发言反对这种鲁莽言行的时候了"。他还呼吁:"他们议论仇恨的时候,我们必须坚定地反对;他们谈论暴力的时候,我们必须坚定地反对;他们发表可能引起严重后果的不负责任言论的时候,我们必须提出抗诘。"他还指责这些人企图制造国家分裂,"他们积极使用言论自由,使我们保持沉默的人更加不可原谅。因此,美国同胞们,行使你们的权力。这关系我们的国家,我们的前途,我们的生活方式。"

实际上,在爆炸案发生刚刚两天的时候,克林顿已经在爆炸发生的城市被问到这样的问题:"近年来不断有人攻击政府,把政府形容成人民的敌人,是否有助于这个惨案的发生?"当时的克林顿非常谨慎,他拒绝猜疑作案的动机和气氛,要求一切等到调查有了结果再说。他的谨慎是很有道理的。

在美国,民间言论,尤其是民间批评,包括攻击政府的言论,总统最好是姑且听之。实在恼火的,也只能一个耳朵进,一个耳朵出,听过算了。我们以前在中国的时候,只听说:美国人连总统都可以骂呢,觉得他们真是够"自由化"的。到了这里之后,有了具体的感性认识,发现美国总统是着实不那么好当。

总统时时刻刻几乎都在受攻击，上层政界对手的攻击尽管激烈，但多少有点礼仪章法，一到民间，就花样百出，全无章法可言了。冷嘲热讽、人身攻击、破口大骂，什么都有，而且都不是在什么私人场合。各种形式的攻击不是在广播，就是在电视里。报纸杂志上，漫画满天飞，电视里我们还看到过被演员丑化了的克林顿，长得真像，口气手势也惟妙惟肖，就是特丑。尤其是在保守派的"谈论节目"里，克林顿及其夫人一直是主持人不离口的攻击嘲笑对象。反政府言论最激烈的要属基·戈登·利迪，他曾经在他的节目里说过，如果在练枪的靶子上写上克林顿总统和夫人的名字，"就可以增加瞄准度"。

对于这一切，美国总统是无权禁止的，也没有任何机会来点儿打击报复穿小鞋之类的小动作。政府也无权过问。这不仅仅是克林顿有此麻烦，历届总统都是如此。可是，总统也是凡人，一肚子火气可想而知。退一步说，就算总统是"君子之腹"，不可以"凡人之心"度之，他或许对那些私人攻击全不去在意。但是，面对那些给他和政府带来巨大麻烦，煽动了选民怒火的"言论"，会直接影响他的政治前途，他没法无动于衷。不过，不论总统的感受如何，不论他心里是多么想让那些家伙"闭嘴"，他最好还是不作或少作反应。因为在美国，除了宪法，谁说了也不算。总统和政府，最大的忌讳莫过于违宪。对民间批评攻击政府的言论提出疑义，多少会涉嫌干涉言论自由，除了收效甚微，还可能有损自己的政治形象。所以，一般总统很少去反攻民间的批评言论。克林顿以前也曾经对保守派的"谈论节目"和主持人做过反攻，但很难说就是成功之举。

我想，在抛开他一开始的谨慎态度，发起这场舌战之前，克林顿是考虑过的。首先，爆炸案提供了一个良好的时机；其次，由于处理此案得当,他的声望正在大大上升;再者,他顺应了一片对过激言论的谴责声,应该很符合恐怖事件阴影下的民众心理。你已经看了上面他的那段讲话,再想到大爆炸的背景,也许你也会觉得,这是一篇很普通、很"义正词严"的讲话。但是,在美国,事情远不那么简单。他的讲话立刻引起了一场轩然大波。

尽管克林顿并没有指名道姓,但是,一般人都认为他是针对保守派的"谈论节目",这些节目的"名嘴"们立即就出来迎头反击。一方面,他们指出保守派与恐怖主义者之间根本没有关系,听众最多的节目主持人拉希·林堡说:"这些疯子(指爆炸案嫌疑犯)与主流保守派之间绝对没有关联,持不同观点和心怀仇恨之间有很大差别。"另一方面,他们指责克林顿把二者混为一谈是"有意栽赃"。尽管对政府持不同观点的人有时也言辞激烈,但是克林顿的讲话,由于他的地位不同,就有煽动人们起来攻击压制政治反对派言论的嫌疑,这在美国是犯忌的。克林顿指责的"愤怒声音"是一个很模糊的说法,在法律上并没有什么界定。也没有明确证据,说明有人放炸弹是因为听了哪一个"愤怒声音"才去干的。克林顿的话也就有"横扫一片"和"扩大打击面"之嫌。

克林顿的这一番话本身并没有什么新鲜的,我前面就介绍过,很多人在爆炸案发生以后,都试图对一些滥用言论自由的行为进行反思和批评。但是,克林顿忘了,他不一样,他是总统,他必须非常谨慎地对待民间的各种"声音"。他在讲话中还曾诘问这些"愤怒声音":"你们以为你们是什么人?"他的意思是,你们不要以为自己可以代表人民。但是恰恰是这样的问题,让反对者又在广播里发出"愤怒声音":"我们是什么人?克林顿先生居然问我们是什么人!我们是纳税人!我们是你的选民!我们原来是指望你为老百姓服务的,你倒反过来问我们是什么人!"

克林顿的疏忽,正是他自己忘了问自己:我是什么人?因为,众所周知,他始终是他所指责的各种反对派"愤怒声音"所攻击的当事人。他在大爆炸之后,对概念模糊的"愤怒声音"发出抨击,就很难摆脱借故出气、趁机压制反面声音的干系。人们甚至完全可以提出那个民兵向我们提出的警告:要防止政府利用爆炸案,剥夺人民的权利。总之,克林顿总统的一番话,并没达到他所预期的反应,甚至可以说是引起了一些相反的效果。同时,你也可以看到,言论自由在美国真是一个非常敏感的问题。

俄克拉何马大爆炸对于美国确实是一个很强的刺激。克林顿一再提出的反恐怖法一直得不到通过,甚至在纽约的世界贸易中心爆炸案之后,都不能在国会通过。在俄克拉何马大爆炸之后,参众两院却很快通过了反恐怖法。但是,这立即引起了全国民权组织和知识阶层的强烈关注,相信它的实行远不是那么简单,它的一些条款引起很大的争议,甚至有可能最终会受到最高法院的挑战。你也许要感到奇怪,"反恐怖"应该是毫无疑问的事情,怎么也会有人反对呢?

因为反恐怖法的内容包括增加司法人员,加强司法当局追踪电话、检查信用卡和其他记录的能力,限制死刑犯上诉的部分权利,以及在涉及化学和生物武器的案件时可以动用军队等等。这些条款显然是加强和扩大了联邦政府的权限,而美国人的"公民权利"也显然有可能受到威胁。这些权力只要稍微被滥用一下,美国人的自由马上就会岌岌可危。因此,所有的人对这一类的问题都非常谨慎。像这样的反恐怖法,一般来说,总统是很难使国会让步的,我刚才已经说过,即使在纽约的世界贸易中心被国际恐怖主义分子炸成这样,国会都拒绝让步。这次国会能通过这样一个法案,正是验证了克林顿总统在爆炸之后的那段讲话,这场爆炸是对美国人自由的"生活方式"和对于自由"信仰"的攻击。因为,在安全受到严重威胁时,自由就会被逼得让步。

美国人在这些问题上的思路,与我们原来的东方文化背景是有相当大的距离的。有一个很有意思的现象,就是这里的华人社会,即使他们的多数已经入了美国籍,相对来说,还是远比其他美国人对联邦政府有更大的信任度。对于美国联邦政府权限的扩大,也远没有像美国人那样怀着重重戒心,因为对于他们来说,比起他们的文化背景中,千年历史以来的任何政府,美国政府的权力要小得多,美国总统相比之下也要可怜得多。因此,在美国的中文华人报纸上,华人所写的介绍美国联邦调查局的文章,会在大标题上把联邦调查局称为"美国最受尊敬的联邦机构",这对于很多的美国人都是无法想象的。

我已经谈到过,美国的建立过程是很不一般的。美国在建国十三年之后才有了一个正式的政府和总统,实际上,这个政府在当时比起其他国家的政府,仍然是缺少很多东西的。比如说,各州有自己管理治安的警察,而联邦政府是没有警察或者类似警察的机构的。这种状态居然持续了一百多年。以至于犯罪分子只要从甲州逃到乙州,警察就只能望洋兴叹。并不是美国人愚蠢到了连这点简单道理都不明白的地步,而是他们认为,一个有着极大权力的联邦政府再加上一个强有力的警察机构协助的话,距离控制人民就只有一步之遥了。

但是,自由和安全,自由和代价,这是一个没有终极的选择。即使在美国,自由也不断在让步。尽管美国人对有可能产生一个沙俄式的秘密警察机构怀有极大的恐惧,但是,在犯罪的攻击下,国会在

美国联邦调查局大楼

1907年终于让步，同意成立一个二十人编制的针对国内犯罪问题的调查局。现在看来，国会当初的顾虑并不是毫无道理的，美国老百姓始终对联邦调查局忧心忡忡也不能说是过虑。因为，美国的建国者在两百年前就已经知道，国家机器是有它自己的运转机制的，一旦你把它建立起来，就由不得你了。

近九十年来，联邦调查局已经发展成了美国最大的联邦机构，每年的经费高达十五亿美元，拥有两万两千名雇员，六十个分局遍布全国，另有十五个国外分支机构。拥有全世界最大的指纹中心以及全世界最先进的实验室。它在打击美国的犯罪上起了重大作用。但是，美国人很少有以此感到自豪的。因为，调查机构越发达，他们越感到自由受到威胁。这也就是美国人对反恐怖法始终不能放心的缘故。

美国现在对于联邦调查局的权限,实际上还是控制很严的。在俄克拉何马大爆炸之前,就有一些研究右派民兵的学者,向联邦调查局提出过警告,说这些组织中的一部分人,有十分危险的进行恐怖活动的倾向。但是,他们所得到联邦调查局的回答是,我们无权做任何事情。因为他们不可能凭这样的警告,或者说,凭一个倾向,就取得类似窃听电话之类的行动许可。根据《纽约时报》的报道,现在每年联邦调查局得到法院许可所进行的窃听,平均每年不到850次,你可以看到,对于有大量国际贩毒集团和国际贩运人口集团等等集团犯罪的国家,这个数字是非常低的。对于这个问题,也同样是一个十分困难的平衡,控制过严,束缚了他们的手脚,不利于打击犯罪,松一松,公民权利马上失去保障。这也是总统和国会,司法部官员和民权组织以及专家学者们,始终争执不休的联邦调查局的权限问题。

还有一个很有意思的问题,就是在经过了俄克拉何马大爆炸之后的今天,在犯罪问题和恐怖主义节节升高,美国国会通过反恐怖法的时候,美国人民担心的是什么呢?在最近美国民意调查的结果中看到,半数以上的美国人依然回答说,他们担心联邦政府侵犯他们的隐私权。犯罪有可能夺去一些人的生命,但是,在联邦政府的权力扩张失控的时候,他们有可能失去整个自由。举一个简单的例子,今年美国联邦调查局就提出,要建立一个规模巨大的全国性电话监听系统,这个系统将使执法人员在某些犯罪率高的地区,有同时监听百分之一电话的设备能力。当然,有这个设备能力,也并不意味着他们就能更方便地得到法院的窃听许可。即便如此,这个建议还是使美国人大惊失色。联邦调查局的官员再怎么解释,也无法使美国人相信这并不会影响他们的隐私权。这一设想刚一出笼,已经引起了民权组织的严重关注和不安。

迄今为止,在安全与自由面前,美国人还是选择自由,还是选择继续支付代价以保留自由。因此,在俄克拉何马大爆炸之后,美国人在尽自己最大的可能不作过度反应,也就是说,依然按照他们过去所制定的原则行事。他们所做的只是逮捕确有证据的有行动的刑事嫌疑犯。至今为止,在押的还是只有两名。其中一名嫌疑犯尼可斯的兄弟,曾经被拘留,可是证据不足马上就被释放了。当记者采访他的时候,他在记者面前依然是一套套的反政府理论。但是,美国人还是认为,对于没有参与"行动"的他,还是必须给他思想和言论的自由。对于有证据的两名嫌疑犯,美国人也还是打算保护他们作为被告的公民权利,为他们寻求一个公平的审判。在被炸的联邦大楼毁去之前,还是留有充分的时间,让被告的律师寻找对他们有利的证据,并且考虑把他们移到其他州审判,因为担心在爆炸发生的州,当地陪审团受的刺激太大,可能会影响审判和裁决的公正。甚至,在审判之前上诉法院还换下了主审法官,原因是该法官的法庭和办公室在联邦大楼被炸时受损,他的一些职员受伤,上诉法院在撤换法官的命令中说,"根据这些情况,一个通情达理的人无法不对艾利法官的公正能力存疑"。另外,民权组织和知识界还是在对反恐怖法的一些条款提出质疑,以防止爆炸引起的过度反应侵犯人民的权利。

但是,你也许注意到了,我说的是"迄今为止",美国人在安全与自由面前,依然选择自由。谁也不知道,在这个变得越来越无法预测的世界上,恐怖主义还会如何发展,还可能使用一些什么样的武器。麦克维仿效的只是前一阵国际上较常用的汽车炸弹,几乎同时传来的东京地铁毒气案,却向全世界暗示了恐怖主义的升级。我想,事实上,核武器的发明至今,它对于整个人类的真正潜在危险并没有显露出来,我们假设有朝一日,当核技术不再那么神秘,恐怖主义分子也能够顺手操上一个两个的时候,真不知道美国会做什么样的选择,人类又会做什么样的选择。

因此,实际上,最终这将是一场人类良知与邪恶的角逐。很可惜,我们至今能够看到的仍然是自由的让步。美国人能把自由坚持到今天,坚持到这个份儿上,也已经很不容易了。你说呢?

写了不少了,明天先寄出这封信吧,以后再写。

祝

好!

林 达

氢弹秘密

卢兄：你好！

收到你的来信很高兴。你已经注意到，我在前面的信中，常常提到最高法院的裁决。美国的最高法院到底在执行宪法时扮演什么样的角色呢？这还要从美国的宪法所规定的政府结构谈起。

你一定记得，美国的建国者对于建立庞大的国家机器始终是很有顾虑的，他们曾经在不能确定自己有能力把握它之前，宁可先选择不要联邦政府。美国人至今还在中学课本里，把前辈的这些矛盾告诉自己的年轻一代："写出美国宪法的那些人都经历过反英战争，他们无法轻易忘记，一个大权在握的国王如何夺走了人民的权利。他们还记得那些税法，和士兵们怎样在没有搜捕状的情况下，就搜查他们的家。另一方面，他们已经发现，政府太弱，就会没有法律和秩序。出于这些原因，他们对于新政府的建立给出一些很谨慎的思考，他们的这些思想在两百年之后的今天，依然在指导我们。我们应该知道他们的这些思想。"这是一些什么思想呢？它的关键就是分权。首先是从横向把政府的权力切成两个大的层次。也就是联邦政府和地方政府的权力分割开。当然，所有的国家都有中央政府和地方政府的两层，没有什么稀罕的。但是在美国，这种分割是相当彻底的。也就是说，这些建立联邦政府的人，他们一开始就没打算大权独揽，并且把这种思想以立法的形式在宪法上确立下来。有一点我想再强调一下，就是美国的执法非常认真，尤其是宪法，你会发现每一个字都是个顶个管用的。

结果，就造成了美国一开始就在各种政策上非常不统一的情况。它的形象因此也非常的不统一。比如在蓄奴的问题上，美国南方和北方很早开始就有着巨大的差异。美国的南方是传统的农业州，奴隶一直是农业低技术劳动力的重要组成部分，而北方以大工业为主，需要的是有技术的工人，经济背景的不同，形成的观念也不同。但是美国地方的高度自治，造成各行其是的情形。美国在废除奴隶制之前，南方的奴隶就一直往北方逃亡，一百多年前的美国南北战争之后，联邦立法不准蓄奴。但是，南方各州还是有种族隔离的地方法，更是造成大量黑人涌向北方的工业城市，远在民权法案取消种族隔离之前，黑人的民歌已经在唱着《甜蜜的家，芝加哥》。所以，当时的南北面貌是很不相同的。

总的来说，美国是地方自治权很大的一个国家。地方上的主要官员都是由当地的老百姓直接选上去的，和联邦政府毫不相干。州一级，甚至市一级的政府和头头，从来不必顾忌或者考虑中央政府或者总统对自己印象如何。相反地，他们总是很担心他们在选民中的形象怎么样，竭力要向他的选民表示，自己是顾及当地人的利益的。否则，下一届他铁定就选不上了。所以，在美国，中央和地方对着干的情况是从来就有的，所有的人也认为这是正常现象，他们之间也一直就习惯处于不断互相协调的状况。

所以，在美国，有时会出现一些在我们看来很奇怪的事情。比如说，加利福尼亚州政府控告美国联邦政府，要求巨额赔偿。因为加州和墨西哥接界，从墨西哥天天都有大量非法移民跑进来，按照美国法律，不管是不是非法移民，有一些美国人认为是最基本的东西还是必须向他们免费提供的，比如紧急医疗救助和青少年义务教育。这样，非法移民不仅为加州带来很多问题，还增加了很大的经济负担。加州政府就理直气壮地向法院控告联邦政府没有把边界守好，因为守国境线是联邦政府的事情。加州政府说，正是由于联邦政府没有把国境守住，才造成加州很多由非法移民问题造成的损失，因此，理所当然要联邦政府赔偿。

1964年，国会通过联邦的民权法，禁止在全国任何地方实行种族隔离。南方几个州非常恼怒，不仅因为当时的美国南方种族主义情绪还很强烈，而且，还因为州政府这一级认为，联邦这一立法是在侵犯南方各州的自治，首先是亚拉巴马州的州长带头冲出来不准黑人学生进入白人学校。结果，肯尼迪总统派国民兵护送黑人学生上学。在南方的佐治亚州，也是我前面说的几个当年坚持种族隔离的州之一，州议会为了表示对于联邦政府的鄙视，就在自己的州通过立法，把当年南北战争时南军军旗的图案放到了州旗上，决定州旗的形式是他们的权力，联邦政府也无权干涉。

三十多年之后，美国南方也有了很大的变化，当年站在校门口阻挡黑人学生的亚拉巴马州州长，已经垂垂老矣。他仍然记得出来为自己当年的行为向公众道歉，尽管大家早已原谅了他。佐治亚州的首府

阻挡黑人学生进入白人学校的亚拉巴马州州长

亚特兰大市已经有了黑人市长,这个城市也以它国际化的口号,得到了1996年的奥运会举办权。民主党的州长米勒觉得,这样一面历史原因造成的州旗实在有损于这个州在世界上的形象,提出修改。但是,这一提议在当地引起了强烈的反应。南北战争之后,美国人始终在那里反省。他们为这场内战的发生而感受的痛苦似乎越来越大。事实上,当时的这场战争,解放黑奴也只是其中很小的一部分原因,主要还是南方要求更大的自治甚至分离。现在在美国,根本不可能有什么人炫耀北军的胜利,不论是南方还是北方,都首先认为,同胞之间的这场杀戮,是美国历史上的一个悲剧,这是今天美国对于"内战"这个问题的基本共识。在今天的美国南方,不论持什么观点的人,也都尊重他们的前辈为自己的家乡和理想的献身。在南方,你到处可以看到纪念死于战争的南军战士的纪念碑,在亚特兰大著名的独石山公园,巨大的独石山上刻的就是南军将领的浮雕。当米勒州长提出改旗的时候,反对的人很多,但是种族的问题已经沉淀在底层,人们提出的理由是,南军军旗是南方的历史遗产的一部分,没有什么必要去改。最后,米勒州长自认寡不敌众,自动取消了提议。至今,这面州旗依然在那里飘扬。

今年联合国成立五十周年的庆祝活动,更是出了一件意想不到的事情。由于联合国大厦位于纽约市,市长为全世界来参加庆祝活动的各国首脑举行了一场音乐会。但是,在开场之前,纽约市长居然让人把巴勒斯坦解放组织的领袖阿拉法特给"请"出剧场去了。多年来,由于在阿拉伯国家和以色列的冲突中,美国政府一直站在以色列的一方,因此,巴勒斯坦解放组织一直把美国当作敌对一方,他们的游击活动也不乏放炸弹之类的暗杀活动,遇害的美国人也有不少。所以,西方世界在长期以来,一直是把阿拉法特和他的组织当作恐怖分子来看的。你知道,最近两年的中东和平进程,不仅当事的双方首脑在观念和行动上都有了巨大的进步,双双获得了诺贝尔和平奖,美国也成了促进和平的调解人。就在和平刚刚迈出第一步,一切关系都还不十分稳定的时候,大家当然都希望借相聚的机会加深相互关系,至少不要再出什么岔子。偏偏遇上个纽约市长"不信邪"。他说,我只知道阿拉法特是恐怖分子,杀了不少美国人,我这里的音乐会就是对他不欢迎。结果,就真的把他给"请"出去了。

对此,美国联邦政府搞外交的和总统克林顿真是气得七窍冒烟。但是,找了半天,就是找不到任何依据可以对这位市长进行惩罚,他这样做并不违法。这是纽约市举行的音乐会,市长是主人,是在他管的地盘内,就连克林顿总统都是被邀请的客人。当然在这里是市长说了算。克林顿除了代表自己去道歉,他甚至都不能说他要代表纽约市道歉,因为他根本代表不了纽约市,他没有这个权力。

美国除了权力的横向分割,宪法还把国家政府的权力从竖向切成三条。这是你早就知道的"三权分立",也就是立法、行政和司法的绝对独立。你知道,孟德斯鸠对三权分立有过系统的论述。美国在实行三权分立的时候,做得特别彻底。宪法的这样一种设计,就是为了防止其中某一分支的权力过大。因此,总是使得每一个分支的行动都必须受到其他分支的检验。比如说,国会作为立法机构通过了一个法案,总统作为行政机构可以表示不同意,并且行使他的否决权,国会如果坚持,就必须达到三分之二的票数才能立这个法。相反,总统提出的法案,也必须经过国会的投票,国会可以通过,也可以反对。而作为司法部分的最高法院,有权对总统和国会提出的任何法案进行审查,然后,它不仅有对法案的解释权,而且,有宣布这些法案是否违反宪法的权力。但是,最高法院本身又没有提出法案和立法的权力。这三个权力分支机构的这种状态,就是权力的平衡和制约。

以上谈到的是主要的制约方式,实际上还有许多其他的制约。比如美国国会就有权在理由充足的前提下,弹劾总统和大法官。没有一个人是选上就可以吃上定心丸的,就是在任期内,也不是一定保险的,国会议员也是一样。国会有专门设立的道德委员会。今年,美国国会的联邦预算委员会主席就因为性丑闻,受到道德委员会的追查,最后被迫辞职的。总统的一举一动也在民众的监督之下。克林顿总统有一只叫"袜子"的猫,这只"第一猫"受到许多美国人的喜爱,就有大量的人给"袜子"写信。美国总统由于是全民直选出来的,所以,历届总统都很注意和普通民众的关系。"袜子"当然最好是能给喜欢它的人写回信。由于回信的任务实在太重,白宫就专门有一个人是为"袜子"写回信的。结果,白宫这一举动马上受到了谴责,说"袜子"是总统家的私猫,怎么可以让一个拿纳税人钱的公职人员为它回信。国会议员对于所有重大问题的立场,更是在美国民众的监督之下。美国国会的听证,除了一些外交国防秘密之外,一般都是公开的。而且,它对于各种问题的投票情况也是公开的。就是每一个议员对各种议题，投的是赞成票还是反对票，都不能瞒着他的选民。国会议员们在国会发表的讲话，法律规定美国老百姓都有权向国会索取。另外，整个听证过程都由一个专门的电视频道现场转播。我们刚来的时候，发现这个频道很奇怪，常常在很晚的时候还在播国会听证，由于已是下班时间，国会议员们也都下班了，除了主持人和书记员几乎没有什么人听，一个议会大厅里空空荡荡的，那发言的议员照样在那里滔滔不绝。这是因为重大议题排满了白天的议事日程，如果议员对各类问题还有意见要发表，就只能排在晚上。但是，他并不是在白说，除了有记录在案，他的选民也可以在电视里知道他的态度。

当然，听起来是很理想化的蓝图，在要付诸实行的时候也不是一帆风顺的。就说美国在讨论宪法的时候，就遇到怎样确定各州代表的人数问题。在国会中代表一个州的议员的多寡，当然直接影响到投票争取该州利益的成败。在美国，当时大州和小州人数相差很大，如果按照人口比例决定议员的人数，小州的利益得不到体现；如果平均分摊，每州不论人数多寡都是一样的名额，大州又觉得吃亏了。一开始也是争执不休，最后他们终于达成妥协，同意美国的国会采取这样一种形式：它的众议院以人口比例确定议员的数量，而它的参议院则不论州的大小，每州两名议员，以确认小州的利益也有保障。达成这样的妥协是很不容易的，美国历史把它称为"伟大的妥协"。

在人类历史上，人们很习惯把一种胜利冠以"伟大"，却很少把一个妥协加上这样的形容词，但是美国人真是非常感激他们前辈的这一次妥协，这种妥协是需要高度的理性精神、智慧和道德力量的。他们达成妥协，才有了美国宪法和实行宪法的可能性，你不能不称它是一个了不起的历史进步。真正的历史进步往往始于妥协,如果互不妥协,可以使历史也随之一起僵持很多年。如果一方以强力压服另一方,从长远的历史角度来看,未必就是一种真正的历史进步。

美国宪法的文本,二百多年来没有做过一字修改,它的基本内容非常稳定。它所增加的内容都是以"修正案"的形式补充进去的,《权利法案》就是整个宪法修正案的前十条。对于修正案的增加,美国国会也非常谨慎。从1789年以来,尽管曾经有三千多条修正案被提出,但是,至今为止,美国国会只通过了二十六条宪法修正案。

如果你要真正了解美国,还有很重要的一点,就是理解美国是个非常松散的国家。你有时候会发现它有许多相互矛盾的提法和做法,这是因为它分权的结果。当初建立这个制度的人,就是要达到这样一个"没有一个人可以自己说了算"的效果。美国人大概除了保护宪法是一致的,别的几乎没有什么目标是一致的。所以在外交上,美国也常常表现得变化和矛盾,因为美国的民众在变化,总统和国会也常有不同意见。美国国会要通过什么决议,总统是根本管不了的。

美国总统自己也经常必须发出一些"言不由衷"的表态。为什么这样说呢?因为在很多情况下,他必须说一些美国民众认为他必须"表态"的话,否则他就太得罪选民,这是很危险的。比如说,你知道有一个美国青少年在新加坡探亲时违法,被当地法院判"打屁股"。了解下来这种刑罚出手很重,会留下终生不退的伤痕,受刑时也很痛苦。由于这个闯了祸的家伙还不是成年人,这种判决对于美国文化也实在太离谱,因此,有大量的美国人对这种判决不能接受。于是克林顿总统也因此向新加坡政府提出改变判决的要求。当时,我问我的好朋友迈克是什么看法,他聪明的眼睛里露出笑意,反问道:"林达,你如果在美国犯了罪,美国法律会因为你是一个外国人而对你另眼相看吗?"我说这当然不会。"那么,我们的总统凭什么要新加坡法律对一个美国人区别对待呢?"这个逻辑是很简单,那么,是克林顿总统不懂这个道理吗?你可别忘了,他是律师出身。可是他自己再怎么想都没用,他只能去表这个态,别无选择,他必须在选民面前交代得过去。

在美国,总统是总统,国会是国会,总统不邀请,国会的议长也不能自己就跑到白宫去。总统接受国会邀请去国会大厦发表一场演说,也是难得发生的事情。总统有总统的意见,国会有国会的意见,总统四年选一次,众议员两年选一次,参议员六年选一次,轮着大换班。不同的总统有不同的意见,不同组合的国会也有不同的意见,不要说什么对外政策,对内一个预算方案谈不拢,政府照样关门。

相信今年美国的"政府关门",你也一定马上就知道了。因为它的驻外使馆和领事馆全都不发签证了。政府是一个执行机构,它的运作需要钱。但是,支出的预算方案,也要经过上面提到的这样一个互相制约的批准程序。如果总统不同意国会的预算,国会也不同意总统的白宫提出的预算,麻烦就开始了。如果国会能以三分之二的票数强行通过,总统也只好按着国会预算用钱,可是这一次,国会又无法弄到三分之二的赞成票,于是就造成了僵持。僵持阶段政府拿不到钱,于是,除了万分必要的政府机构之外,其余的就都关掉了。关门时期刚好遇上圣诞节,白宫的圣诞树,国家不管付电费了,总统得用自己的薪水来照管这棵"天下第一树"。不管这对于另一个国家看起来是多么荒唐的事情,对于美国就是在正常范围之内,当任的总统再要面子也没有办法。问题是,这种状态别人不习惯,美国人自己却已经很习惯了,完全一副"饱经风霜"、"处变不惊"的样子。二百多年就是这么过来的，谁也不当一回事儿。美国人从来不担心他们的总统和国会意见不一致会出什么乱子，相反，如果总统和国会的意见一直都没有分歧，美国人可就要不放心了。但是美国的这种情况一旦反映到对外打交道上面，弄不好就乱套了。人家的抗议都顶上门来了，美国人还搞不懂关键问题是出在什么地方。

说起美国政府关门，还有一个有意思的小插曲。电视台在政府关门的时候采访了一些美国小朋友，问他们对政府关门有什么看法，一个小孩子很自然地就说，他们（指总统和议员们）拿了工资却做不好工作，应该把他们给解雇了，一副理所当然的"小主人"的态度。这就是美国的基本教育。

刚来的时候，我也不大相信，美国国会真的不听总统的吗？看得多了，也就不大惊小怪了。更何况，除了以上权力的分散之外，美国还有很多独立的力量。美国是个私有制的国家，国家是没有任何挣钱的企业和公司之类的东西的。社会上大量的自己做主的企业家就是一股不可忽视的力量，除了国会通过确立为敌国的国家，对于其他国家，美国政府根本不可能去暗定一个政策，对它们进行围堵，原因很简单，美国政府根本无权限制它的商人们跑到这些国家去投资和展开贸易。另外，美国社会还有代表各种利益集团的社会组织，比如说，代表老人的，代表少数族裔的，代表妇女的，代表医生的，代表工人的，等等等等。他们都在《权利法案》的保护下合法存在，他们也形成对于政府的制约力量，总统是一个也惹不起的。同时各种社会力量本身也在达到一种制约和平衡的效果。因此，美国不是一个自上而下的系统，它是平面撒开的。乍一看挺乱的，可是正因为它们都已经长期共存，而且互相制约，所以，反而建立了一种特殊的"秩序"。在建国后的两百多年来，尽管移民浪潮愈演愈烈，美国几乎成了世界的人口流动中心，但是，在你我想象中它应该是混乱不堪的时候，实际上却表现得十分有序，这和一个稳定的国家结构应该是分不开的。

美国的最高法院又是什么样的呢？法院的最高原则是司法独立，它谁也不靠、谁也不帮、谁也不听，可以说是高高在上。最高法院的组成是九名大法官。这九名大法官由总统提名、经国会批准任命的，并且最高法院的大法官是终身制的。也许你会问了，既然大法官是总统任命的，那么，他们是不是就会偏向总统了呢？问题就在于，虽然大法官是不变的，但是总统是一直在换的，他的任期是四年，最多只能连任两期。有很多美国总统在他们短短的四年里，根本没有大法官退休，也就根本没有机会去任命一个他"喜欢"的大法官。美国历史上著名的罗斯福总统曾经苦于当时的最高法院太保守而想在自己任期内多任命两个大法官，但是，又没有那么多退休的，于是他就提出，把最高法院的大法官人数从九名增加到十二名。结果没有"得逞"，至今为止，大法官还是九名。总统要是犯了法，事情闹到最高法院的话，总统的威风就一点儿也没有了。当年尼克松因为手下人目无法纪而惹上水门案的麻烦，他原以为自己是逃得过的，事情到了最高法院他还想违法掩盖，越掩盖越露出马脚，最后只得自动下台。有一位最高法院的大法官多年后还在说，他此生最大的遗憾是没有把尼克松送进监狱。最近，克林顿总统的"白水案"在国会闹得沸沸扬扬。国会的独立调查委员会要总统交出有关文件，总统不愿意。这事儿眼看着就要闹到最高法院，报纸上说，"白水案"越来越像"水门案"了。可见到今天为止，总统还没有和最高法院勾结的可能。

即使总统提名,候选的大法官也必须在各方面完全经得起检验。比如第一个黑人大法官托马斯,就在被提名后受到"性骚扰"的指控,经历了漫长的国会听证,最后由国会投票,以多数票通过判定他是清白的,才得以上任。上任之后的大法官,也必须在各方面"行得正,立得直",否则这个"终身"职位也是有可能保不住的。这种"行得正,立得直",并不仅仅是指他必须遵从一定的道德规范,更重要的是对他的法律水平和公正性的要求。

我前面已经说过,大法官们所代表的最高法院,是没有提出法案和通过立法的权力的。但是,他们有对美国法律的解释权,尤其是对宪法的解释权。正因为解释权在他们手上,因此,宣布一项法案或者一项地方法院的判决是否违反宪法的权力,也在他们手上。判决是在这九名大法官中通过投票决定的,但是,所有的大法官,包括对某一项判决持反对意见的在内,都要对自己经手的每一个法案或是案子写下一段评语,这些评语都是作为历史文件存档的。因此,查看这些大法官的评语,不仅可以了解美国的历史案件,还可以看出美国对于宪法的认知进步。

每次看这些美国大法官的评语,你都可以看到思想、智慧和理性的力量。你可以看到,在不同的历史阶段,美国的大法官们也受到不同的历史局限,但是,在他们可能做到的范围内,他们已经尽了最大的努力去做理性的思考。这不仅仅是因为他们自己的声誉前程都在其中,他们更考虑到,他们常常就是确立美国社会"游戏规则"的人,不论对错,在一个判例被推翻之前,这个判例就是很长一段时期里美国人必须遵从的"游戏规则"。美国这个国家,你会在表象上看到它五光十色,非常感性。但是在它的根子上,你却可以发现,正是一种高度的理性在统治和管理这个国家。同时，政治的公开化也使它基本上已经脱离了"计谋"取胜的道路。

还有一个非常重要的因素，决定了美国的政治公开化以及对政府权力的制约，这就是新闻监督。我们也发现，美国的言论自由重点，并不是一个人能够在朋友面前、在会议上，甚至站在大街上直述观点而受到保护，也不是他可以放心地在日记书信里写下自己的真实感想，而是可以在公开的出版物上表达自己的意见，这就是进一步的新闻出版自由。它的关键就是免预检制度。这使我又想起了俄克拉何马爆炸案的一个小插曲。

美国的新闻效率在这件爆炸案中可见一斑。爆炸发生时，一个电台的女记者正巧有事来到出事地点附近。她刚停下车就听到一声巨响，随即看到前面不远的一个教堂整个玻璃窗飞了出来，碎玻璃像雨点般撒了她一车顶。她的第一个反应就是：天哪！这教堂的煤气罐炸了。可是当她钻出车子，才发现稍远一些的联邦大楼正冒着大火浓烟。她立即意识到这才是真正的爆炸源。新闻记者的职业敏感使她立即冲回汽车抄起她的移动电话，一边向出事地点跑去，一边向电台大叫："让我播音！让我播音！"电台也不问青红皂白，也不请示汇报研究讨论，当下就中断正常播音，转而接上了这位女记者的移动电话，播出她的现场报道。那么，她还不知道出了什么事儿，怎么报呢？很简单，她就是见到什么报什么。她先告诉大家她看到的联邦大楼烈火浓烟，然后随着她逐步接近现场，她报道伤亡、救护、采访目击者。也就是事件发生的同时，非常详尽的报道就同步在电台播出去了。我当时听了这一段，真是很佩服这个女记者的新闻素质。静下心来一想，说实在的，若是没有电台里值班的那位当机立断给她接上,她不也是徒有"素质"吗?可是那值班的怎么不管三七二十一就能给接呢?这就是美国的新闻免预检制度所起的作用。在美国的广播电视里,只有一种类似预检和限制的规定,那就是"五秒滞后"。这是怎么回事儿呢?我们在这里看电视和听广播的时候,有时会听到"嘀"的一声,中断数秒,这是因为我们在听的时候,都比实际播出晚了五秒钟。这五秒钟时间,就是留给预检的。那"嘀"的一声,就是预检的人发现了问题,中断广播,把那句不能播的话给"限制"下去了。说来挺好玩的,因为尽管大家没听到给抹掉了的那句话,但是谁都知道那是什么。因为那个守在那里做预检的人,他只有抹去一句话的权力。你一定挺好奇吧!那是什么话呢?实际上很简单,那是一句大家都知道的脏话。

说到这五秒滞后的预检限制,它并不是一条法律,它是管理广播和电视的联邦通讯委员会的一条规定。这条规定的时间并不长,而且是源于在中国大家都知道的美国著名歌星麦当娜。谁都知道,她是个出奇制胜、语不惊人死不休的家伙。她在接受一次现场直播的采访时,那句著名的脏话一串串地从她嘴里滚滚而出,让大家觉得忍无可忍。于是,才产生了这个"五秒滞后"。不过,我还是要补充一下,在美国,"忍无可忍",永远只可能是一个提案的动因,而绝不可能成为一个提案成立的依据。就像我上次所讲的三K党的故事,黑人和三K党之间,他们相互都感到无法容忍,这可能成为他们提出禁止对方言论的动因,但是,并不意味着这一提案因此就能成立。

言论自由是一个人说的权利,但是有一条,就是你不能强迫别人听,也就是说,你不能侵犯别人。因此,在美国的电影里,在电视播放的录像带里,是可以有脏话的,例如我们在美国看到的一批著名的描写越南战争的电影，为了表现当时战场上士兵状况的真实，里面脏话出现的频率很高。片头上对于有冒犯、暴力等等情况按规定都有预告，如果你不愿意看的话，你可以选择不看。就像三K党的节目，讨厌他的人有权利不看这个频道，这就不能构成侵犯。但是，收看和收听现场直播的节目，人们实在无法预料和防止麦当娜们连篇的脏话侵犯，因此，才有了最近被普遍接受的"五秒滞后"的规定。

新闻的免预检免限制在美国的历史很长。一般来说，朝野双方在很早就已经达成共识。所以，由民间控告官方新闻限制这方面的官司很少，但是，一旦发生官方要求限制新闻的案件，总是足以引起震动的大案。下面再举个有意思的例子，你肯定会感到惊奇。我有时候真的觉得这个国家不可思议，它的人种的纷杂、内容的丰富，使你感觉它是一本永远读不完的书，它常会意外地送你一份惊奇，你在这里可能因为种种原因感到失望，但是绝不会是因为单调。

那是大约十五年以前，有个叫哈瓦德·莫蓝的美国人写了一篇文章，一开头就很吸引人：

> 你即将获知的是一个秘密——一个由美国和另外四个氢弹制造国高度保守的秘密。
>
> 我只是通过阅读和提问就发现了这个秘密，没有利用任何保密材料……
>
> 我干吗不告诉你呢？……别怕，我并不是打算帮你去造一颗氢弹。你还远远没有这个能力，除非你掌握着一个中等国家的政府。
>
> 也不是因为我希望印度、以色列，或者南非、巴基斯坦从我这里可以更快地得到氢弹，尽管这些资料对它们是有用的……

我说出这个秘密，是为了尽可能有力地建立一个基本观点：在原子时代，保守秘密本身就是在制造一种政治气氛，这种气氛有助于使那些可怕武器的生产受到保护，并且变得永久化。尤其是保守那些被少数专家指为禁区的权威秘密，更是如此。

这可不是一个玩笑。文章的作者是一个反核积极分子，这篇名为《氢弹秘密》的文章，是准备在一个叫《进步》的杂志上发表的，计划中是作为该刊1979年4月号的封面故事。这是一份在华盛顿州的麦迪逊市发行的月刊。它创刊于1909年，它的创始人当过华盛顿州州长、国会议员，并且还代表"进步党"竞选过总统。该杂志在全美的发行量约三四千份。它的宗旨是：反对军国主义和战争，强调公民权利和公民自由，强调保护环境，质疑庞大集团的所作所为。

一年前，他们换了个执行编辑，这人以前是编《原子科学家简报》的，在这里上任之后就出了个新招，他打算在采访全国的核工厂的基础上，发表一系列有关核武器工业的文章。他已经发了类似《最善良的人在造原子弹》这样的文章。在他的研究工作中，遇到了哈瓦德·莫蓝。

哈瓦德·莫蓝的家乡临近世界著名的美国核物理基地——橡树岭。这个地名在中国的物理系大学生中是绝对不陌生的。他说，在别的地方，孩子们也许会问：你这么聪明，怎么没发财啊？在他的家乡，孩子们就会问：你这么聪明，怎么没去当个核物理学家？橡树岭云集了世界一流的核物理科学家，如果这是在中国，也许有很多人，会因为自己的家乡是世界著名的科学基地而自豪，但是哈瓦德·莫蓝却只觉得是核阴影在笼罩着他的家乡。在美国，反核的情绪越来越强烈，持有这一类观点的人非常多。尤其是在新一代的美国年轻人中间，你很难找到一个为自己国家所拥有的最先进核武器和核威力感到自豪的。

哈瓦德·莫蓝在读大学的时候选修过不少物理方面的课程,但是他放弃了当物理学家的念头。他参加空军,开着运输机飞行在美越之间。在此期间,他有机会看到了氢弹,它只不过六到八英尺长,一英尺半的直径,这么小的模样,却有一千倍于广岛原子弹的威力,这个概念使他深感可怕。他想:这玩意儿可是很容易被误用滥用的。他又想起了自己小时候对氢弹的兴趣。他不仅要知道这国家干吗要造这玩意儿,还想知道是怎么造出来的。知其然,必须知其所以然,这是他的思维习惯。所以,当他参加反核活动的同时,他很自然地把精力都投入到了研究核技术之中。

他和《进步》杂志一拍即合是很自然的,他们都质疑政府对核技术保密的合理合法性。他们认为保密的目的,只是为了把美国人民排除在对核武器的讨论之外。所以,他揭开核秘密的行程就这样开始了。从他探索的整个过程来看,一方面,当然,他是个很聪明的家伙;另一方面,我们也看到,美国对于这方面的工厂、设施等等的保密,实际上是漏洞非常多的。不管怎么说,他越来越接近了关键的概念。最终,据他所说,他发现这早已不是什么

公布氢弹秘密的哈瓦德·莫蓝

秘密。任何一个人，只要具备基本的物理知识，再加上时间和坚持，都可以找到氢弹的秘密。

哈瓦德·莫蓝坚持说，他所有的材料来自公开发表的资料，以及他和一些原子能工作者的谈话，他只是自己动脑筋把所有的材料拼凑起来，破了这个谜。他还认为，他所介绍的氢弹制造原理根本不会带来什么威胁："这距离画出一张氢弹蓝图来还有很远呢。"再说，大多数国家不论财力或技术力量，都还不到造氢弹的水平。最后，他还解释，他所介绍的东西早已散见在各种公开读物上，他所做的事，只不过是把它们拼凑在一起。

在文章发表之前，一位警惕的教授把它送到了美国能源部。当时能源部负责防御计划的副部长是塞威尔，核武器保密就归他管。这是他第一次从"外面"拿到这样的氢弹资料。他拿给有关当局的最高层领导看了之后，他们一致认为，不仅文章中的一些资料是应该保密的，那份杂志的发行也是有害的。他们把这事儿转到了司法部，要求他们把《进步》给停了。

司法部一听就头皮发麻了，他们当然知道，这种事在美国可是麻烦大了：在宪法第一修正案之下，政府怎么能说"停"就"停了"一份新闻刊物呢？我前面就说过了，这个国家，除了宪法，谁说了也不算。更何况，你一定也记得，为了《纽约时报》要发表美国五角大楼的越南战争秘密文件，前几年刚打过一场官司。由于输了这场官司，一些政府官员至今还觉得灰头土脸，十分窝囊。

对于新闻制度，寻找以前的案例的话，你可以找到一些对已经发表的不当新闻的惩罚规则。但是，对于美国人来讲，宪法第一修正案对新闻制度最根本的一点，就是预先不能限制。可是，如今是事关比原子弹还要命的氢弹,是一个谁也没有遇到过的新问题。司法部长遇到了前所未有的压力,只有硬着头皮上。这个案件已经把美国的言论自由问题推向了核时代。一开始,《进步》杂志的编辑就知道情况不妙,政府已经全力以赴,一个小小杂志,力量对比相差太悬殊了。

1979年3月2日,美国能源部副部长塞威尔领着能源部和司法部的官员,来到了《进步》杂志社。编辑坚持说,文章的来源是公开的读物。他们要知道,这篇文章到底哪部分应该保密?塞威尔说,回答你这个问题的答案都是保密的。但是能源部提出可以帮他们重写,然后再让他们发表。考虑了几天之后,他们通过律师回答,他们不打算修改,他们有宪法第一修正案所保护的权利,有权按原样发表。

三百年前,这里的新闻预检制已经被废除了。宪法第一修正案起草出来之后,有过关于新闻自由和侵犯隐私权之间的争论,但是,有关禁止预检却很少有人提出过疑义,所以这类的官司也很少,最高法院判决的第一个此类重要案子是在1931年的"尼尔案件",最高法院在该案中指出:"(新闻自由)的主要意图就是防止对出版物的预先限制。"也就是说,即使是对于滥用新闻出版自由的人,也只能在事后,即出版之后适当惩罚,而不能预先阻止他出版。在1964年的沙利文案中,最高法院又作出了深刻承诺:"公众辩论的发行应该是无禁区的,坚定蓬勃的,以及完全开放的。"有关新闻和国家安全,美国的开国者之一托马斯·杰弗逊认为:"最终的安全是在新闻自由之中。"我想,他的意思是说,当一切都是公开的,一切都在全民的监督之下,就不再有阴谋,就可以最大限度地减少腐败,可能发生的错误决策将会尽早地被纠正,这样的国家,它的安全才是有保证的。这样的观点,在美国很早就被大家所接受。但是,杰弗逊的时代还没有氢弹。

因此,《进步》杂志案作为一个前所未有的"核时代案件",它不仅是在向第一修正案的基本信念挑战,而且,还提出了这样的问题:新闻界在决定公众辩论所采取的形式时,是否也是"无禁区"的。

《进步》的编辑克诺尔对这样的问题是一个持绝对肯定观点的人。有人问他,如果有个喝醉了的海军官员,把他第二天要出发攻打黎巴嫩的保密消息讲给你听了,你也发表吗?他回答说,政府如果不向国会宣布就打算去参与战争,我当然要发表。另一个问题,如果你知道一个美国在国外的情报人员的名字,你也发表吗?他说,那得看他在干什么了,如果这家伙以美国的名义,用着纳税人的钱,却在人家那里挖民主的墙脚,我当然要让每一个人都知道。那么,如果这将危及他的生命呢?克诺尔回答说,这是他的工作,情报人员当然有被人家杀了的思想准备,这就和工伤的性质是一样的。

问题的关键不在于某一个编辑想发什么和不想发什么消息,也不在于应该和不应该发什么消息,关键在于,他认为发表的决定权应该在他的手里,而不是在美国政府手里。美国最高法院的多数大法官,一直不同意这种绝对主义的观点,主要的疑点就是国家安全。但是,他们似乎也只是提出这个两难问题,并没有能够解决。

正因为新闻自由的主要原则在美国深入人心,所以,我提到过,政府和新闻界之间的官司很少。从前面提到的1931年"尼尔案件"到这个《进步》杂志案之间,美国政府与新闻界只打过四场官司。美国政府也在尽量避免这种事情,但是,一旦出现这样的罕见情况,也就是说,到了美国政府迫不得已非要去惹这个麻烦不可的时候,案子总是十分急迫,法律程序的通过也比一般情况要快得多,也就常常会留下一大堆值得争议的问题。

我们前面已经提到过"五角大楼"案件,这是由于《纽约时报》和《华盛顿邮报》要公布一批有关美国卷入越战的五角大楼秘密文件而发生的。在这个案件中,短短的几星期里,各级法院就产生了种种不同意见。一个首席法官甚至由于进程过快而拒绝对案件引起的一些问题作出判断。最后,法院是以六票比三票的结果,反对美国政府限制这两家报纸发表这些秘密文件。这是对这个具体案件的判决,并不能解决所有的有关国家安全与新闻自由关系的问题。参照这个案件,也不能使《进步》杂志案的答案更清楚。

在"五角大楼"案中,有两位最高法院的大法官提出,他们认为,在如下情况下,也许政府可以以国家安全为由,预先限制新闻发表,即政府必须证明"这种发表将无可避免地、直接地、立刻地导致危害,这种危害必须类似威胁已经发航的运输船的安全"。可是,谁又能说得上,对于热核武器该怎么定义"直接和立刻"的危害呢?说到底,以往的规则都无法解决核时代的案件。

另一方面,《进步》杂志则辩称,在科学的领域,哪怕是热核科学的领域,所谓国家安全与新闻自由的"两难问题"更为简单。他们认为,整个旧的安全概念在此领域都行不通。他们引用了爱因斯坦的一段话:"通过原子能的释放,我们这一代给这个世界带来了自人类历史发明火以来最具变革性的力量。这个宇宙的基本能量,已经不再适合可以被抛弃的狭窄民族主义的概念。因为,现在已经谈不上保密,也谈不上防卫了。这一切都已经无法控制,除非能够唤醒人类的良知和坚韧。"

《进步》杂志还找了一些权威的核科学家支持他们。不少专家并不同意他们发表文章的理由,他们觉得讨论核武器的伦理问题,并不一定要提供制造它的技术资料,甚至他们也看不上哈瓦德·莫蓝的科学知识，他们之所以支持杂志社，是因为觉得文章的内容已经算不上是秘密，发表并不会有什么害处。

但是，美国政府出动了国务院、能源部、防卫部和主要的核武器设计实验室的专家，他们宣布，如果该文章出版，"会有损美国的安全，会帮助外国发展热核武器，会增加热核战争的危险"。尽管美国政府上一次打输了"五角大楼"的官司，但是他们觉得，这一次可不是上一次，他们手里还有一个绝招……在1954年，美国国会曾经通过了一个《原子能条例》。这是处理非正常情况的非常规条例，是美国极少几个特别授权美国政府可以进行新闻预禁的法规之一。

该条例规定，美国政府可以起诉并要求法院禁止任何人揭示"限定资料"。"限定资料"包括核武器的设计、工厂、设备或特殊核材料的生产……但是，不包括已经解密和已经被划出"限定"范围的资料。美国政府宣称，这种资料生来就是保密的。不管是一个政府雇员从实验室得到，还是一个公民坐在自己家里想出来的，不论是设计、公式，还是一个念头，只要一产生，就是保密的。所以，哪怕哈瓦德·莫蓝拿出证据，他百分之一百的资料都是从公开出版物上抄下来的，但是，只要他把它们凑在一起，结果就是保密的，除非美国政府同意宣布这不是秘密。该条例还有犯罪处罚规定。在当时，揭示"限定资料"的处罚，是一万美元以下的罚款，或十年以下监禁，也可以同时并罚。

这案件一旦归到《原子能条例》下面，就成了一个"暗箱"。哈瓦德·莫蓝的辩护人在保密的挡箭牌下，不能知道有关此案的几乎一切信息。被告也无法回答面前的一大堆问题。任何试图被引进法庭的证据，都有一个保密的陷阱等在那里。例如，哈瓦德·莫蓝为了证明自己的资料来自公开读物，他拿来一本自己的大学教科书，政府说,他在教科书上画的线必须擦掉才可以拿出来,尽管这些线只是他读大学准备考试时画的。他又拿出一些杂志文章,一个记者后来报道说,他拿出来的东西都被司法部宣称是秘密的,指出文章哪一部分是秘密的行为本身,是秘密的;争论它是不是秘密的争论,是秘密的;法庭对于这些秘密的看法,也是秘密的。这里有件很有趣的事情,新闻检查制度这个字眼,在美国是分量很重的,或者说,是很难听的,所以当《进步》杂志社在法庭上指责美国政府是新闻预禁的时候,政府的一些人提出抗议,他们说,他们的律师说的,这不是"检查",这只能称作是"删除"。《进步》的编辑克诺尔就说,你就是把它叫作香蕉奶油甜点心我都不在乎,可是它还是新闻检查制度。

正是意识到这一点,该案的法官心情很不轻松。他写道:"如果发出一张初步的强制令,据本庭所知,这将是这个国家历史上,用新闻检查制度禁止出版的第一个实例。这种声名狼藉的事情是大家都不愿意看到的。"1979年3月26日,法官发表了他的看法。首先他指出,这个案子与"五角大楼"案不同,后者只是国家行政部门站在自己的立场上企图阻止新闻发布,而这个案子,有国会已经通过的《原子能条例》授权禁止。他认为,这个在宪法第一修正案之下的条例是清楚的,范围是适度的。再说,相比之下,"五角大楼"案只牵涉到三至二十年以前的"历史资料",这个案子则不同。最后,他主要是注意到了这个案子的巨大风险。他说,也许,从长久的意义来说,不自由,毋宁死。但是从眼前看,我们只有在拥有活下去的自由这个前提下,才有可能享受到言论自由、宗教自由、新闻自由等等。也就是说,把氢弹秘密"放出去"之后,没准儿大家连活得成活不成都成了问题。他写道:"如果作出一个反对美国的裁定,这一错误将为我们所有的人铺平通向热核毁灭的道路。在这个案子里,我们生的权利受到威胁,出版的权利变得可以商榷。"法官"遗憾"地签下了这份预禁令。

这个案子是不是很有意思?我想,这个法官的判决是很能理解的,谁敢冒这样的风险呢?但是这个案子里确实暴露出许多很耐琢磨的问题。例如,在这个《进步》杂志案中所出现的"暗箱问题",就是很值得深思的。当一名被告所被控的一切都变成了"秘密",甚至他的律师、法官、陪审团都不能清楚地了解与案情有关的细节,在这种情况下,怎么还有可能进行一场"公平的审判",被告的权利还怎么可能得到保护呢?这也是我前面提到过的,美国的"反恐怖法"草案引起巨大争议的原因之一。

立法反对恐怖活动当然是一件好事情,问题是具体的做法,也就是"反恐怖"究竟怎么"反"法。例如,将来出现在美国的恐怖活动,其中很可能有一些是类似纽约世界贸易中心爆炸案这样的国际恐怖主义活动,对罪犯起诉的证据也就有可能来自美国之外。因此"反恐怖法"草案允许在对国际恐怖主义分子起诉时,使用来自国外的证据,并且允许作为证人的美国驻国外情报人员不出庭,以免使美国在国外的情报网受到破坏。乍一听,这似乎没有什么不合理的。但是,这些恐怖主义者很可能就像在纽约爆炸案中的被告一样,他们尽管是在为另一个国家服务,可他们中的一些人已经是美国公民,即使不是美国公民,在美国法庭审理,就必须给他们一个公平审判,就不能剥夺他们受美国宪法保护的权利。比如说,我以后还会提到的宪法第六修正案中所规定的,被告有权面对自己的证人。审理中的"暗箱"在美国是违宪的。

1993年的纽约世界贸易中心爆炸现场

当"反恐怖法"草案在参议院通过以后,我们在电视里看到一次非常有意思的辩论。它是由美国联邦调查局的高级官员、著名的美国公民自由联盟的负责人、著名的《纽约时报》专栏作家路易斯和大学教授等组成的,在一起讨论有关"反恐怖法"草案所牵涉到的种种问题。也谈到我们前面所提到的审判中的"暗箱"问题。总的来说,政府一方,尤其是联邦调查局负责具体工作的高级官员,都对于他们在工作中所受到的种种限制发出抱怨,在美国严格执行宪法的情况下,他们要对恐怖活动的嫌疑分子进行监视,却很难拿到一张窃听许可证。抓到什么罪犯,又由于种种原因,往往会起诉失败。他们坚持"反恐怖法"草案所放松的限制,对于美国的反恐怖活动是绝对必要的。但是,作为民权组织等属于"美国人民"和理性思维的另一方,却对于"反恐怖法"草案中有可能发展成侵犯公民权利的部分提出严重质疑。例如,"反恐怖法"草案的有关条例规定,如果一个美国公民向国际恐怖主义组织提供经费等等,就可以对他进行起诉。听上去很顺理成章。但是,民权组织马上提出了其中所隐含的问题。例如,美国政府宣布的国际恐怖主义组织的名单中,有著名的哈马斯组织。这个组织确实在最近进行了一系列的炸弹攻击。但是,民权组织指出,哈马斯不仅仅是一个恐怖组织,它同时也是一个宗教组织。在美国,完全有可能有一些公民只是在宗教上认同这个组织,在这种情况下,一个美国公民就有可能因为出于宗教的原因,向属于这个组织的医院捐了十块钱而受到"反恐怖法"的起诉,并且有可能因此而判刑,这显然是侵犯了公民宗教自由的宪法权利。在"反恐怖法"草案中,类似的问题还有很多。

使我们感到吃惊的,并不是一个"反恐怖法"草案所反映出来的问题,而是美国人对于所有的立法和案例所涉及的公民自由和公民权利问题所持有的认真态度,惊叹他们的持久的顽强和理性的思索。在这个辩论中,美国公民自由联盟的负责人还提到美国在这一方面的历史教训。他提到,俄克拉何马爆炸案之后,要提醒国会防止过度反应并不是无稽之谈。二次大战美国在遭受到日本的珍珠港突袭之后,海军太平洋舰队几乎全军覆没。在这种情况下,美国曾经作出过一次错误的过度反应。美国西海岸当时有十二万日裔的侨民,你也知道,一般来说,东方民族对于"故国家园"很难从根子上抛舍。更何况,这些日裔侨民里还有一些来到美国不久的新移民,两国交战,确使许多移民产生巨大的心理矛盾。同时,惊恐之中的美国政府,面对数量如此之大的来自敌国的移民,也觉得防不胜防。由于珍珠港事件是一场突袭,美国政府更担心这些日裔移民中会有人向其母国提供各种情报,从而导致美国在这场战争中的失败。

当时,在强大战争攻击的威胁之下,政府的权限也相对扩大。结果,由当时的美国总统罗斯福签署命令,把美国西海岸十二万日裔移民,包括已经加入美国籍的日裔美国人,全部圈入了落基山脉东面的十个临时居住地,十二万人一宿之间全部失去自由。在这一天之前,他们中的很多人还在为支持美国的军队而努力工作。在被集中圈住的四年当中,甚至还有人在失去自由的情况下,收到为美国战斗的儿子的阵亡通知书。今天,当我们和美国朋友聊起这件事,他们都觉得这简直是无法想象的错误。但是,美国政府确实在战争的威胁下,曾经犯下过这样一个可怕的侵犯公民权利的历史错误。

当年的这十二万人中,有一个姓伊藤的年轻人在圈居生活中和一名共同命运的女孩相识。在他们恢复自由四年之后,他们组成家庭并给他们的新生儿起了个名字,他叫兰斯·艾伦·伊藤。艾伦这个名字,是为了纪念他们在失去自由期间,一个为他们看守房子的名叫艾伦的牧师。兰斯这个名字,则是为了纪念为他们向美国政府索赔的一个叫兰斯的律师。由于这个家庭的这一段经历,这个孩子立志长大以后要做法官,致力于保护平民百姓。他就是现在正在进行的"世纪大审判"辛普森案的主审法官。在以后的信里,我会一再向你提到这个名字。一向在审判中以冷静著称的伊藤法官,谈起美国的这一段历史却无法平静,他说:"这件事情的意义非常重大。我必须告诉大家,如果这件事情可能发生在你我身上,它就有可能发生在任何人身上。"

实际上,这就是美国人今天对待任何一个民权案件的基本态度。发生的任何一件侵犯公民权利的事件,他们的态度就是:它如果可能发生在一个美国公民身上,那么,它也就可能发生在我们自己身上。所以,在美国,对于这一类问题,会有很多人挺身而出。尽管他们和这一个公民并不相识,甚至,也许他们并不喜欢这个人。

从《进步》杂志案的发展你也可以看到美国人的这种态度。这个案子本身到这里并没有结束,因为这只是地方法院的判决。《进步》杂志马上提出上诉,发誓要把官司一直打到最高法院。几个星期之后,事情发生了谁也无法料到的变化。这一回,你肯定猜不出结果来了。

我还是下次再给你写吧。

祝

好!

林 达

诽谤罪的故事

卢兄：你好！

来信收到。你谈到我的故事使你有了许多新的想法，我很高兴。你非常关心那个《进步》杂志案的结局，说是猜了半天也没猜出来。我还是先把这个故事继续讲下去吧。

难怪你猜不出来，事情的发展充满了"戏剧性"……把一件原本十分沉重的事情戏剧化了。从我下面的故事里，你也可以感觉出一点"美国风格"。哪怕是再严重的事情，到了这里，都会变得有点"迪斯尼"兮兮。

《进步》杂志上诉只有几个星期，政府的阵线就开始溃散了。地方法院的宣判是在1979年的三月底。你还记得我介绍过的那个美国公民自由联盟吗？作为美国著名的有关捍卫公民自由的组织，他们当然不会忽略如此重要的一个案例。同年五月初，该协会的一位调查员在进行有关这个案件的工作，他本身也是一个业余的原子武器的设计人员。他跑到洛斯阿拉莫斯科学实验室的公共图书馆,从目录里查询有关"武器"的一栏,他把一份文件抽出书架,发现这份文件里已经包含了莫蓝文章里的大部分所谓"秘密"的"限定资料"。一年前,图书馆清理资料的时候,不知怎么,鬼使神差地把这份应该是保密的资料放到了公开的书架上,也是非常凑巧地正好让这位调查员给翻到了。

你一定还记得,《原子能条例》里规定,"限定资料"里不能包括已经解密的资料。因此,由于这个调查员的发现,司法部的不少人都觉得撤回起诉算了。但是,情报部门却照会司法部长说,尽管图书馆发生了这样的事故,但是,这些资料还没有被那些"敏感"的外国政府弄到手。因此,阻止莫蓝文章的发表,仍然是必要的。于是,司法部长告诫自己的属下:"国家利益和《原子能条例》,都要求我们尽力而为……局部的泄密并不意味着我们就可以和盘托出。"

同时,你要知道,尽管这篇文章由于官司尚在进行之中,并没有与读者见面,但是,这场官司本身是无法保密的。如此一个大案,你可以想象,新闻界是多么的激动,尤其这牵涉到他们本身的权利,知识界会以多大的热情关注这一场划时代辩论,有多少人会觉得这真是一件够刺激的事情。全美国的眼睛都在注视着有关的报道,这是记者们最摩拳擦掌、跃跃欲试的时刻。有的记者有意地去重复"莫蓝历程"。他们运用他们可利用的公共图书馆之类的途径,企图去复制同样的工作,有人得到的结果,与莫蓝十分相近。也有一些记者,他们的本意是了解《进步》杂志案的全过程,可是他们在调查的过程中,实际上就频频闯入了氢弹的"秘密"领地,有时完全就是瞎猫碰死耗子碰上的,糊里糊涂就已经掌握了一些有关氢弹的"秘密"。

事情已经足够热闹了,这时,冒出来一个叫恰克·汉森的。你可

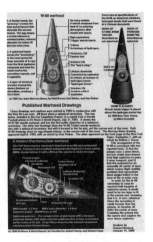

报道氢弹秘密的那一期《进步》杂志封面　　　　　　公布的氢弹制造秘密

以说他是"原子爱好者",也可以说他是"氢弹迷"。我又要发感叹了:在美国,什么样的怪人没有啊!他发起了一个反对政府起诉《进步》杂志的运动。他不但使抗议信像雪花一样铺天盖地飞向议员和美国能源部,他还发起了一场"氢弹设计竞赛",谁的设计能第一个让能源部定为必须保密,谁就是这个竞赛的优胜者。到了秋天的时候,他给一个参议员寄了一封信,里面描绘了他自己版本的氢弹秘密的轮廓,他搞出来的东西和莫蓝的很接近。他还把这封信寄往全美各地的一些报社。

9月16日,威斯康星州的一家很小的报纸,发表了他的信。第二天,政府就对《进步》杂志案撤诉了。司法部长承认起诉已经毫无意义,汉森的信已经发表,有关报道已经满世界都是了,再去阻止另一家杂志社还有什么意义呢?

当年《进步》杂志的11月号以通栏标题《氢弹秘密:我们怎么得到的……为什么我们要告诉你》全文刊登了莫蓝的文章。尽管在此案过程中,作者已经发现了一些技术错误,但是整篇文章连一个标点符号都没有改动,只是在后面附了一页作者的更正。

这就是这个案子的结果。可以说,它说明了一些问题,也留下了很多问题。这也是我上封信打住的原因,我说过,我要想一想。作为一个外来者,我首先留下深刻印象的是,撇开这文章该不该发表这样的问题,只谈操作的话,在美国,阻止它发表的操作比在任何地方都困难。就这个案子,你也看到了,就像司法部长事后所说的,"我不认为预禁起什么作用"。就算那个实验室的图书馆没有犯错误,也会有无数人出来向这个案子挑战,不出那个汉森,也肯定会出个汤姆,或者约翰什么的。更何况,由于没有检查制度,在绝大多数情况下,根本来不及禁止,等美国政府看到的时候,百姓们个个都已经看到了。同时,作为一个外来者,我感受到这个国家对于新闻自由的敏感程度。一份小小的杂志,一篇可以说很少有人能够看懂的文章,如果它不发表,影响也许是很小的;如果它发表了,后果有可能是很大的。为什么会引起如此巨大的波澜呢?我感受到在表面的戏剧化后面,深藏着美国人的恐惧。不论是民众,还是法院,他们所在乎的,不仅是一篇文章作者的权利,也不仅是一个杂志社的权利,尽管他们很看重这种权利。他们中间有很多人,也并不赞成一定要以这样的方式讨论核问题,可以说,他们中的大多数人,都深切担忧也不愿看到政府所警告的可能发生的严重后果。但是,他们还是坚决站到了支持《进步》杂志社的一方。我感到,他们真正在心中无法平息的,是对于美国政府将要突破这个国家最重要的一条防线的恐惧。

你的来信说,你猜不出这个案子的结果,与你自己的思考和判断也处在两难之间有关。是的,案子撤销了,但是,问题并没有解决。政府仍然认为,这些资料的发表,对于美国是有害的。对其是否真的有害和可能的伤害程度，没有人能够作出准确而权威的判断。人们仍然要问：这些资料的发表，到底应该，还是不应该。以后，可能还会发生类似的问题，也许，涉及更严重的国家安全，那时，又怎么办呢？你经常问的问题是：什么是美国的自由。我最想告诉你的总是：什么是美国自由的代价。在新闻自由这个问题上，如果忽略一些次要的问题和争执，将会对新闻自由形成最大威胁的，就是国家利益。因为在上述案件中你可以看到，真正能够对新闻自由构成威胁，真正有可能迫使新闻自由让步的，就是国家利益。可以说，在某种意义上，新闻自由和国家利益是互为代价的。美国人始终站在两难之间，安全与自由。在真正紧迫和严重的关口，比如说，在这个《进步》杂志案子里，我想，美国政府也是相信国家利益真的有可能受到伤害，发急了才出此下策，因为政府官员是最不便去向新闻界挑战的。几个部长也知道，这很有可能就是在拿自己的政治前途下赌注。他们也是没办法。这个案子的结果，美国人民在捍卫新闻自由的同时，很可能确实支付了国家利益的代价。作为这个国家的公民，他们当然应该知道，所支付的国家利益并不是政府的，而是整个国家，也就是整体美国人民的。那么，他们为什么要做这样的选择呢？

　　我想，首先是，如果一遇到"国家利益"这个震慑力量就让步的话，早就没有美国的新闻自由了。因为，你已经看到，他们所遇到的真正困扰总是来自美国政府，只有政府才可能提出检查制度和禁止发行之类的要求。如果说，美国政府打算以预检预禁这样的手段来限制新闻自由的话，或者说，某一届政府不希望公布不利于它的材料的时候，他们不费力气就可以找到的最好的借口，就是国家利益了。比如，尼克松的"水门事件"丑闻。我相信没有一个总统会愿意这样的材料被公布。如果要以国家利益为借口，应该也是很容易的。至少这些材料的公布，可能引起政局的动荡、社会的不安定，说这是一种国家利益，也完全说得过去。遇到这样的情况，就每一个案例来看，力量对比之悬殊是一目了然的。不仅仅是一个报社或杂志社与整个美国政府的人力、财力和掌握的手段无法匹敌，而且发表一篇文章的分量和国家利益的分量也根本无法较量。因此，一旦"国家利益"这个重磅炸弹能够有朝一日炸开宪法第一修正案的一个缺口，整个美国的新闻自由就很可能全线崩溃了。

　　这不仅仅是美国新闻界的恐惧，这是美国人的恐惧。你已经看到，这种恐惧甚至压倒了他们对于热核武器威胁的恐惧。为什么这么说呢？大致说来，美国人现在的生活是过得很好的，并且自由自在。他们有数量比例相当大的一批人，在关心着各种只有衣食无忧、思想无拘无束才会去关心的问题。你只要想一想，连"核专业"都会冒出这么一大群"业余专家"和"迷"来，是不是都是"吃饱了撑的"。他们认为，这个社会从根本上的运作正常，才是他们继续这样自由自在生活下去的保障，而新闻监督是整个游戏规则在操作过程中最强有力的约束力量。如果没有这样的约束，一个聚集了巨大财富的美国政府，会迅速腐败下去，一个拥有强大权势的美国政府，会很容易地制造一些借口，轻易地拿走老百姓的那点自由。这是二百多年来，他们感到真正应该害怕的东西。

　　那么，你一定要问了，美国政府还怎么保住国家秘密呢？只有他们自己看牢点儿，别让新闻界给弄了去，是至今为止我所看到的唯一办法。

　　你的信中谈到，国内现在涉及新闻界的诽谤案特别多，你想知道，在美国，这一类问题是怎么解决的。这的确是一个很有意义的问题。因为这不是一个简单的娱乐界明星声誉的轻松话题，这是在新闻自由中的一个重大议题。因为，如果新闻界在批评美国政府官员的时候，一个细节失实就要面临巨额赔偿的话，新闻界的步履就要艰难得多，它对于美国政府的约束力也要大大减弱。

在美国，有数不清的各种各样的报纸杂志，又没有检查制度，我也曾经以为，这里的诽谤诉讼一定忙得不可开交了。到了这里以后，我才奇怪地发现，这类案子非常少。首先，一般来说，此类案子不论在哪里，牵涉普通人的，总是较为罕见，因为新闻界对他们没兴趣；其次，容易牵扯进去的，最多的是有点职权的人，即"公职人员"以及有点名气的，即"公众人物"。然而在美国，这两类人都知道，要和新闻界打赢所谓诽谤罪的官司，几乎是难于上青天。由于他们的知难而退，这类官司当然就少了。几年前，对中国来的一个公众人物，美国新闻界做了各个角度的报道，使其一下子无法适应，就对记者抱怨，你们美国不是最讲隐私权的吗？怎么可以这样？实际上，这是对美国知其一却不知其二。作为一个普通的美国人，这里是最有隐私权的地方。但是，你要想竞选总统，想当官（大官小官不论），想当明星，当民间组织的头头，想在公众事务中成为一个"人物"，那么，可以说，从头到尾，你都在新闻的监督之下。也许你天天在报上看到自己的名字，也许你很少见报，但是这已经是取决于新闻界对你感兴趣的程度了，而不是取决于你自己。所以，一般来说，他们要保持良好形象的办法只有两个，一是端正自己的行为，二是以最大可能隐藏自己的劣迹，躲过新闻界的目光。当然，这很难。这就是"做名人难"在美国的版本。

在这种情况下，被新闻界触怒的公众人物，马上会自然地想到他们的反击武器——诽谤罪和名誉损失赔款。这里的报社和杂志社都是私营的,一旦巨额的赔款成立,对大多数新闻机构来说,都将是一场灭顶之灾。我前面谈到过,美国没有对于新闻的检查和预先禁止,所以,有可能对新闻界形成的最大威胁,就是在出版物发行之后的诉讼和由此引出的巨额赔款了。如何解决这个问题呢?美国人也是在逐步摸索中寻找答案的。

使这一目标在判例上明朗化,制定出明确原则来的是轰动一时的沙利文案。

这个案子的发生是在1960年。你也知道,这是黑人的人权运动最风起云涌的年代。在这样一个历史大转折的前夕,是种族问题最敏感,也是种族冲突最容易爆发的时候。那年的3月29日,《纽约时报》以整版刊登了一幅广告。这是由六十四人签名的一个宣传广告,签名人中间包括一些南方的黑人牧师。宣传的内容是:当时在美国南方黑人进行的非暴力示威行动。他们呼吁着:"在美国宪法和权利法案的许诺下,我们有权利以人的尊严生活。"接下来,这份宣传广告谈到,黑人遭到了由亚拉巴马州蒙哥马利市的警察所教唆的"恐怖浪潮"的攻击,还举了一些警察虐待黑人的例子。可是,事后发现,这些例子有很多不实之处。

看到这份宣传广告之后,蒙哥马利市专管警察部门的一名政府官员,名叫沙利文的,向法院告状,以诽谤罪告《纽约时报》和四名黑人牧师。尽管那个宣传广告上的指责并没有提到他的名字,但是他认为,既然他的职位使他必须为该市的警察行为负责,因此,《纽约时报》刊登的广告,已经诋毁了他的名誉。一开始,法院的陪审团判给他五十万美元的损失赔偿金。而且,亚拉巴马州高级法院

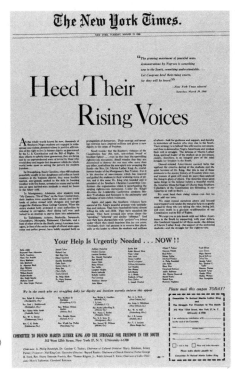

1960年3月29日,《纽约时报》由六十四人签名的宣传广告

支持了这一判决。

《纽约时报》上诉到了联邦最高法院,这时,已经是1964年了。

《纽约时报》的律师辩称,这篇宣传广告是由六十四名知名人士签署的,如果他们知道内容不实,他们是不会这样做的。也就是说,他们不是故意的诽谤行为。至于《纽约时报》,他们并没有责任要对发表的东西都做精确的核实,他们有宪法第一修正案保护的新闻自由,有权决定是否发表。

最高法院一致通过推翻了初级法院的判决。并且,针对公职人员提出的诽谤案,第一次宣布了一条非常重要的原则,就是,当公职人员遇到不实的批评而受到伤害的时候,他不能以诽谤罪要求赔偿金,除非他能够提出证据,证明这是出于"真实的恶意"。你也一定注意到了,当事人要拿出这样的证据,证明新闻媒体事先就有诬陷的企图,是非常困难的。这样,公职人员几乎不可能打赢这样的官司。法庭同时指出:在自由辩论中,发生失误是不可避免的,必须保护新闻界有"喘气的空间",使他们有可能生存下去。

在三年以后的另外两个案子中,美国最高法院又把这一原则从"公职人员"扩大到了"公众人物"。在1986年,这一原则再一次扩大到"卷入公众事务"的普通人。

我再告诉你一个很特别的例子,没准儿,你听了又要感到意外了。

这个一直告到最高法院的案子,牵涉到对一个公众人物可以说是很恶心的攻击。发生的时间距离现在也不是太久,这个案子到达最高法院的时候是1988年。事情发生在1983年,美国的一个比较大的色情杂志刊登了一份以滑稽漫画形式出现的烈酒广告,在这个广告里,漫画虚构了这样的情节:挖苦一个叫弗威尔的"公众人物",说他的第一次性经验是在喝醉酒以后和他的母亲在户外的小屋里发生的!弗威尔不干了,他没法把它当作什么滑稽玩笑接受下来,一纸诉状告到法院。

他的诉状分两部分。第一条,是诽谤罪。我想,若不是他实在觉得这幅漫画情节恶劣而完全有理由说它有"真实的恶意",弗威尔是不会上法院去告的。看到这里,你也一定会想,那个弗威尔还是应该有希望获胜的,这漫画看着也太"恶意"了。但是,他没能成功。为什么呢?

诽谤罪被陪审团否决了。他们的理由是,这种东西一看就知道是胡闹的,根本不会有人当真,也就谈不上什么诽谤。在这里,是有一些专门制造假新闻的报纸以取悦某些读者的,一些人明明知道是闹着玩儿的,照样买回来看,也就是图个好玩儿。有一次,我就看到一张这样的小报,上面大字标题:卡斯特罗死了!下面就是很大的一张照片:卡斯特罗正躺在棺材里。我吃了一惊,马上指着那张报纸向我的朋友"报告新闻",她只远远扫了一眼,就说,这报纸是开玩笑的。果然,不久以后,我又看到这家报纸在一幅长着翅膀的婴孩照片旁,"报道"某人刚生了一个小天使!在美国,这种报道当然就谈不上失实不失实,或者诽谤不诽谤的问题。陪审团指的也是这个意思,因为没人信,你的名誉也就没受到什么损失。但是,弗威尔的诉状中还有一条。他提出,这幅恶意的漫画造成了他精神上的巨大创伤。这一点,陪审团同意了,判给他二十万美元的损害赔偿金。陪审团的这一判决,立刻引起了政治漫画家、艺术家和连环画家的严重关注。他们时时都可能画些戳痛公众人物的东西,他们的问题很简单:要是一幅漫画就可以判决造成精神损伤的巨额赔偿的话,界限在哪里?但是,1986年,巡回上诉法庭支持了初级法院的判决。

两年后,当最高法院复审这个案子的时候,一致同意这样的判决:一个公众人物,当他受到讽刺挖苦的时候,不论它是多么具有伤害性,甚至有色情描写,都不能要求损害赔偿。因此,弗威尔赢得的二十万美元精神创伤赔偿金也给推翻了。应该说,这个案子又进一步扩大了第一修正案对于新闻自由的保护。这个案子的首席法官讲的一段话让我一直很难忘记。公众人物是经常受到讽刺挖苦、漫画化甚至丑化的。他说,考虑到宪法第一修正案的普遍原则,我根本就没打算提供一个例外,让它在这种事情的对错中间划上一条界限。也就是说,对于美国的最高法院，诽谤罪问题的解决毕竟是有一个明确的目标的，这就是宪法第一修正案所寻求的目标，确保新闻监督的功能，以维持社会的健康正常运作。因此，在最高法院判案的时候，就可以避开细节的纠缠，避开在低一层次的是与非之间划界限，而作出高一层次的原则性判决。

这会不会就出现大量的不实报道，以至于"乱了套"呢？我们看到的美国新闻和图书出版，是非常"井井有序"的。在自由的信息和思想的流动之中，社会总的趋势是在趋于健康和更富于创造力。社会的基本健康，又有助于新闻和图书出版的进一步发展，应该说这是一个良性循环。新闻出版界也有它自己的一套自然约束。尽管法院一般不会轻易作出诽谤罪的判决，但是它还是可以裁决报道是否属实，以挽回当事人的名誉损失。如果一张报纸或一个出版社频频作出不实报道，读者就会对它嗤之以鼻，就无法维持它原来的读者群，也就破坏了它自己的生存条件。在市场调节之下，当然也有适应它的特定读者面的一些劣质读物，但是我们看到，在这里，这样的读物并不是主流。

我还想谈谈，有关我所了解的色情影片和色情读物等等在美国的情况。我觉得如果不向你做这方面的介绍，就是不完整的。我第一次看到色情杂志，是在我来美国后进的第一个小书店里。我进去以后随意地在里面逛，逛到最里面一个半遮半盖的角落，一下子发现满满的两个陈列架上，都是封面就"非常色情"的色情杂志。作为一个从中国出来的人，这也是我这辈子第一次有机会看到这样的杂志。我很好奇，就打开两本翻了翻，想知道美国的色情杂志到底是什么样的。里面和封面差不多。第二天，我告诉了认识不久的美国朋友，他们笑着拿我寻开心，当然，都是一些善意的玩笑。然后，我就问他们，这是合法的吗？得到的回答是肯定的。

慢慢地，我了解到，并不是所有的书店都有这样的读物，这也和书店确认自己的读者面有关。美国的书店大概没有一个像中国城市里大的"新华书店"那么大，一般都是小小的店面，各有自己的经营特色。决定是否卖这样的读物，取决于书店自己的经营方针。这儿也有一个档次问题，和出版社的定位问题是一样的。在书店陈列这类读物的时候也有一些规定，它不能放在很开敞醒目的地方，也就是说，不能侵犯那些不愿意看的人，也必须让带孩子来买书的家长可以预防孩子看到。所有的美国人，都知道什么样的书店有可能卖这类读物，如果自己不愿意看，只要不去那个角落就可以了。

色情读物也受到宪法第一修正案的保护，同在言论自由的范围之内。我已经介绍过，言论自由的关键是言论的"内容中性"，对于各种宣传，它只是简单地交给民众自己去判断。但是，对于未成年的青少年就有比较严格的法律规定，因为严格地说，青少年还没有长大成"人"，他们还不具备成年人的判断力。因此，比如在学校里，他们往往受到各种校规的约束，比成年人的自由要少得多。不仅色情读物不能出售给青少年，电影也严格分级，很多电影青少年是不允许看的。说来你也许会奇怪，有些限制甚至比中国人的道德概念还要严格得多。这也是我在中国时对美国缺少了解的一面。

比如说，有一次一个大陆来的朋友告诉我，他有时以自己的名义去为自己的孩子和孩子的同学买成人电影票。我素知他平时教子甚严，听了当然吃了一惊。后来才明白，他指的是一些武打片。中国人的概念是"少林小子"，"自古英雄出少年"，小孩子看看武打片有什么关系，哪怕是对子女非常严格的家长，也不会在意。但是，美国的孩子是买不到这样的电影票的。

出于对青少年保护而产生的这样电影分级限制,也是一个有可能引起争议,有可能划不清界限的问题。由于这些规定例外地追究了"言论的内容",实际上就被迫进入了困难的另一个层次的是非判断。就在已经实行的电影电视分级制上,实际上也一直在发生激烈争执。我们就在电视里看到过这样的辩论会,一方是影视制片人的代表,另一方就是在美国为影视评级的十二人委员会中的一个代表。你可以看到,一离开"内容中性",问题就会复杂得纠缠不清。影视制片人经常是颇为恼火的,因为一个片子一旦由于一个或一些镜头给划进"级"去,整个未成年观众群也就给划走了,而他们往往是观众的主力军。我就在报纸上看到过,香港的制片人屡屡抱怨,因为他们在香港放得好好的武打片,一出口到了美国都成了"三级片",由此票房收益大减。问题是,划的标准是什么,这实际上是一个无法解决的问题。因为除了一些比较容易判断的之外,大量是难以确认的。比如,暴力场面以及描写性爱,是凡有开打的或是凡有性爱场面的都算,还是到某一程度的才算。前者,在今天的美国已经不可能做到,也没有人认为有必要去这样做,而后者,就成为永无止境的争执的源泉。美国也是无法解决如此争端,所以把决定权就交给那十二个不幸的审查委员,他们时时处于被攻击的地位,做的也实在是勉为其难的工作。

我上面提到的辩论会真是十分热闹。制片人首先质疑的是这个审查委员会成员的资格:这十二个人,究竟他们是凭什么教育背景、什么个人资历,或什么其他条件,就可以替全美国的青少年做主,决定他们可以看什么和不可以看什么电影呢?那名审查委员会的代表答道,他无法拿出这样的资格标准,所有的委员都具有不同的经历和教育背景等等,但是,有一点他们是共同的,就是,他们都是做父母的。每当他们去判断一个片子时,他们想到的就是自己的孩子,他们会问自己:我是不是希望我自己的孩子看这样的镜头,这就是他们的判断标准。平心而论,他说得非常动感情,保护美国下一代的拳拳之心溢于言表。

但是那个制片人已经大叫起来:等一等,等一等,他说,我也是做父亲的,我的两个孩子都是健康而正派的孩子,可是他们已经是高中生,他们已经什么都知道了,其实所有的家长也都明白他们的孩子已经什么都懂了,而他们只是装作以为孩子什么都不懂而已,我对自己的孩子看什么就不做任何限制。审查委员就说,你可以对自己的孩子不做限制,可是你问一下其他的父母,他们是否愿意他们的孩子什么都看呢。

制片人立即回答说,他并不是在替别的父母做决定,可是审查委员你却是在替他和其他所有的父母做决定,这不公平。

问题的关键还是在于大量似是而非,所谓"推一推就推过去,拉一拉就拉回来"的片子,对于审查委员可能是一念之差的事情,对于制片人,就差得太多了。一个片子一旦被列入"某级",大量青少年观众被拦在电影院外,票房价值马上就下去了。辩论虽然没有一个什么明确的结果,但是通过这样的辩论,可以看到事情并不是想象的那么简单。

在美国,成年人是否就有很普遍的机会接触色情读物呢?我所看到的情况是这样的:在公共场所,如公共图书馆或在一般公司企业的会客室里,是没有这一类的读物的。我在这里住过各种档次的旅馆,也从没见到过。电视节目里,也没有色情片。你在美国旅行,视觉环境是相当"干净"的。在美国,这不是一种满目皆是的东西,不到特定的地方有意寻找,是碰不上的。如果有这种需求的人,他可以在某些书店的角落去买,可以去一些电影院,可以自己去租借这样的录像带。作为一个成年人，这是你自己的选择。那么，是否就有很多成年人沉湎于色情读物呢？我相信大多数的美国成年人都或多或少看过、至少是看到过这样的东西，但是我并不认为有很多人沉湎于此。相对来说，美国社会的基调是比较健康的，物质和文化生活都非常丰富，你可以有许许多多的选择。可以使你觉得有趣、会使你入迷的东西也非常多，而且容易得到。所以整个社会的兴趣也很分散。每个人也在选择自己的档次定位。人们知道、同时也习惯有各种类型的读物，大多数人并不沉湎于这样的东西。

我又要讲到滥用自由和科学技术发展带来的新问题。在美国，新的科学技术成果推向市场的速度非常快，许多技术本身就是在市场的推动下向前走的。电脑新技术的普及极快，短短的时间里，花样百出，令人目不暇接。这一段时间，我们可以经常看到新闻媒体讨论"信息高速公路"所带来的各种问题，这指的是日益普遍的计算机联网服务。通过这样的服务，人们可以方便地通过电脑网络运用各种资料库，和别人交换信息。在美国的问题是，这不是少数专家学者的特权，它是通过电话线外接的，你只要每月付一些费用都可以得到。可以先用多少小时，然后再根据你使用的时间计费。因为方便、费用不高，很快成为飞速普及的新的信息源，还没有来得及考虑，一些附带的问题就已经产生了。

这样一个突然产生的大量信息流动，如此广大的读者面，马上使一些滥用自由的人，甚至一些犯罪分子，乘虚而入。因为这个领域已经开拓出来，但是一开始美国政府还没有想到，如何在这一领域制定法规，去防止色情对于青少年和成年人的侵犯。因为这个问题并不是和电脑网络同步产生的，所以无形之中就成了唯一的一个漏洞。这里的规矩就是这样，只要没有法规说这是犯法的，那么它就是合法的。

所以以制作色情信息牟利的人，立即进入了这条所谓"信息高速公路"，而且迅速蔓延开来。

突然发现问题而感到震惊的，当然是一批青少年的家长。因为有很多辅导孩子做作业的网络以及"儿童谈天说地"等等各种节目，有些青少年花不少时间在电脑旁边，当然有大量有趣的节目，对开拓他们的心智颇为有益。所以，孩子们坐在电脑前，父母一度是很高兴的，至少不会想到孩子会因此受到什么伤害。可是，当有一天，他们发现孩子安安静静坐在那里，居然是在看电脑提供的色情照片，他们怎么会不吓一大跳。甚至有一个十三岁的乡下女孩，糊里糊涂被一个"网友"骗到了洛杉矶。电脑是可以对话的，比电视的情况远为复杂。

于是，美国的言论自由又出现了"电脑时代"的讨论。今年的3月23日，美国参议院商业委员会通过了一个"正派通讯法案"，该法案规定，对凡是制作"猥亵、淫荡、挑逗、污秽和下流"的色情素材，在电脑网络上传送的个人以及公司都可以进行惩罚，可处以最高十万美元和两年的徒刑。对于兜售这种素材的人，也可以进行惩罚。提出这项法案的是一个民主党的参议员，他说，他的目的是为了保护未成年人免于色情素材。我前面提到过，美国联邦政府一向有严禁广播电台和电视台播出猥亵素材的法规，这一次，却把政府的权威扩大到了电脑的联网通信业。

你听了，也许觉得一切都可以顺理成章地解决了。但是，这项决议不仅激怒了联网通信业，还引起了美国的民权组织的批评，连克林顿政府都立即向参议院提出"缓办"的请求。白宫发言人说："总统认为这个问题值得更仔细的讨论……政府厌恶任何形式的猥亵素材传送，但需要注意到重要的宪法第一修正案保障的权利。"

为什么连美国总统都会认为还需要"更仔细的讨论"呢?原因是电脑的情况与广播电视并不完全相同,除了一些类似的功能之外,它在美国还成了出版业的扩展领域。许多杂志出了"电脑版",订户可以在电脑上阅读,同时就可以在电脑里储存杂志上的资料,需要时也可以打印出来。出版业也省了好多印刷的人力物力,优越性当然很多。但是,新的法案就可能造成这样的情况,同一张报纸或杂志,会由于某一张照片或某一句话,使得印刷版可以照出,而电脑版却给禁掉了。作为同一个出版业,就可能面临两种政策。出版业的言论自由就有了一定的疑问。同时,法案对于这样的用词:"猥亵、淫荡、挑逗、污秽和下流"并没有提出什么明确的定义,也可能成为今后打官司的麻烦主题。因此,非营利组织"民主与技术中心"的主席认为:"那是违宪的,是对信息高速公路上的新闻自由的直接威胁。"批评者还担心,这是美国政府对电子通讯扩大检查的先声。

电脑有一个很大的特点,它的信息传布是双向的,而不是像电视那样是单向的。它的公众参与性更大。电子邮件、电子布告栏、电子购物、电子竞选……不一而足。它涉及的面相当广,因此,还要"更仔细的讨论"的观点,代表了美国在处理牵涉宪法第一修正案的问题时,通常所持的谨慎态度。那么你要问了,怎么办呢?管制法案尚未最后实行,但是已有许多人冲出来试图解决这个问题。市场规律又在悄悄地起作用。

最起劲要解决这个问题的是几个大的联网公司,它们的动因当然是不希望产生严格的法规,因为法规在保护未成年人的时候,也就同时扫掉了它们的一大笔成人生意。它们在商业网上设立了一些阻拦功能。另外,各大软件公司也在设计各种管制软件。最近设计出来的一种软件,五十美元一个,是家用的。家长们可以用来装在自己的电脑里,据说基本上可以阻挡所有的色情信息。这样的东西出得很快,因为准保能挣钱。

之所以写这些,也是希望你体会到美国社会发展的一种流动感,以及在这种越来越快的发展和流动之中,他们如何在竭尽全力维护一个古老的基本信仰。我相信老的问题尚未基本解决,新的问题又在不断诞生。对于美国人,这一直是一条很艰难的路。

最后,有关言论自由的"内容中性"原则,我还想到,你可以这样设想一下:如果没有这样一条原则,那么,像美国这样一个多种族、多宗教、多元性的社会,它将依靠什么标准去作判断?它又靠什么人去作判断?以图书为例,美国的图书协会,每年都要收到近千封"人民来信",要求对于书籍和其他资料进行检查和禁止,比如,保守派的人会要求禁止与性、自杀、魔鬼主义有关的书,有脏话的书和表现青少年自我意识及表现人生狂暴面的书等等。自由派也会要求禁止一些具有文化冒犯性的书,比如,有种族敏感问题的书,有对女性不恭的描写的书等等。还有持各种不同观点的禁书要求,从《第三帝国的兴亡》到《活的圣经》,甚至《哈克贝利·芬历险记》都有人提出要禁,你说,听谁的好呢?就像你我都经历过的,是小裤脚管和尖头皮鞋该禁,还是喇叭裤和披肩发该禁呢?

这封信就先写到这儿吧。

祝

好!

林 达

总统请我入党？

卢兄：你好！

这次，不等你的来信，我就想继续写下去了。

美国的宪法第一修正案牵涉到的内容确实非常丰富，我再给你谈谈这里结社的情况，这也是很有意思的。记得那是民主党的克林顿总统刚刚当选不久，有一天，我从一大堆邮件里发现了一封由这位新总统给我的信，我看来看去，前面打印的确实是我的名字，后面龙飞凤舞，也确实是克林顿的大名（当然，这是手迹的印刷品）。

当时，我已经习惯从邮箱里每天取出一堆各种各样的推销信，美国人称为垃圾邮件。这些信推销什么的都有。你如果曾经买过一件邮购商品，那么，各种其他的邮购公司，就会从联网的电脑系统中获得有关你的资料：姓名、地址等等。各种推销信就蜂拥而来了。如果你给什么残疾人基金捐过款，那么，各种保护猫和狗、保护你听也没听见过的动物、保护儿童、保护环境等等的组织，都会寄来要求捐款的信件。同时，他们会寄来一张设计得挺好看的这一组织的"标志"，一般是一张粘贴纸，你把捐款寄去，把"组织标志"往汽车上一贴，你加入这个组织的过程就算完成了，你就取得了这一年的成员资格。到了第二年，你再次收到这样的信，你可能是没钱了，也可能是对这个组织的观点不同意，或者是不感兴趣了，你不再寄钱去，你的成员资格也就取消了。谁也不会在乎。

美国人经常说的一句话是：改主意了。你想想看，在一个信息流量那么大的社会，每天人们都要接触那么多新的老的主张和观点，当然经常有人改主意才是正常的。美国人对于"改主意"是普遍接受的。接受自己"改主意"的状态，也容忍别人"改主意"的情况。但是，在美国，你如果了解一下年轻人的普遍的捐款走向，也可以看出美国人的思想趋势。在美国的年轻人中间，向保护环境和保护野生动物的组织捐款的特别多。我有时都觉得颇为感动，他们本身都不富裕，每一美元都挣得不容易，但是给这些组织一捐就是几十美元。你真的很难想象这里的年轻人对野生动物的热情。还有一些非政治倾向的人权组织，得到美国年轻人的捐款也比较多。

由于电脑技术的普及，一般的推销信或者募捐信，它的称呼都可以直接印上收信者的姓名，以增加"亲切感"。比如这里的《时代杂志》，就用电脑处理把每一个订户的姓名组合在封面上，让你感觉这本杂志好像专门是为你准备的。严格地说，我收到的"克林顿签名信"，就是这样一种募捐信。信中阐述该党的种种主张，以及他们将如何给美国带来希望，然后，希望你寄上几十美元（可以量力而行，十美元，二十美元，或者更多，都可以）。这笔钱，你可以说是党费，是对该组织的支持，是募捐，都可以。收到这封信的同时，我还收到一张像信用卡一样的硬卡片，这张卡，我要是硬把它翻成你我都熟悉的概念，那么，我大概可以把它称为是"党证"。如果我在上面签上名，至少在克林顿执政的四年里，我也就是这个执政党的党员了。你是不是觉得这有点儿滑稽，或者会不会说，这是不是太随便了。

我在中国的时候，也听说美国的政党组织不严密，加入和退出都很随便。当我真的收到这么一封信的时候，才体会到这个"随便"的程度。应该说，这完全是一种概念的不同。在这里，政党只是一种团体，同样的团体在美国有成千上万，有宗教团体、学术团体，由各种各样目标、观点、信仰、兴趣等等原因而凑在一起的团体。它们之间，有大小的区别，而没有什么贵贱高下之别。在美国人的概念里，政党，只不过是对美国的各项方针政策目标有兴趣而凑在一起的一帮人而已，也是诸多团体中的一种。在层次上，一个党员并不比一个"鲸鱼协会"或"野狼协会"会员显得更"高级"。所以，参加一个政党，哪怕是一个执政党，都没有什么人觉得这是一件特别"光荣"的事情。

同时，你要想成立一个团体或是政党，也非常简单。成立所谓"非营利组织"要经过一番审查，因为"非营利组织"是要为某一目标筹款的，有时它参与经营，所有的利润都用于它所设定的目标，而不是进入私囊，因此它的收入也是免税的。对于它的审查，也不是由于它的筹款所服务的目标，而是由于涉及免税。美国这种简单结社的方式是受到宪法第一修正案保护的结果。没有人会来干涉你的宗教、信仰。只要你不是什么贩毒集团，不是旨在从事违法勾当，没有人会来干涉由于共同的宗教、信仰和兴趣而产生的结社，或者说结党。

在美国，成立一个政党的困难不在于来自政府的干涉，而是在于你很难吸引一群人跟着你走。因为在美国老百姓面前，可以吸引他们的目标、口号、观点，实在太多了。他们的各种主意也特大。比如说，你有一个组织或政党，想吸引更多的人，你找到一个合适的宣传对象，跟他讲你的主张，他听了之后感觉都不错，在你已经觉得差不多成了的时候，也许，他会突然问你，你赞成让马戏团利用动物做表演吗？如果你做了肯定的回答，而且觉得这种小事根本无关大局的话，你很有可能因此就前功尽弃了。因为，对于他来说，这是一个绝对不比你所关心的国家大事分量更轻的严肃问题。因为这意味着你是赞成虐待动物，他怎么还可能跟你走呢？你别以为我在开一个玩笑，因为我就有不止一个这样的朋友。

结社的普遍，不仅增加了美国人讨论和表达自己所关心的问题的机会，也大大丰富了他们的生活。美国人一般来说是喜欢轻松话题的，是喜欢开心逗乐的，是喜欢研究琢磨一些有趣的东西的。各种各样的"专业结社"或者说"专题结社"，不仅加深了许多专题的研究，也真是给他们平添许多乐趣。你一定记得我说过有许多人业余研究原子弹的，昨天在电视里，我们就看到一帮人是一个专门业余造火箭的组织的，正在当地政府协助下，一个一个往天上放呢！

各种不同的宗教和信仰，使这个社会增加了多元文化的深度和厚度，使人们在循着自己的思路走的时候，也注意到别人对这个世界还有许多不同的解释和理解。美国人相信，这种参照对任何一种信仰的发展都是有益的。

但是，在这个问题上，同样有不少滥用自由的情况。

一般来说，美国人的团体都是十分松散的，对自己的成员没有什么很强的约束力控制力，也并不要求他们的忠诚，理解它的成员随时随地有可能"改变主意"。一个政党或者团体，它的普通成员的言行都只对自己负责，跟他所属的组织没有什么关系。相反，一个不论什么性质的团体，如果它有非常严密的组织结构，或者对它的成员有很强的控制能力，美国人反而会觉得很奇怪，甚至会担心它出了什么问题。

这种担心并不是无缘无故的，因为在美国这种出问题的情况是时有发生的。在中国的时候，我们就都读到过有关"人民圣殿教"的惨剧。这个宗教性质的团体，在他们的内幕面临被新闻界披露的情况下，其领导人诱使和迫使他们的成员自杀，造成几百人的死亡，震惊了世界。我到了这里以后，曾经在电视里看到过介绍这一事件的电视纪录片。应该说，这是一起"宗教自由"和"结社自由"在美国被一些人滥用的典型。那些被迷惑的"人民圣殿教"成员和他们的亲属，都为此支付了惨痛的代价。

"人民圣殿教"这样的组织在这里称之为小教派。各种小教派在这里很多，不是对他们搞专题研究的人，根本搞不清楚。我也遇到过向我宣传的一个小教派，向我强调世界末日的来临，然后，留下一些小册子就走了。一般的小教派并没有什么大的影响，爱信不信，也没有什么害处。但是，我们来到这里以后，还真碰到一次类似"人民圣殿教"这样酿成惨剧的小教派事件。这样大的事情我想你在中国也一定听说了，而且这一事件居然在两年之后成为另一场惨剧的动因，这真是谁也没有料到。

我在这里，将又一次提到俄克拉何马大爆炸。它发生的日期正是两年前在得克萨斯州一个叫瓦柯的地方，发生"大卫教派"惨案的日子。因此，从俄克拉何马爆炸一开始，敏感的人们就对此议论纷纷，猜想这两个惨案之间是否会有什么关联。没有几天，随着爆炸嫌疑犯麦克维的被捕，这一猜测果然被证实。麦克维除了平时对联邦政府不满之外,使他最为愤怒和激动的就是瓦柯的大卫教庄园两年以前的爆炸。为此,他还特地去过大卫庄园的爆炸现场凭吊。他对于俄克拉何马市联邦大楼的攻击,几乎就是对于两年前这场爆炸的报复。

大卫教派的教主是一个叫大卫·柯瑞希的中年人,这样的人一般都有一个特点,就是口若悬河。他在瓦柯买了一个庄园,有一批信徒就聚在里面。如果他们就这么聚着,随他们是宣传什么宗教,都不会有人感兴趣。问题是他们在里面非法囤积武器弹药。美国可以私人拥有武器,但是在管理上有一套规定,对武器的类别等也有规定,超出规定就可以以非法拥有武器罪逮捕起诉。因此,找上门去的是联邦烟酒火器管理局。他们一去,里面就开枪反抗,当场造成四名探员和六名大卫教信徒的死亡。一下子就轰动了美国。

由于里面有不少妇女儿童(女信徒和她们的孩子),当局就不敢轻举妄动了,因为在美国,妇女,尤其是儿童,是一个非常敏感的社会关注点,万一出点儿什么娄子,政府很难向老百姓交代。就这样,开始了双方长达五十一天的对峙。在此期间,电视天天现场报道,还播放了柯瑞希以前的传教录像。还有许多人赶到现场去。同时,有关这个小教派的种种调查情况大量被报道。有几个女信徒在对峙期间离开庄园。可是,他们就是不出来,怎么劝也没用。你说怎么办呢?

当时一些不在庄园内的大卫教信徒,在接受采访调查时,谈到柯瑞希有与多名女信徒发生性关系和猥亵儿童的情况,如果情况属实,后者是严重的违法行为。也正是这一条,使当时刚上任不久的司法部长同意用催泪弹进攻庄园。因为可以说,这一行动是为了救出里面的儿童。但是,正如我前面说过的,只要有儿童,总归麻烦大了。

据一个前大卫教信徒说,柯瑞希经常提到,他们有可能与联邦政

爆炸中的瓦柯庄园

府发生战斗,并说,最后所有的信徒都会死亡。但是他宣称他们将会再来,重新夺回这个世界。后一个预言看来难以实现,但是前一个预言却不幸而发生了。整个过程电视里都放了,众目睽睽之下,催泪弹刚刚放出去,里面就引爆了一团炸开的火球,根本就无法接近。整个建筑物都倒塌在烈火之中,八十多个人,包括二十多名儿童,都在火焰中丧生。

从我的眼睛里看出去,我只看到柯瑞希是个精神不正常的家伙,那一群傻乎乎跟在后面的人也是给灌了迷魂汤了,最倒霉的是那些孩子,都是那些当妈的太糊涂,害了他们。这些人自己不想活,还打死了四个联邦探员,够"罪大恶极"的了。确实是悲剧,可是,这有什么办法呢?

可是在美国,有的是对政府的处理表示不满和感到愤怒的,其中最极端的麦克维,竟然在两年之后为此去攻击联邦大楼。整整两年来,瓦柯悲剧始终在困扰着美国朝野。对于这个行动,政府和司法部长始终都承认"毫无疑问是有失误","我们不会再这样做"。可是,如果再遇到这种情况,我想,未来的司法部长依然会像他的上任一样,觉得"攻,还是不攻"是他"这辈子最难决定的一件事"。

当然,这样的极端事件很少,但是,我相信滥用宗教自由和结社自由的情况在美国现在有,将来还会有,还会有很多人成为这种滥用自由的牺牲品,这是不可避免的。终会有狂人,也永远会有由于种种原因上当的。但是,美国人并不因此而怀疑宗教自由、信仰自由和结社自由是每一个人的天赋权利。也就是说,你是一个成人,你就拥有许多作为一个人的权利,至于你是要正确地使用它、滥用它,还是自己放弃权利而去听任别人摆布,这是你自己的选择,你也必须承担自己选择的后果。实际上,作为一个社会整体,追求这样一个理想,奉行一种共同的游戏规则,这也是一种选择,整个社会也在为此支付代价,承担后果。

美国也并不是一开始就是这样的。我想以宗教自由为例。你知道,有很多宗教都有过迫害异端的历史,至今为止,都还常常有这样的宗教或是教派,时不时地为我们提供迫害异端的实例。美洲大陆也经历过这样一个过程。

当初美洲大陆大批移民的开始,就是英国的宗教迫害造成的。1629年到1640年,就有七万五千多名清教徒难民逃离英国,其中有三分之一来到了北美洲。这些被迫害的清教徒并不因此就理解了宽容。在他们眼里,这个世界还是需要一个"正统的宗教",需要扫除异端。他们只觉得自己是在英国争夺宗教正统地位的失败者,却丝毫没有想过自己是"非宽容"观念的牺牲者。因此,当他们来到美洲大陆,他们依然视自己为正统,要求后来者依从他们的清规戒律,同样地无法容忍与他们不同的宗教观点。最著名的就是北美洲的清教徒对于教友派的迫害。当时马萨诸塞州的教友派就备受责罚和驱逐,以至于根本禁止他们入境,两三年内,就有四人因违令入境而死。有一位女士不服驱逐,居然就被吊死在波士顿的会议厅里。你说这地方是不是够野蛮的。尽管当时还没有美国(在美国独立之前),但是这是在同一块土地上,就是发生在美国人的父辈,或者说,祖父辈的事情。

美国从这样一种状况走向宗教自由过程中,有一个非常重要的人物,他就是罗杰·威廉斯。在英国时,他在宗教界就以正直无私和有献身精神闻名。他来到美洲大陆时,受到清教徒教会的热烈欢迎,但是他却令他们吃惊地拒绝了现成的职位,因为他不能容忍他们与英国教会所保持的联系。来到新大陆,他希望能彻底与英国的教会脱离,创立全新面貌的美洲教会。他是一个理想主义者,也曾经是一个非常激进的脱离派。从人格上来说,他是一个追求纯净和完美的人。但是,这种人格上的优点在非成熟期非常容易走向的一条歧路,就是不宽容。说白了道理很简单,正因为自己是个好人,他就眼里容不下沙子。问题在于,如果他追求的不仅仅是人格上的完美,还追求宗教信仰的完美的时候,就会容不下和自己不同的信仰、观点、意见。

追求完美在走向极端的时候,终于成为一种缺点。他严于律己,也以同样的标准要求别人,他容不下周围的缺点,包括他的同行者的缺点,他容不下任何与自己不同的观念和行为,因此,他不得不一次次地离开他自己的教友和教会,最后走进一条死胡同。正是因为此路不通,使他有了反省反思的机会。他终于大彻大悟,领悟到对于今天

北美宗教自由的先驱
罗杰·威廉斯

来说也还是很"现代"的观念：宗教自由的关键是宽容和共存（其实，结社自由的关键也是如此）。他承认了世界上有不同的人、不同的想法、不同的观念，甚至，人们可以信奉不同的神和上帝。他随之提出了一整套思想。由于他的主张包括政教分离的内容，否定行政官员对宗教事务的权力，导致最终被当局所驱逐。幸而当时的美洲尚有广袤的荒原，他向印第安人买下了罗得岛，使美国在独立之前，就有了一个宗教自由的实验地。

这个时候，他人格上的优点真正地体现出来了。正因为他是一个理想主义者，也正因为他的正直无私，所以，当他领悟了宽容和共存的意义之后，就能够尽最大的努力去实施。罗得岛从此成为北美大陆上第一块从法律上享有宗教自由的土地。最为不容易的是，他不仅接受各种教派，甚至接受异教，接受从他个人信仰来看，可以说是最敌对的一方。他自己虽然是清教徒，但是在教友派被外面的清教徒迫害时，他却毫不犹豫地接纳了他们。为了能够使宗教自由得到保障，他还在理论和实践上建立了一整套相应的民主政治体系。罗得岛的传统和罗杰·威廉斯的理论，给后来的美国提供了一个回味久长的橄榄。三百年前的罗得岛的思想，也经过漫漫长途之后才在美国普遍被接受。现在的美国，人们放松得多了。实际上，放松下来对所有的人，对所有的宗教教派都有利。真的生活在一个宽容共存的环境里，再回首那些由于信仰不同、宗教不同、思想不同而厮杀的腥风血雨年代，再看着今天一些尚未悟过来的紧张地带，今天你在我的庙里放个炸弹，明天我在你的寺中放一把火，真是感到非常非常不值得。

我们刚到美国的时候，对这里主要的宗教——天主教和基督教的各个派别之间的关系很感兴趣。因为我们读多了历史上有关这些教派之间相互对立、迫害，乃至于战争的故事，看到这里的不同教堂前面竖立的不同教派的名字，未免产生一些"历史联想"。后来，和不同教派的美国神职人员聊天以后，才发现他们对这种差异的态度非常放松，基本的态度是理解别人对《圣经》的不同理解。

我们有个好朋友，叫弗兰西斯，是一个修士。他所属的修道院的教派，是天主教最严谨的一个分支。在六十年代以前，他们除了和上帝对话之外，是从不开口说话的。他们今天依然有他们自己的信仰、仪式和生活方式。给我们留下深刻印象的，除了他们的简朴、幽默和善意，还有就是他们对于不同文化、不同宗教所表现出来的理解和兴趣，以及他们对世俗的外部世界所表现的宽容。他们完全以理解的态度对待我们这样的教外人士，从来没有一次对我们进行宗教的宣传或者劝说。对于他们自己，弗兰西斯说，当他刚刚进入修道院的时候，他最尊敬的一位老年修士波尔神父就对他说过，在人类文明的各个历史阶段、在各个社会中，总有一些人，他们自觉地和世俗生活保持一段距离，以便于思索，以便于和超然的神灵对话。所以，他们只是出于自己的选择，主动和尘世拉开距离，以寻求他们的哲学思考而已。波尔神父是美国最早开始学习和教授东方盆景的爱好者之一。他早年随大学生代表团到过中国，非常热爱东方艺术。他教出的学盆景的学生已经遍布全美。当这位老年修士去世的时候，我们一起去送葬，我们惊异地发现，以烦琐仪式出名的天主教，在这里仪式十分简化。他们淡然地对待死亡，悼词中仍然富含幽默、宁静和感恩。来到墓地后，我们看到，他们在安葬时甚至不用棺木，真正地"来自尘土，归于尘土"。在这种平静祥和的宗教中，你反而会感觉到一种无法抵御的精神力量。

这个修道院也使我想到，如果宗教能够这样非常友好宽容地对待无神论者们，那么，世俗世界似乎也没有必要非常紧张地对待他们，各自尽可以在不同的世界里进行自己的思考和反省。

现在的美国，不仅各教派的教堂相安无事，不同社区的教堂还有他们自己的不同风格。一些教堂的圣歌糅合进大量的现代音乐，黑人教堂更是热闹非凡，他们的圣歌有时完全是摇滚乐，整个礼拜过程的大部分，就是所有的人、牧师、唱诗班和下面的人们，在一起随着强烈的节奏放声歌唱和舞蹈，声振山外。第一次看到的时候，真的吓了我一跳，我做梦也没有想到过，教堂做礼拜会做出这样的一番风景。当然，也有非常肃穆礼拜的教堂。有时他们是属于同一教派的，我曾经担心，那些传统礼拜的人们如何能够接受这样的现实，他们不会认为他们的信仰被亵渎了吗？但是，看来我的担心是多余的。他们之间也相安无事，因为现在的美国，已经没有人认为有必要干涉别人崇拜

《修女也疯狂》海报

上帝的方式。

有一个电影在这里曾经非常卖座,名字叫《修女也疯狂》,就反映了天主教和基督教新教在美国的这种情况。讲的是一个黑人女歌星,由于她是某一案件的重要证人,警察就把她安排在一个天主教修道院保护起来。修道院都是非常严谨的白人修女,和黑人歌星当然风格截然不同。一开始,她们互相都难以习惯。后来,由于修道院的唱诗班没有一个懂行的,一直没有起色,就把歌星推上了调教唱诗班的位置,她们就在音乐中开始融合在一起。黑人女歌星大大改革了圣歌,使圣歌变得"摇滚化",保守的院长一开始持怀疑态度,却没想到,在一次演唱时,受到教会高层的肯定。于是皆大欢喜。黑人歌星和白人修女也建立了深厚的友谊。电影有匪警追杀,有矛盾冲突,有大量笑料,还有非常好听的"摇滚圣歌"。真是典型的"好莱坞"电影。这电影大受欢迎,它以轻松的形式反映了美国正统宗教的轻松现状。美国政府不能干预宗教事务,还必须保持"一碗水端平",因为政教是分离的。政府不仅仅是不能限制和干涉某一种宗教信仰和宗教活动,也不能显得好像在倾向或者是鼓励某一种宗教。所以,在美国的公立学校,即用纳税人的钱办的学校,是不允许讲授《圣经》这样的课程的。私立学校则有自己的决定权,比如圣约翰大学,是私立的教会学校,它曾经在中国办过分校,许多老一辈的中国人对这个学校很熟悉。现在在美国,《圣经》课还是它的必修课,你进这个学校读书,就必须学习并且通过《圣经》课的考试,如果你不愿意读,你可以选择别的学校。但是公立学校,包括中学和小学就不可以设立这样的课程,老师也不可以在教室里带领孩子们祈祷。你也许觉得这没什么大不了的,但是你要知道,这是在一个基督教传统曾经很强的国家。当学校从几百年来习惯于讲《圣经》,习惯于每天带领学生进行祈祷,到禁止这样做,是经历一个很大的冲击的。比如有关学生是否可以在校祈祷,始终是一个激烈争论的议题。克林顿总统在阿肯色州当州长的时候,曾经签署一项办法,作为这个争论的一个折中解决方案,就是允许在公立学校有"静默时间"。也就是在公立学校里可以设定一个时间段,比如五分钟,十分钟,在这段时间里大家静默,有宗教信仰的学生可以默默祈祷,没有宗教信仰的学生可以静思。但是,任何由老师带领的祈祷都被认为具有宗教强制性而被禁止。但是宗教的私下表达,在公立学校也是允许的。个人可以私下祈祷,学生也可以自己组织在教室外的校园里集体祈祷,可以带《圣经》或其他宗教书籍到学校,可以对宗教作品写读书笔记，学生的宗教团体也可以像其他的学生团体一样，利用学校布告栏或者播音系统通知他们的聚会活动。

今年，在最高法院，还判了一个公立学校与宗教有关的案件。弗吉尼亚大学是一所公立学校，学校一直有一笔经费是专门资助学生刊物的。但是当一个学生团体为他们所办的一份基督教杂志申请经费时，却遭到了拒绝。学校当然是有依据的，这个依据就是公共基金不能用来资助宗教活动。然而这个学生团体却认为这不公平，他们也有他们的依据，因为宗教表达也是言论自由的一部分，他们认为，如果这笔基金可以资助其他所有的学生刊物，而独独把他们排斥在外，这是妨碍了他们言论自由的权利。宗教表达当然是言论自由的一部分，这在美国是没有什么疑问的。有时候，我都觉得美国人对这些概念的理解和执行有些认真得迂腐，比如在纽约街头，你可以看到不少卖香或卖某些熏香的植物，和一些据说是与宗教有关的物品的小摊儿，我想没准儿谁也说不上这是哪门子宗教，但是年轻人都很喜欢买这些东西，买回去熏着觉得挺神秘的。问题是这些小摊儿是与众不同的"特殊摊位"，他们不用申请执照，因为当局承认他们这是在"宗教表达"，是在"言论自由"，不算是"摆摊做买卖"。所以，我们可以看到，站在学校和学生两方的任何一边，仅仅从一个角度去看，都有相当充分的理由，而且都涉及对宪法第一修正案的理解和执行。因此，这样的事情只要双方坚持，那么除了告到法院别无他路。这种案子，在美国人眼里，绝不是什么几个学生办刊物的小事。全国都会眼巴巴地等着判决出来。这是一个很典型的案例：这是在某种情况下两个原则发生冲突时，何者优先的问题。这种情况偶有发生，相当于一个悖论。

在该案走向最高法院的途中，上诉法院曾经作过一个判决，该判决认定，大学拒绝资助学生的宗教言论自由，虽然显示歧视，但是为了维持"政教分离"的根本利益，大学的这种做法还是符合宪法精神的。

最终，如此困难的案子还是要走向最高法院，判决的投票情况也反映了解开这个悖论的难度，裁决是以5∶4通过的。最后断定弗吉尼亚大学拒绝为这个学生团体的宗教刊物提供资助，是妨碍了他们言论自由的权利。学生团体终于胜诉了。一位法官的判决文写得十分生动，他写道："言论自由中如果不包括宗教的话，就好像《哈姆莱特》一剧中缺少王子的角色一样。"最高法院同时说明，这只是意味着各州应该以超然的立场对待学生团体，不管他们是宗教团体还是非宗教团体，都应该以同样的方式支持，而并不是意味着政府从此可以开始资助教会，各法院必须防止这方面的"滥用权力"。

最终裁决是出来了，但这只是在这一个阶段，法律上的一个执行定论，争论并没有中止。即使在宗教界，引起的都并不是一片齐齐的喝彩声。一名美国浸信会公共事务联合委员会顾问就这样说："对于宗教自由而言，这是一个不幸的日子，在我国的历史上，最高法院首次赞成以公共基金来资助宗教。我们这个国家的创建者明白这一点，若要使宗教富有意义，那必须是自愿自发的，不受政府的协助和控制。"

当然，也有完全相反的观点。美国法律与正义中心的首席法律顾问，就发表了这样一篇谈话，"在争取宗教自由的斗争中，我们跨过了一道重要的门槛。这个信息很清楚：宗教言论和传讲教义的人，必须受到与其他任何团体完全相同的对待。宗教言论的内容不应成为不能获得资助的原因。"

向你介绍这两种不同的看法,并不是要你去从中作出一个判断。当然,和所有的人一样,你也可能有你的倾向,也可能觉得"公婆皆有理"而无法走出这个悖论。这都无关紧要。我想,我之所以向你介绍这个刚刚发生的案例,是使你能够体会美国人对于宪法第一修正案所持的谨慎态度,也能了解到在美国越来越多的团体和派别学会利用宪法所赋予自己的权利,以合法地宣传自己、扩充自己,包括宗教在内,形成一种"公平游戏"、"公平竞争"的局面。

我也想让你了解,在美国有许多问题都并没有一个最终的定论。人们只是围绕着两百多年前定下的原则,尽他们的努力去实行。每一个时代都有它的限制,也都会带来它的新问题。也许,重要的并不是今天的认识,而是不断思考和认识的过程。有些问题在美国已经反复探讨过,但是,至今仍在一个探讨的过程中,例如在美国讨论有关言论自由的"自由表达"时,一直有一个有关"烧国旗"的问题在那里困扰着大家。

刚来美国时,我发现一个很不寻常的景象,就是有不少美国老百姓是自动在家门口悬挂国旗的。尽管不是家家都挂,但是,挂的人家数量也不少。有的人家是国庆之类的大节日挂,还有一些人家是长年都挂,国旗的尺寸大的小的都有。后来逐步了解到,美国在六十年代以前,这种情况更为普遍,尤其是二次大战以后,美国人对于国旗充满了自豪和崇敬的神圣感情。但是在六十年代,在反越战的示威中,焚烧国旗以表达反战情绪的情况十分普遍。此后,用焚烧国旗的行动来表达对政府的某项政策不满的情况并不多,比如在去年,全美只发生了三起这样的焚烧事件,前年则一例也没有发生。但是,自从六十年代的自由派思潮流行,美国基本上认同这是一种"自由表达"的方

火中的星条旗

式,属于言论自由的范畴。

对于这个问题也始终有不同意见。保守派对此一直是耿耿于怀。有一个众议员曾经气愤地说,这简直是美国的咄咄怪事,我们烧垃圾算违法(指环境保护法),甚至有的州规定在自己的后院烧枯枝都算违法,可是我们在大街上,在白宫前面烧国旗的反而不算违法,真是岂有此理。又例如挂国旗的人当中,有一些是从越南战场回来的老兵,不论战争如何,他们至少相信自己是曾经为美国战斗,因此,他们常常以挂国旗来表达自己的思想和感情。如果两种观点的人各自"表达",也就算了。问题是有一些州的法律可以找到一些类似的条文处罚"烧国旗"之类的举动。于是也引发了一些官司。在1989年和1990年美国最高法院分别作过裁决,推翻了禁止亵渎国旗的州法律和联邦法律,理由是这些法律违宪,侵犯了人民的言论自由和表达自由。

此后,美国相继有四十九个州要求国会以通过一项宪法修正案的形式,禁止亵渎国旗。结果,该项宪法修正案1995年国庆之前在美国众议院以压倒多数通过。但是，却在参议院投票的时候受挫，没有被通过。反对的参议员说，国旗固然重要，但是言论自由更重要。

相信这样的争执并没有结束，还会一年一年争下去。我觉得重要的是这种争执所表现出来的美国人的思考方式以及对于宪法的谨慎态度。

今天就写到这儿吧。

祝

好！

林　达

枪在谁手里

卢兄：你好！

来信收到了。很高兴你对我的这些信始终保持兴趣。今天我想向你介绍牵涉到美国《权利法案》的第二条，即宪法第二修正案的一些情况。你一定还记得我在介绍俄克拉何马大爆炸的时候，提到过美国右派的民兵组织。当时，为了配合俄克拉何马的报道，不甘寂寞的新闻媒体马上明察暗访，收集证据，集中报道了大量右派民兵的情况。伴随着大幅的民兵穿着迷彩服，荷枪实弹全副武装的训练照片，人们对国内恐怖组织的关注首先被吸引到右派民兵组织那里。从各种报道中看出，这类民兵组织多由心怀愤懑的白人男子组成，他们痛恨联邦政府、笃信上帝，反对管制武器、反对堕胎、反对课税以及反犯罪。他们枕戈待旦，等待着应该挽救国家的日子来到。专家认为，他们通常会鼓吹仇视非洲裔、犹太裔以及其他族裔的言论。以据说曾与俄克拉何马爆炸嫌犯麦克维有来往的密歇根民兵为例，他们在九个州十分活跃。专家指出，还有另一个全国性的半军事组织，可能在二十四个州活动……那么他们都是非法的地下武装吗？不是。组织民兵是美国人民的合法权利。

你来信问过我，美国的民兵到底是怎么一回事呢？我也觉得非解释一下不可。在中国也有民兵，我就当过这样的民兵。记得当时只要是某个年龄段又没有"问题"的人，在工作单位里自然而然就都是"民兵"或是"基干民兵"，受到政府的武装部以及正规军的双重领导，有时由军队协助训练。"全民皆兵"的意思是指民兵是正规军的一种后备补充。可是，你可别给弄混了，美国的民兵却完完全全不同。

美国的民兵是民间的合法武装力量，与官方没有关系。它们由老百姓自发组成，拥有法律所许可的武器装备，目的是维护自己的权利。任何人都可以聚集在一起，成立民兵组织。因此，基于成员的成分不同，他们的宗旨、观点也各不相同。美国式民兵的存在正是依据了《权利法案》的第二条："组织良好的民兵队伍，对于一个自由国家的安全是必需的，人民拥有和携带武器的权利不可侵犯。"就是这短短的一句话，保障了人民拥有枪的自由及其保卫自由的能力。虽然在选择这份自由的同时，每个人都看到，它并不使人感觉轻松。

当然他们并不都是前面说的"右派民兵"。他们每年召开自己的大会，定期进行军事训练。最近两年，由于联邦政府为防范犯罪，试图制定一系列管制枪械的法律等原因，使不少人认为政府违背了美国的立国精神以及人民持枪的权利，因此，在这两年里，所谓"民兵运动"非常迅速地蔓延开来。

我在前面已经向你谈到过，美国宪法中《权利法案》的部分，是保障美国人民的权利，其目的是限制以及平衡美国政府的权力的。前面提到的宪法第二修正案，也是美国的建国者对于政府有可能发生异化而设立的一种防备，确实在一定程度上防止了在世界上许多国家时有发生的情况：即手无寸铁的人民面对政府军队的镇压束手无策，也使作为个人的美国人在保护自己的私有财产和土地的时候信心大增。可是，由于俄克拉何马的爆炸案所引起的对美国右派民兵组织的种种报道，确实也引起了普遍的不安。

以前，美国人确实认为，此类爆炸只有中东的恐怖主义分子才有可能去干，但是现在，他们不得不正视这样一个现实：恐怖主义者不仅有可能在美国自己的土地上培育出来，而且这些人不是带着各种问题的新移民，而只是普通的土生土长的右派激进主义者。也就是说，这不是一种特例，不是一种非常情况。这是在正常机制的运转中发生的——宪法给了人民成立民兵和拥有武器的权利，人们知道他们必须为那些滥用武器滥用自由的人去支付代价，但是他们没有料到，这种滥用自由的状况随着历史的发展也在发展，以致会走到发生恐怖活动的地步。民兵问题的提出，把个人滥用枪支提升到了集团滥用武装的高度。尽管至今为止，并没有任何证据可以指控某一民兵组织是爆炸案的后台，但是人们看到了一种可能性。更要命的是，谁也吃不准，那些一脸严肃宣称自己正在为种种不同的真理而战的极端分子们下一步还打算干些什么。

美国在其特殊的移民背景所造成的复杂社会现状下，让它的人民享有这样的自由，这等于把这个国家变成一个风险巨大的世界自由实验室，走进去做一番观察，确实很长见识。但是如果只从一个角度去欣赏它的成功，或者只从另一个角度去嘲笑它的失败，都意义不大。

也许你会问，这种自由索取代价的情况是否有可能消除，至少，是否有可能减轻，难道自由就不能像人们在呼唤、梦想和歌颂她时，所幻想的那位衣裙洁白不沾染血污的圣洁女神吗？非常不幸，答案是否定的。其重要的原因之一，就是在这个成分复杂的世界里，永远会有一部分人滥用自由。整个社会也就不得不为这种滥用自由的情况承担后果。而枪支和武装一旦被滥用的话，是非常惊心动魄的。

说到美国人为宪法第二修正案已经付出的代价，我想，不仅你很熟悉，所有的中国人大概都很熟悉。国内对此有大量的报道。但是，如果持枪犯罪问题的理解仅仅停留在社会不安的层面上，似乎太简单了一点儿。

首先，枪在这里确实很普遍。但是，我希望你能够理解，在美国和在一个禁枪的国家相比，枪的概念是不一样的。美国朋友告诉我们，以前这个国家很多地方都有这样的习惯，男孩成年的标志，就是在生日那天收到父亲送的一把枪。枪在这里从概念上的平常程度，大致就相当于中国少数民族猎区的猎刀。至于它的普遍程度，我举一个例子：当枪支管理法通过的时候，受到该法禁止的攻击性武器之中，有一种是仿苏式半自动步枪 AK—47，仅此一种型号，在美国民间当时就已经有一百万支。我们和美国人聊到这种枪的时候，喜欢枪的人都对这条禁令大不以为然。

另外有一个极端的例子。就是今年美国能源部发现，原来属于他们的八辆装甲运兵车，竟被糊里糊涂地卖给了私人。其中有一个人付了一万四千五百美金，就把一辆完全可以投入正常使用的装甲车给开回家去了。好在这些人都是所谓的民间收藏家，也就是看着好玩买回去作收藏，跟买了张稀罕邮票的意思差不多。事后我曾经想过，如果是我的邻居杰米老头儿买回了那辆装甲车，我的反应肯定也就是好奇，不会觉得有什么了不起的。

我们刚来时，从工作的地方举目望去，总能看到在一根高高的杆子上，顶着一把用霓虹灯勾画的手枪。天一黑，就能看到枪口刷刷地闪出光来，作射击状。后来才知道，这杆子下面就是一个枪店。克林顿上台时，扬言要立法实行严格的枪支管理以抑制犯罪，结果遭到美国长枪协会和民权组织等的强烈反对。最后通过的枪支管理法被大大削弱，作用极其有限。在这个问题上，以克林顿为首的政府应该说是受了重挫。该法的最后结果出来之后，就在这个枪店的门口，我们看到一条巨大的横幅："克林顿输了，美国赢了"。

拥枪者有自己的协会，最大的是全国长枪协会，众多会员的选票使任何政治家都不敢掉以轻心。前总统乔治·布什当选时，全国长枪协会会员的选票帮了大忙，布什总统也成了长枪协会的会员。可是布什当了总统以后也想对枪支有所控制，长枪协会很不乐意，据说第二次选举就不帮忙了。长枪协会在一封筹款信中毫不客气地大骂联邦官员是穿着皮靴的恶棍，还把这封信寄给了前总统。布什到底是当过总统的，当着他的面这样骂联邦官员，实在让他受不了，于是宣布退出长枪协会。

刚从一个禁枪的国家出来的我们，第一次走进枪店和军事用品商店的时候，真有点"触目惊心"的感觉，看到千百种的各色武器弹药、军用刀、军事装备、迷彩服等等，都是掏出钱就可以拿回家去的商品，总觉得不可思议。枪的价钱并不贵，人人都买得起。我今年甚至从大量的邮购商品指南中，找到一本印刷精美的枪支弹药的目录本。

我来的时间长了，渐渐发现，对于不同背景中长大的人来讲，感觉和概念是不一样的。对于我们周围的美国人，他们逛这类商店的感觉跟逛百货商店的感觉并没有什么两样。男人爱逛枪店跟女人爱逛服装店并没有什么大的区别。枪店的后面一般都有射击场，既供买枪的

美国的枪店

试枪,也供不买枪的打着玩。这样的枪店到处都是。每年,各地还举行大大小小的枪械展销会,爆炸案的主犯麦克维就是在枪械展上,认识了他的一批激进主义朋友的。

其实,很多女人也逛枪店。我们有个叫塞琳娜的好朋友,是个才二十多岁的大学毕业生。她听说中国人不允许携带武器,就给我们看了她的手枪,红木的手柄,小巧精致,真的很漂亮。这是我们到美国后看到的第一把枪。她的丈夫还有两把枪。此后,我们在美国朋友家里看到的枪就越来越多,也更多地理解了美国人的枪的概念。

枪从本质上改变了人民的自卫能力,也带来由于各种不负责任的人滥用枪支而造成的严重后果。在国内时,我们和你一样,也看到过大量的有关此类的案例报道,以及大量人们对于枪支普遍而造成的不安全的指责。来到美国以后,我们相信所有的这些报道都是真实的。当然,这并不是说，在美国生活就比在其他国家生活感觉明显地更不安全。在美国的大多数地区，是宁静和安详的。但是在几个大城市，如纽约、洛杉矶和芝加哥的某些特定区域的夜晚，就相对不那么安全。所以，不同的人，居住的地方不同，谋生的方式不同，对于美国安全的体会都会不同。如果让这些不同的人谈美国，肯定让听的人无所适从。

按照法律规定，买了枪之后只能放在你自己的家里，不能带出自己领地的范围之内。如果要带出去，都必须申请许可证。许可证对于一般人并不是很难取得，但是对于有犯罪前科者另当别论。所以，越是有问题的人越是容易违法持枪。如果在没有许可证的情况下自己的身边带一把枪，或是在自己的汽车里放一把枪，都是属于违法持枪的范围，给警察碰上了就可以拘捕。因此拘留所也多关了好多人。例如俄克拉何马爆炸案的麦克维，当联邦调查局公布嫌疑犯的画像时，收到上万个检举电话，在他们对这些举报一一查询的时候，从电脑里发现麦克维已经被关在拘留所里了。实际上，他在爆炸后的几个小时里已经被拘留了，拘留的原因就是违法持枪。

从这件事你也可以看到，美国的管理实际上是很严的。当时警察在高速公路上拦下麦克维的原因是超速行车和没有车牌。此后才发现他无证违法携枪，立即就拘留了。我也有过一次无车牌驾驶的经验，那是因为刚买了一辆车，必须在另外一个州使用，就决定开到那里买牌照，按照我购车的那个州的法律，新买的车也可以有几天无照行驶。但是这次无照行驶确实给我带来很多麻烦，几乎每遇到一个警察都被拦下一次。

对于我们来说，到了美国之后，对于这里枪所带来的问题，由于身临其境的缘故，应该说比在国内看报道要感觉深切得多。

我们坐在家里，经常可以听到枪声，尤其是在周末。这里周围的人都拥有大片土地，喜欢打猎和喜欢枪的人很多，没事就在自己的领土范围内练着玩。每年到了秋天，就有一段时期允许猎鹿，因为在许多州，鹿的繁殖速度惊人，已经多得到了影响高速公路行车安全的地步。到了猎鹿季节，更是枪声不断。我们住的地方，森林里的大树旁也放着满是枪眼的空铁桶，看来以前的主人也是常在这里练枪法。

安全和不安全有时是很难说的。我们家只有一把钥匙，遇到都要出门又吃不准谁先回来的情况，就不锁门。锁门比不锁门总要多一道手续，人的习性又总是趋简，天长日久，锁门的日子是越来越少了。但是我们家的门玻璃是真真切切让不知哪一个开车路过的家伙用BB弹（直径非常小）给穿了个眼儿的。我们家你说是安全还是不安全呢？摸着自己家门上这个枪眼，和远在中国时看美国的枪械犯罪报道，对滥用枪支问题的体会当然不一样——尽管我们现在仍然不锁门，也并不因此就认为这里不安全。

仅仅死于误伤的事例就很多。我们在电视中看过一个案例的整个审理过程。一对不负责任的爹妈将一把上了膛的手枪塞在床的软垫下，他们低估了小孩子的能力，结果三岁的儿子把它掏出来，对准他两岁的妹妹扣了扳机。他以为是一个玩笑，小女孩就这么给打死了。小男孩吓得大哭，他也不明白这是怎么发生的，只是一边哭一边重复地说：我是一个坏孩子。母亲在一旁洗碗，听到枪声时悲剧已定。当然，这一对夫妇尽管悲痛欲绝，仍然被起诉上了法庭。检察官指出，他们另有八杆真枪（都没有上子弹）和许多玩具枪，对于一个两三岁的孩子，他怎么明白无数次扣动的玩具枪是无害的，而这一次就有本质性的不同呢？既然家里有幼童，上了膛的手枪就应该放在孩子拿不到的地方。律师辩护主要指出他们已经藏匿了这把枪，不能算失职。但是法官最后还是判其有罪，理由是既然最后孩子还是拿到了枪，就说明不算妥善收藏。当然这样的情况判的是轻罪，但是这一对由于自己的过失而失去了孩子的父母，以及那个没有责任却确实打死了自己妹妹的男孩，他们此后的一生都很难再摆脱这件事所带来的痛苦和阴影。

你也一定听说过，一个日本留学生几年前在美国被开枪打死的事件。那是一个夜晚，一个日本留学生和一个美国朋友一起去参加一个晚会。他们走错了，找不到地方，就进入一个私人住宅问路。新闻报道中没有非常细节的描写，我也不清楚触发这一切的最根本原因是什么。不知是什么因素使作为主人的这一对夫妇感到如此紧张。是黑夜，是他们有过遭遇危险的经历，是这两个人本身精神控制能力差，还是什么其他因素？总之，不应该发生的事情确实发生了。由于我不清楚的原因，使女主人认为，外面在黑夜中进入他们土地范围的汽车有可能是一种危险。她叫出门查看的丈夫带上枪。也许，这样的提醒也使她的丈夫变得更紧张。他出门就对着从黑暗中走过来的人举枪大叫：不许动！这是一句标准的警告语，你可以在任何一个与警察有关的电影电视剧中听到。任何一个美国人都不会在这种情况下继续移动。因为美国人遇到这种事，即使他没有看清那人手里的枪，听到这样的警告语，也都知道对方手里有枪，而且知道在事先没有通知的情况下，夜里闯入私人领地，有可能发生误会。法律保障人们用枪保卫自己土地的权力，但是为了避免误会，规定开枪以前必须发出警告，如果你听到警告还继续向前走，对方有权开枪。也许，这也是那个留学生的美国朋友没有发生意外的原因。谁也没有料到，这里有一个刚从日本来美不久的留学生。他不仅听不懂英语警告,而且来自一个文化背景完全不同的禁枪国家,他没有一点儿美国人都会有的正常反应。他继续朝持枪的主人走去。我想,那主人也一定做梦都没有想到会发生这样的情况——他发出了警告,但是黑暗中的人却仍然向他逼近。他就这样开枪了,而且打死了对方。

这件事情应该说是一个特别的个案。因为在美国,不论是白天还是黑夜,开车迷了路,拐进人家家里问路还是一件很普通的事情。我们自己也有过多次问路和别人到我们家问路的经历,从来不觉得有什么可紧张的。但是,事情就是发生了。如果那人手里没有一杆枪,事情肯定不会是这样的结局,这不能不说是持枪自由的一个惨痛代价。你可以想象这个日本留学生的双亲是多么悲伤。他们立即赶到美国,很快就开始了一场官司。这场官司轰动了整个日本,关于这个,我想留着以后再向你介绍。

以上的枪支误伤案例只是成千上万的误伤事件的缩影。相对来说,误伤还是有限的。

我们经常在报纸上看到,青少年乃至幼童偷偷地把枪带去上学。有的家长收藏枪支不严,时有三岁五岁的幼童在拿出枪来炫耀的时候,被老师缴械。最麻烦的是半懂不懂念中学的青少年,尽管法律还不允许他们持枪,但是他们如果想要的话,总有办法弄到手。根据今年美国政府公布的报告,全美因为违反枪械法规而被捕的人,包括非法拥有、使用、走私、制造和其他有关罪行,其中占四分之一的人都未成年。

男孩子喜欢玩枪,又有逆反心理,这个年龄阶段容易冲动,也不顾后果。在任何地方都有可能发生的一些打架斗殴,在美国就有可能变成真正的流血事件。至于那些青少年帮派团伙，只要和枪一联系上，事情就有了质的不同。这使得美国的学校当局草木皆兵、防不胜防，甚至弄出许多笑话来。例如，有一个学校搞来了机场用于检测金属物品的仪器，放在校门口，以检查学生是否携带武器。我也听一个朋友说过，他的孩子有一天反穿着衣服回家，原来他外衣的前胸有一个小小的手枪图案，老师认为他穿这衣服是违反校规，当场就让他反着穿，并告诉他以后不准再穿着上学。

最严重的，当然是枪支助长了真正的犯罪。有了真枪垫底，谁要拿把玩具枪抢劫也会大大提高效率。除了散兵游勇，还有所谓的"有组织犯罪"。

为了维护这份自由，连总统都无法避免付出代价。你知道，著名的林肯总统就是死于枪下的，还有六十年代的肯尼迪总统。另外，被指控为谋杀肯尼迪的凶手，也在被捕后不久死于飞来横弹，以致死无对证，结果肯尼迪被刺一案有人至今认为还是一个谜。如果说，以上两个例子，前者涉及政治谋杀后者也被猜测为政治谋杀，还不足以说明是民间拥枪的副产品，那么，里根总统在几年前的遇刺和克林顿总统上台后遇到的几次白宫被枪击事件，都毫无疑问是一些精神上出现了某种偏执倾向的人滥用枪支的结果。比如向里根总统行刺的家伙，事后宣称，他这么做，只是为了吸引他所迷恋的电影明星的注意力，最后被专家认定为精神问题而未被判罪。最近发生的几次枪击白宫事件，也没有理由认为，这和什么政治阴谋有关，只是一些有着各种问题的个人行为。但是，总统却因此而真正地感到不安全。

俄克拉何马爆炸案之后，由美国的两大党，民主党和共和党所共同组成的白宫安全委员会认为，既然国际恐怖主义气焰高涨，把一卡

里根总统遇刺场景

车炸药开到白宫门前是早早晚晚的事儿。与其出了事危及行人与白宫主人的生命，还不如现在就采取措施。结果，总统下令，从1995年5月20日开始，终于关闭了白宫前的宾夕法尼亚大道的车行交通。这是一条交通非常繁忙的道路，它的关闭当然影响了成千上万人的行车便利，这确是一种无奈的代价。但是，它对于美国的意义却远不至于此。

　　远在建国之初，美国当时的国务卿杰弗逊就对首都的规划设计提出异议。原方案大街一端是巍峨的国会大厦，另一端是庭院深深皇宫般的总统府。杰弗逊却认为，基于美国的民主建国思想，总统府应该和百姓住家一样，只不过是一幢盖在马路边的简朴住宅。他的方案成了两百多年来美国民主理想的象征。记得我们的一位朋友来访美国，参观首都之后非常惊讶地对我们说了几次，真没有想到白宫看上去是那么不起眼。许多人从照片上认美国，都是无形中就把国会大厦当作了心目中的著名白宫的。其实白宫不仅造型十分简朴，它还确实是在车水马龙的大街旁。而且只有透空的细细铁栅栏与来往行人相隔。两百多年来，每天都有成千上万的人随意开车经过总统的家。

白宫前的宾夕法尼亚大道

对于宾夕法尼亚大道车行交通关闭,克林顿总统在宣布时也透出万般无奈:"在我国历史上,宾夕法尼亚大道一直对外界交通开放,即使先后已有四位总统遇刺身亡,并且有八次行刺总统未遂;虽然美国曾经经历一次内战、两次世界大战以及波斯湾战争,这条大道还是开放的。如今,本人却在现实逼迫下,不得不宣布封闭这条极富历史意义的道路。"美国的新闻媒体指出:"这样的改变,凸现了民主社会在对抗人类越轨行为时,经常面临的困境与无奈。"安全还是自由,美国每天都在面对新的选择。

在美国首都华盛顿的一个广场上,曾经有人发起了这样一个活动。让全国所有的不论由于什么原因而成为枪下冤魂的亲属,将

枪在谁手里 *163*

他们死去的亲人留下的一双鞋子放在这个广场上。那无边无际的鞋看着是那么触目惊心。有的粗犷结实,有的艳丽纤巧,有的稚嫩柔软,诉说着一个个突然中断了的人生。美国人民站在这一双双鞋前面,一切别人对于这块土地上所发生的枪支犯罪的指责、好奇、嘲笑和攻击,都变得很远很轻,只有这一双双鞋所盛着的一个个灵魂是真实和沉重的。因为这痛苦是他们自己的,这代价是他们为自己所选择的自由所支付的。两百多年来,他们从来没有停止过问自己:这是不是值得?

在里根被刺案中,有一名高级官员同时颈部中弹,造成高位截瘫。他此后一直致力于呼吁实行枪支管理。克林顿执政期间通过的枪支管理法的提案,就是以他的名字命名的,尽管该法通过时已经大打折扣。他是一名高级政府官员,但是没有人会认为,他是站在政府的立场上这样做的。这时,他只是一个普通受害者。不少滥用枪支的受害者和他们的家属,都会本能地作出要求禁枪的反应。当然,即使不是直接受害者,也同样心情沉重,这是涉及每个人都有可能遇到的安全问题。俄克拉何马爆炸案所引发的民众注意力,已经超越了简单的个人持枪问题,而是集中于关心民兵这样的武装团体,其中的极端分子有可能走向恐怖主义活动的问题。

我们的一个犹太裔的朋友对我们讲的一番话,也许是这里有理性的拥枪者的典型。他们家是从俄国移民美国的,移民历史相当长。他的父亲在二次大战的时候作为美国军人参战,受伤后一直靠残疾军人补贴养活全家。他上大学都是用的政府补贴。因此,他没有大多数犹太裔家庭所拥有的遗产,是一个普通的辛勤工作的美国人。但是,他有犹太民族的普遍特点,喜欢读书、喜欢思考。他出生在美国,自我感觉完完全全已是一个美国人。但是他对自己民族的历史很关心,还特地去过以色列。在那里他非常惊异地发现,以色列正在动用巨大的财力和人力,建立全世界所有的被迫害至死的犹太人的详细档案。面对"二战"期间犹太民族几乎被灭绝的惨痛历史,作为一个犹太裔美国人,他自然而然地感到奇怪:他们怎么会无力反抗?

他后来发现,"二战"之前德国人民也是合法拥有武器的。但是在希特勒上台之后,首先搞枪支登记,然后设法逐步搞没收枪支。接着,犹太人面对武装的党卫队员,就只有束手待毙的份儿了。他依据自己在美国的生活经验,坚信失去自卫武器是犹太民族悲剧的原因之一。我们在他家里看到过好几种大大小小的枪,他对我们说:"我也希望永远不要去用这些枪。但是,你应该知道,枪不是一种工具,枪是一种权利。"我们也是到了美国以后才注意到,宪法第二修正案中关于枪的行文很有讲究,它并不是说是宪法给了人民拥有武器的权利,而是说,人民拥有和携带武器的权利不可侵犯。这两种讲法是不同的。也就是说,美国的建国者们认为,这种权利,不是任何人给予人民的一种恩赐,而是一种天赋人权。宪法所做的,只是规定了任何人都无权对这种权利进行侵犯而已。

人民有持枪和组织武装团体的自由,这只是一种权利。这是用于防止政府权力无限扩张的一种预防措施。在生活中,人们需要去动用这项权利的时候很少。因此,在正常的社会运转中,它的意义只是潜在的,而它的代价却可能是非常突出的。在这种情况下,人们自然会对它存在的必要发出诘问。这样的诘问不论过去、现在和将来,都不断会有人一次次地提出来。

那么,这种代价昂贵、只有潜在意义的自由和权利,在支付了有目共睹的惨重代价之后,为什么至今还没有放弃呢?和美国人讨论了这些问题之后,我们觉得,这是因为他们始终坚信两百多年前建国者的理论:对于"政府"这样一个人类所创造的"怪兽"必须时时防其失控。

几乎从美国成立的第一天起,人民和政府就是一对矛盾。这是永远也无法调和的一对矛盾。在美国,政府是绝对不可以卷入任何所谓实业的。它唯一一个略带实业性质的机构就是邮局,因为邮局有点运输业的味道。其实邮局还管很多其他的事情,老百姓出国旅行要护照,就是向邮局申请的。政府要维持运转的每一分钱都必须来自税收。一般人的正常收入都要有百分之三十左右作为税收上交。这是一种非常一目了然也非常惹眼的收钱方式。所以,在每年四月税收截止时,人人都有点心理不平衡。有的在心里嘀咕:政府收了这钱不知干什么去了;另一些人则愤愤然。因此,美国人对所有政府人员,上自总统下至办事员,是从不犯怵的。"你们拿了纳税人的钱……"这是美国人经常挂在嘴上的一句话。

对于美国人来讲,一边每年都把辛辛苦苦挣的钱交出去相当可观的一部分,一边他当然有权提出疑问:人民养活着政府,政府是否在好好为人民服务呢?权力会导致腐败,绝对的权力会导致绝对的腐败,这在很多国家都不是什么新鲜事儿。在美国,人民的监督应该说比一些其他国家已经强得多了。比如说,我们刚到这里就发现有一个不同寻常的电视台,它从早到晚播放的主要内容就是国会和政府机构的听证会。也就是说,政府的预算,设立或取消一个项目,外援的增加和减少,外交和内政的某一具体政策……大小问题在作出决定之前,正反两种意见都通过电视在百姓的眼皮底下激烈争辩过。也就是说,只要你愿意参与,你可以旁听所有的国会会议。每一个发表意见的议员也都清楚最起码的道理：如果他的意见屡屡违背民意的话，在直接选举的制度下，他的政治前途就有了疑问。

即便如此，政府是否在代表人民操作这个问题也仍然不是多余的。政府是一个庞然大物，稍不留意，贪污腐化浪费之类的问题时时都可能冒出来。更进一步的问题自然就是：是否出现了某一个危险人物，有意识地利用政府在企图控制人民损害人民的利益呢？这种可能性应该说也是永远存在的。尤其是看到了纳粹德国和其他一些专制国家所发生的暴政之后，很难再简单地责难美国人在安全与自由之间作出的这种选择。这是美国人永远对自己的政府疑虑重重的原因之一，也是他们珍视自由、重视对政府监督制约的原因之一。

比如说，政府再三呼吁通过立法管制枪支，以减少犯罪。虽然，在我们看来，这还是非常有限的限制。如限制某种枪的型号；又如买枪者必须等候几天，以便让卖枪的查一查电脑，确认对方是否有犯罪前科等等。至于彻底禁枪，由于宪法第二修正案的存在，政府是永远做不到的。但是，哪怕是非常有限的对人民权利的限制，哪怕是一丁点儿的人民自由的失去，美国人都有权问这样的问题：政府此举是真的善意为人民着想，还是控制政府的人制造借口，阴谋逐步剥夺人民的自由呢？当然，眼下持两种意见的人都有，谁也没有充分的证据可以说服对方。而且，任何一个问题的出现，都不是单纯和简单的。比如，后者可能找到证据，说某一个政府观点的支持者是政府利益的受益者；而前者也可以说，一些反对枪支管理的人是卖枪的！

美国人早已习惯了这种舆论的对立，他们对任何一件事情都要听一听各种不同的观点，因为只有这样，他们才不至于轻易就被人耍了。

即使所有的人都相信克林顿的禁枪是完全善意的，他们仍然不会同意放弃该项自由。因为，迄今为止，美国人还是有这样的基本共识：作为个人，每个人可以根据自己的好恶决定是否拥有武器，但是对于整体人民，拥有武器拥有武装是一个不可剥夺的天赋权利。

下次再写。

祝

好!

林 达

家就是一个城堡

卢兄：你好！

上封信我提到过有关一个日本留学生在夜间进入一个私人领地，发生误会被打死的事情，但是有关这个案子审判的情况我没有写下去，你来信表示关心，想知道后面的审判情况，我就先把它写下去。事情的发生本来是一个不幸，进一步的处理更凸现了日、美两国巨大的文化差异。

应该说，这两个国家都是私有制国家，但是，从这一事件两国的不同反应来看，它们的文化和对于"私人住所不受侵犯"的理解，距离是很大的。当这件事情发生之后，所有的美国人都感到非常遗憾，但是如果你问一下他们，你估计这个案子会判出什么样的结果，大概所有的人都会说，被告估计会判无罪。这种估计，并不是因为他们觉得死者是个外国人，陪审团会倾向于美国人的被告，而是所有的这些美国人，根据他们在这块土地上的生活经验，根据他们知道的曾经发生过的类似案件,他们很容易作出这样的估计。

美国是一个非常强调保护个人隐私、私人财产和私人领地的国家。《权利法案》的第三条,即宪法第三修正案规定"任何士兵,在和平时期,未得屋主的许可,不得居住民房;在战争时期,除非照法律规定行事,亦一概不得自行占住",以及第四修正案"人人具有保障人身、住所、文件及财物的安全,不受无理的搜查和扣押的权利;此项权利不得侵犯;除非有合理的理由,加上宣誓和誓愿保证,并具体指明必须搜索的地点、必须拘捕的人,或必须扣压的物品,否则一概不得颁发搜捕状",这两条,都是和上述的个人权利有关的。

问题是,美国人对于这样的宪法条文的执行,是着着实实"令行禁止"的,他们对于私人财产的保护是绝对的。也许在同是私有制的日本,私有领地受到侵犯,你是可以去法院告的,但是在美国,私人领地受到侵犯,你是有权开枪的。

我们的朋友塞琳娜,她听到中国"文化大革命"有抄家的,她几乎不相信谁会有这么大的胆子。我们那时到美国时间还不长,我好奇地问她,你要是遇到这种情况怎么办?她毫不犹豫地回答:"我开枪打死他们。"我们早已知道,私人财产不受侵犯,这是美国宪法第四修正案所保护的自由。但是,当时听了塞琳娜的回答,我还是以为,这只是她一句夸张了的情绪化戏言。时间长了,我们才知道,在这里,短短的几条宪法修正案绝非一纸空文,它是由整个司法在保障,有无数判例在支撑的。简单地说,凡是发生这样的情况,法律根据宪法是支持开枪的一方的,但是为了避免误伤,必须事前发出警告,如果在受到警告之后继续侵犯,主人有权开枪,事后也不必承担后果。所以,美国很少有什么强闯强占的案件。这种权利所形成的概念已经成为美国人认为不言而喻的起码常识。

在我们居住的地方,只要离开市中心,就有大片大片私人拥有的土地,从几英亩到几千英亩的都有。你千万不要套用中国地主富农的概念,美国私人拥有房地产的已超过百分之六十,而且,不仅房子是私有的,土地也是绝对私有的。这种私有的概念也同样适用于房产和土地的出租,一旦签下租约,付了租金,在租约的有效期内,这块地方也就是承租者的私人领地了。房东如果事先没有通知,不得到承租者的许可,也是不许进入的。

美国的土地拥有者只是普通的平民。美国人一般没有造围墙的习惯,我们初来时一直纳闷,这么大的地,怎么看住,怎么保障安全呢?后来发现,有些森林隔一段距离,树上就有一张小纸片,写着:警告,这是私人财产,不要进入。大多数土地连这张小纸片都没有。美国人人都知道,除了公园,这里都是私人土地。除了故意的犯罪,谁也不会进去。罪犯要进去的话,他也必须顾忌说话算数的法律和土地主人手里的枪。

塞琳娜生日那天,我们又长一见识。那天我们去参加生日晚会,她告诉我们,今天有两个形迹可疑的年轻人,在他们对面的一幢家里没人的房子周围转了好几圈,她丈夫打电话给警察,那两个人马上被逮捕了。我们奇怪地问:他们又没有破门而入,转两圈算什么,警察凭哪条抓人呢?她简单地回答:越界。因为尽管他们没有进入房子,但是他们已经进入了房子周围的私人土地,也就是说,已经侵犯了私人财产,犯法了。美国有大量的美丽风景都是属于私人的,我们刚来的时候,在一个幽静的地方发现一个很漂亮的小湖。我情不自禁地就想走过去,被同行的朋友一把拉住,他笑着说,你还没走到湖边,警

这个俄克拉何马州的年轻寡妇,为保护自己和孩子,在自己家开枪打死了入侵者,不予起诉。

车可能已经接到报警电话赶来了。

在美国历史上,不断发生有人未经许可闯入他人领地而被击毙的案件,现在此类的案件基本上都是撬窃之类的犯罪者,开枪者都是依法而无罪开释的。我们来这里之后,在我们居住的城市,就发生过一个老太太在自己家里开枪打死一个偷入她家中的年轻人而被宣告无罪的。所以,我们也是渐渐才体会到,塞琳娜的话绝非一句玩笑。在美国,如果有中国"文革"期间发生过的那种"抄家",即未经许可进入私人领地侵犯私人财产,不要说动手抄家,刚进去就绝对会遇到枪的反抗。在这里,这早已是天经地义的基本法律常识。因此,你想想看,在美国这样的背景下发生的一起误伤事件,怎么可能判得让一个东方人感到满意呢?地方法院判下来,果然不出所有的美国人的预料,无罪开释。这尽管是美国人的意料之中,可是却大大地出乎所有日本人的意料之外。结果在全日本掀起了一场声势浩大的抗议签名运动,险些就引起两国的外交纠纷。克林顿接见了死去的日本留学生的父母,再三向他们表示他对这一事件道义上的遗憾。但是,总统是无法出于外交上的考虑干预司法的,退一步说,即使克林顿有能力干预,他也不会这样做,因为美国总统最顾忌的总是国内的原则和逻辑,国际影响相对来说是次一步的。

此案又经过漫长的上诉,上诉法院最后确认被告的罪名是"使用枪支不当",这是一个很轻的罪。但是这确实是大家都认为公正的判决。即使这件事情发生在美国人身上,结果也只能如此了。

顺便我想再谈谈美国的私人土地问题。前面我提到过,这里不大会有什么强闯强占的民事纠纷,这大概和美国的历史也有关系。美国曾经是一块新大陆,除了人口非常稀少的印第安人(他们也是在很久以前从欧亚大陆穿过白令海峡来到北美的),就是从法国、西班牙、英国等地过来的移民,曾经是各自代表了一个欧洲国家在那里抢地盘。不仅他们之间争夺领土的战争不断,平民之间也是土地争端纷起的。你从大量的美国西部电影中可以看到,美国是经历过一个"谁掏枪掏得快就是谁厉害"的野蛮时代的。正是因为这方面的问题很多,所以也就很快产生解决这些问题的法律。现在美国的邻居们一般都是友好相处的,因为如果有关于土地的任何疑问,地方上都有一个丈量公司,根据每个人手中都有的、在政府已经备案的地产图,丈量公司的技术员会依照现代测量技术,清清楚楚地标出地界,根本没什么可争的。在地皮紧张的大城市,就有非常严格的有关建房的法律细节规定,发生问题之后都是在法庭上找得到"条文"的。这些都是题外话了。

但是，美国的《权利法案》的作者，写下第三和第四修正案的时候，它的意义并不仅是确立土地的私有权和维护平民之间的地界，你可以很清楚地看到，它是对政府权力的一种限制。它的目的不是把邻居挡在外面，而是要把警察挡在外面。宪法第三修正案的来由你一定也早就知道了，它是美国人当初饱受英王军队无理占用民房之苦，绝对不会忘掉要写上去的一条，尽管这一条修正案两百年来在法庭上应用的次数屈指可数。而宪法第四修正案，就像我前面提到的言论自由一样，它的严格执行不是一件很简单的事情。因此，我想在下面，再向你介绍一个有关这条法案的著名案例。

事情发生在1967年，你也知道，这是美国民权运动高涨、各种思潮搅得美国所有的年轻人都非常激动的年代。再加上越战所带来的困惑，彻底解决种族隔离的民权法刚刚通过，整个美国社会都弥漫着一种骚动不安的气氛，年轻人普遍的吸毒也是从这个时候开始的。

案件一方的主角是一对夫妻，玛格丽特·麦克苏利和阿兰·麦克苏利。他们都是当时被时代所裹挟，对各种思潮都有兴趣，有社会主义倾向，并且以民权运动为职业的年轻人。

玛格丽特是南方人，出生在肯塔基州，一直受的是南方的传统教育，但是却对政治有些兴趣。她离开大学就嫁了一个军人，有了两个儿子。后来，她随着丈夫的部队调防，搬到了首都华盛顿。当她的丈夫决定学医的时候，她开始寻找一个秘书之类的工作，以便挣些钱支付丈夫的学费。但是很快她的婚姻和工作都起了变化，她离了婚，也厌倦了在国会的秘书工作，最后由她的朋友介绍，认识了一个叫杜尔·皮尔森的华盛顿专栏作家。此人当时是美国比较出风头的记者之一，他的文章对政府官员的公私缺点都不放过，由于他有广大的读者，他成了使一些人感到害怕的人物,尤其在国会,颇有一些议员见了他很头痛。可是又拿他没有什么办法。

1962年,玛格丽特成了皮尔森所雇的四个秘书之一,那年她二十六岁。恰逢婚姻结束,她的社会和政治教育却开始了。皮尔森不仅是一个专揭丑闻的人,他还积极发起和参与一些运动,玛格丽特最终也被他引进了一些民权运动,这些运动已经使得美国在当时动荡起来。她当时特别有兴趣的是帮助黑人的一个学生非暴力平权组织,她对他们充满同情。皮尔森还把她介绍进了华盛顿的上层圈子。她不断地参加他周围的社交活动,在那里她认识了不少国会议员,甚至副总统。她不仅为皮尔森的私人文件打字,也为他的日记打字,她很快就成了这个近七十岁的专栏作家的女朋友。她当时被他的权威所吸引,也对自己的角色感到很得意。两年以后,她跟着皮尔森去参加了1964年的民主党大会,遇到许多处于同一"运动"中的黑人,才发现自己的奢华社会和民权运动中的黑人根本风马牛不相及,她第一次开始认真审视自己和自己在生活中究竟干了些什么。最后,她决定离开,自愿去了密西西比。1966年,她又回到华盛顿,只是这次她再也没有去找皮尔森,而是另外找了个工作。就在那里,她遇到了阿兰·麦克苏利。他是在华盛顿郊区长大的,也是在很年轻的时候就结婚并且离了婚。他对政治一直很有兴趣,他们两人有不少共同语言,很快恋爱了。

此后,他们觉得他们工作中遇到的计划,都是安排白人帮助贫穷的黑人,实际上完全可以安排一些黑人去帮助他们,同时,也安排白人去帮助一些贫穷的白人。所以,他们开始离开上层的城市工作,转向阿巴拉契亚山脉。阿兰在那里找到一个"自愿者组织"里的职位,专门训练帮助山区穷人的义务社会工作者。这个组织准备在肯塔基州的派克郡设立一个新的办公室,就把他给派去了。

　　派克郡是肯塔基州最大的一个郡,几乎和罗得岛的面积相等,但是,当时它的人口只有八千。约有一半多一点儿的人住在它唯一的小城里,其余都散在阿巴拉契亚的深山老林里。许多人都应该需要帮助,因为尽管这里矿产丰富,但是在六十年代末期,仍然有四分之一的成年人没有文化,半数的家庭还属于穷人之列。可是,你觉着他们需要外界的帮助是一回事,而他们自己有没有这种愿望又是另一回事。这些家庭在这里生活了几乎两个世纪了,很少有人出远门,他们几乎可以一直这样在自己的封闭社会里待下去,他们对于外界的一切都深深地感到疑虑和恐惧。

　　当阿兰和玛格丽特在1967年4月1日搬到这里的时候,他们从一个叫杰姆斯·康普顿的当地人那里租了一幢房子。他们很快就结婚了。玛格丽特在南方联合教育基金会里找到一个工作,这是1938年就成立的一个民权组织,在那里她研究当地的煤矿工业对山区生活的影响。在此期间,他们曾经到著名的音乐城纳许维尔和一些大学去参加民权运动的会议,那里有激进的提倡"黑权"的黑人领袖的讲话,此后,有些大学还发生了骚乱。他们为此很长时间中断了工作。阿兰回来以后不仅教他的学生如何组织农业工人,还对他们大发激进言论,谈论有关彻底的政治和社会改革。也不知是因为他过于激进,还是他的长期离职,不到一个月,阿兰就被"自愿者组织"解雇了。

　　接下来,阿兰就帮助玛格丽特的工作。但是这里始终存在这样一个问题,对于那些搞民权运动的人认为一定要给予当地人的"帮助",那些没有受过太多教育的贫穷的人们,是否真的对此感兴趣呢?今天在美国以外的地方,都似乎觉得这是一个历来"超现代"的国家,其实并非如此。我前面说过，美国南方和北方的面貌有很大的区别，即使在今天，你都可以找到一些非常保守的南方小城镇，更不用说三十年以前了。那些"新潮"和"前卫"的民权运动者们，他们的言行和这些他们想要帮助的人格格不入，前者往往只注意到了自己"助人为乐"的一番好意，而根本没有想过，他们所代表的文化，是多么难以被对方的文化所接受，甚至在一定的情况下，会引起对方多大的反感和憎恶。对于后者来说，他们只是跑来毁坏这里传统的道德、信念以及安宁生活的家伙。

玛格丽特几乎已经感到绝望了，她认为这是一场和贫穷的战斗，但是刚刚在这个地方碰到一点皮毛，已经眼看着要败下阵来。她在南方长大，因此比阿兰更清楚他们和当地人有着多大的隔阂。后来她说："我知道那些人不要我们在那里，也根本不想听我们在说什么。我甚至都担心过，就算阿兰没那么激进，他们都想在山里杀了我们。"当地人则对于他们有可能给宁静生活带来破坏，越来越害怕，他们建议房东把他们赶走。房东于是找了一个借口，要求他们搬家。他们在搬走之前，坚持要房东康普顿去看一下那幢房子，以便确认他们承租期间没有什么损坏。正是这一看，看出了一场大风波。

房子几乎已经搬空了，只剩下一些和他们的工作有关的东西，其中有不少左倾激进的书籍、小册子、照片、胶片盘、大量的信件等等。这些东西和这种工作气氛，都是住在山里头的康普顿从来没有看到过的，可以说是把他吓了一跳。他打电话告诉了他的朋友，这个朋友是当地老百姓自己选的四年一期的"地方治安警察"。他在电话里说，这儿有个共产党的老窝，你们真该去查一查。

八月初，康普顿的"警察"朋友就叫他去地方法院开会。这位

"治安警察"同时还打电话通知了两名地方检察官和联邦调查局地方机构的一名官员。这种会议通常是讨论和解决地方上的一些日常问题的。后来主持会议的是其中一个叫托马斯·雷特力夫的检察官,他在会议上提出要对麦克苏利夫妇"采取行动"。他要求联邦调查局地方机构的官员帮忙,但是被拒绝了,联邦调查局的官员知道这种行动没有法律依据。于是检察官只好自己找出肯塔基州的法律,设法寻找法律依据。结果,他们找出了半个世纪以前,在一次大战刚刚打完时,该州通过的一个修订法,里面有一条"颠覆罪",定罪的话可以判二十一年徒刑以及一万美元罚款。这个修订法从二十年代通过后,就再也没有人想到过要去改动它。就根据这样一个 1920 年通过的法,他们开出了对阿兰的逮捕状和对他们家的搜查状。搜查范围写的是:"颠覆材料,或印刷机,或其他印刷和传布颠覆材料的机器。"

此刻,麦克苏利夫妇刚刚搬了家,满屋子都是没打开的箱子和纸盒,书和纸满地都是,还有他们与工作有关的书信。他们还习惯保存他们的来往信件和各种文字材料,这些东西记录了他们的生活。就在 1967 年 8 月 11 日的傍晚,一群"地方治安警察"包围了他们的家,当他们从后面包抄上来的时候,玛格丽特在厨房看到他们,还以为他们在找什么逃犯,根本没有意识到这是冲着他们来的,直到他们冲进门,向他们宣读了搜捕状。检察官也到了搜捕现场。这个名叫托马斯·雷特力夫的检察官以前和麦克苏利夫妇从未见过面,但是,此后所发生的事情,却把他们拴在一起,至少奔波于五个法庭,打了整整十七年的官司。

在对阿兰搜身之后,十几个人搜查了那间小小的屋子。他们拿下了每一本书,把抽斗里的东西都倒在地上,甚至把床单从床垫上拉下来，又拖下床垫，最后连床架子都拆开了。玛格丽特后来说，我都不知道他们干吗要这样做，但是他们居然走的时候就让床架子这么散着。麦克苏利夫妇被突然而来的事情惊得浑身发抖，他们想过，只要熬过这个晚上，与外界取得联系，一切就可以过去了。但是当一个家伙对阿兰说"我真想看你是怎么被吊死"的时候，他们才真的害怕自己会有极大的危险。玛格丽特立刻给当地的律师打了一个电话。这时，警察找到一些有关玛格丽特的材料，就给她也开了一张逮捕状。这时，搜查的性质也变了。一开始他们还对书进行挑拣，地上分放了他们认为有问题和没问题的两堆东西。但是，这个时候，雷特力夫看也不看，只是用手指着各种东西让警察拿走。结果，两小堆东西就都合成了一大堆。里面包括他们的电话账单、水电费的账单、税单、作废的支票、书信、日记、笔记、结婚证书，甚至于大学里的旧考卷。他们还加上了他们全部的五百六十四本书，里面有毛泽东、切·格瓦拉、马克思、列宁的书，也有小说、诗歌和《训猫技巧》，甚至首都华盛顿的电话号码本。一帮警察最后从邻居那里借了一辆车，把麦克苏利夫妇的东西一股脑儿全部装上了车。

当晚他们是在牢房里过的。要求阿兰的保释金是五千美元，玛格丽特的保释金是两千美元。他们立即和朋友联系以取得保释金。同时，纽约的两个律师，威廉·肯斯特乐和摩顿·斯达威也把他俩列进了自己的救助名单，他们刚刚成立了一个宪法权利中心，专门从法律上对这样的案子给予帮助，只收很少的费用，甚至免费。这两个律师首先寻求的，就是让上级法院宣布肯塔基州的这条法律违宪，因为在美国，宪法是最高法律，下面的众多法律都不得违宪，否则就会被宣布无效。

当麦克苏利夫妇得到这些消息的时候，已经不再担心会有什么生命危险,却开始担心把他们的朋友也拖进类似的麻烦之中。因为他们所有的文字记录都已被拿走,里面有的是多年来他们参加各种激进活动和组织的情况,甚至有许多东西连他们自己都多年没有打开了。玛格丽特显然更为不安,她的日记和信件,包括情书都被拿走了,里面有以前她和几个男人的私情记录,情书里当然也有那个专栏作家皮尔森的信。作为习惯于个人隐私权受到尊重的美国人,是根本无法想象这种东西居然会被没收的。但是他们偏偏碰到这样一群"土警察",一时有理讲不清。事后在法庭上,当法官向参加搜捕的"地方治安警察"问到宪法第四修正案和有关"搜捕"的法律知识,他们竟然毫无所知。他们从来只是被当地居民选出来,管管这个安静小地方的一般治安纠纷的。这次他们就是简单地想给他们讨厌的外乡人吃点苦头,却做梦也没有想过,因此"闯入"了一个"国家级大案"。事实上,他们还和那个"颠覆法"一起,生活在半个世纪甚至更久以前。

他俩在牢里只待了一个星期,就收到了朋友们筹集的保释金,于是保释在外。一个月后,派克郡开庭,根据肯塔基州的州法律,以"颠覆罪"对他们进行起诉。但是,起诉后才只有三天,美国地区法院的东部法庭就宣布:"很难想象,一个有能力的律师会认为这条州法律是符合宪法的。"地区法院写道:"(该法)违反第一修正案……因为它不恰当地禁止了言论自由、新闻自由和集会自由,它无法分辨提倡理念和提倡行动之间的区别……它把牢狱之灾强加在提倡非主流政治信念的人头上。"同时,地区法院下令,永久地禁止肯塔基的州法律以"颠覆罪"起诉麦克苏利夫妇或其他任何人。

到这个时候,他们觉得,由于一些狭窄的乡下警察的自以为是和胡作非为而给他们带来的伤害已经可以彻底结束了。接下来,按照美国人的通常逻辑，就是该轮到他们考虑怎么告那批地方官员和警察的问题了。因为在美国，没有错了就算了的事情。可是，地区法庭却因为肯塔基州有可能对"颠覆罪"的合法性提出上诉，因此还不能马上就结案。既然没有结案，那些被原告作为证据的没收品也就不能马上归还。于是法庭下令，让雷特力夫对所有的材料"安全保存"，"直到上诉或其他法律程序终结"。麦克苏利夫妇只是发现他们面临的局面有点奇怪，他们重获自由，可是被抄去的财产却还被锁在别人手里。他们还一点没有想到，正是这样一个由于法律程序造成的"暂缓发还"，他们的个人权利和个人隐私被进一步严重侵犯的威胁还在后头，更糟糕的事情还没有开始呢。这是怎么一回事情呢？

谁都没有料到，天下会有这样巧极了的事情。就在他们被抄家的同一天，美国参议院正好通过一个"一五〇决议"。这个决议源于我前面提到过六十年代的动荡。下面几个数字足以说明这种动荡确实相当严重：在 1965 年到 1968 年中期，大约有一百六十六起大的城市骚乱，导致近两百人死亡、近八千人受伤和一亿五千万美元以上的财产损失。在这种情况下，"一五〇决议"授权参议院成立一个"政府运作委员会"调查骚乱，以帮助从今后立法的角度，维持美国的秩序和安定。这个委员会的头儿，是一个叫麦克莱伦的参议员。他从 1934 年就开始做参议员，权高位重。因此，他也一直是前面所提到过的作家皮尔森，也就是玛格丽特以前的情人的专栏写作里攻击的目标。于是，当有关麦克苏利夫妇的事情一传到华盛顿的老圈子里，一场公报私仇的戏就趁机开场了。

先是一名叫约翰·布立克的调查员被派到派克郡，和被法庭指定"安全保存"材料的检察官雷特力夫谈了一次，看了二百三十四张麦克苏利夫妇文件的照片,回去汇报了他的发现。四天之后,他又来了一次,带走了所有这些文件的副本,里面包括专栏作家皮尔森和玛格丽特的来往情书。麦克莱伦参议员调看了所有这些信件。然后,调查员布立克又奉命来到麦克苏利夫妇的家里,说是他们涉及委员会调查的纳许维尔会议有关的骚乱,给了他们一人一张到国会接受询问的传票。

麦克苏利夫妇一开始以为,这个参议院运作委员会并不是对他们本身有什么兴趣,而是想要拿到他们参加的那次会议的文件。他们根本没想到,不要说他们的会议文件,连他们的全部最私密的个人记录,都早已被参议院弄走了。正因为他们被蒙在鼓里,所以他们还在尽一切努力,不让华盛顿把他们的材料拿走。为此,他们的律师代表他们向地区法庭提出申请,要求他们的任何文件都不要交给华盛顿,而是直接发还给他们。法院同意为此举行一次听证会,然后再做决定。

鉴于他们被起诉的"颠覆罪"已被法庭宣布为违宪,与该案有关的材料是理应归还他们的,"暂缓发还"只是法律程序所造成的时间问题。所以,麦克苏利夫妇对这次能够抵挡参议院,有充分的信心。可是,就在这个时候,《纽约时报》以《参议院获得激进者文件》为题,报道了他们的材料已经被拿走的事实。即使如此,他们还以为报纸是搞错了。但是,心里已经不那么踏实了。所以,在地区法庭的听证会之前,阿兰在根据法庭要求确认对方律师写的"事实陈述"时,特别注意到,里面并没有提到华盛顿到底是否已经拿到了材料。于是,他和律师一起回到对方面前,要求他们回答这个问题。回答说,是的,一部分文件他们已经拿到了。麦克苏利夫妇就差没昏过去了。一方面,他们的文件里有他们几年来建立的激进组织的地址名单;另一方面,玛格丽特根本无法接受这样的事实,她个人的私生活居然又一次被暴露到别人面前。这在美国人的概念里,确实是对一个个人难以想象的侵犯。

地区法院听证之后,否定了他们要求归还文件的要求,并且命令他们遵从参议院调查委员会发出的传票。一个月以后,这个案子又上诉到美国上诉法院。上诉法院判定,既然当初地区法院对这些文件"安全保存"的命令,原因是肯塔基州有可能对"颠覆罪"的合法性进行上诉,该案没有结案,那么,现在上诉时限已过,理应结案并且发回文件。但是,对于他们收到的传票,是对于另一个案子的调查,上诉法院认为参院运作委员会有权要求执行。

于是,在他们的财产被搜走一年多以后,麦克苏利夫妇从两间牢房里取回了他们的东西。当然,被华盛顿的调查员布立克取走的文件副本,也在法庭命令的归还之列。他在归还的时候,要求阿兰一定要按清单把所有的文件阅读核对一遍,以确保没有差错。在这些文件里,包括玛格丽特一直担心的那本日记。阿兰也是第一次看到妻子的这些东西,里面有她和专栏作家皮尔森关系的细节,还有大量的情书,甚至在这些信件中,他发现自己的一个朋友写给她的情书,这是发生在阿兰和玛格丽特相遇之前很久的事情,她当然并不想让他知道。阿兰一方面在阅读中感到震惊眩晕,一方面发现参议院借口调查骚乱拿走的居然是这种"文件",感到愤怒不已。他质问调查员布立克,这就是你拿到华盛顿去的东西吗?布立克并不回答。当布立克把全部文件交给他的时候,脸上还露出一副意味深长的笑容,阿兰真是恨不得给他一拳。他无法想象,参议院的老家伙怎么能传看一个女人的隐私书信。对于美国人,这就跟轮奸一样不可饶恕。

回到家,他们分开了各自的文件,最后,还是决定都烧了。他们的生活已经不可能再和以前一样,他们在精神上受到的打击,使他们一生都难以恢复。但是在美国，这种事情是绝对不可能就这么了结的。麦克苏利夫妇感到，肯塔基州地方官员和参院的运作委员会，对他们私人文件的处理蛮横无理。他们成了参议员麦克莱伦和专栏作家皮尔森之间私仇宿怨的牺牲品。他们知道皮尔森经常在他的专栏里攻击参议员麦克莱伦，他们也得知，参议员麦克莱伦在他们的数百文件中，偏偏把皮尔森的情书调去查看。他们的律师坚信参院的做法侵犯了他们的宪法权利。于是，他们决定向法院提请民事诉讼，要求参院运作委员会的成员赔偿他们的精神伤害。同时，他们向该委员会宣布，他们将抵制国会参议院的传票。结果参院告到法庭，他们又因为藐视国会罪被分别判了一年和三个月的徒刑。

他们又一次来到上诉法庭上诉，声称他们之所以藐视国会，是因为他们的传票是建立在非法搜查的基础上的。根据宪法第四修正案，最高法院早就有了"排斥原则"，这个原则认定，任何非法搜查的证据都不能用于审理过程，任何在这个基础上的定罪都必须撤销。

在我第一次看到宪法第四修正案的时候，老实说，我真的看不出有什么大的意义。因为我想，不就是说搜查逮捕要搜捕状吗？联邦政府或是什么地方政府假如真的要找什么人的碴儿，还怕开不出一张搜捕状？对麦克苏利夫妇的搜捕不是"各状俱全"的吗？这也是我在前面曾经说过，宪法第四修正案的严格执行不是一件简单的事。也正因为如此，美国法院在处理这一类案件的时候，是相当仔细的。否则的话，这一条很容易成为虚设条文。

在历史上，这种情况真是太普遍了。英国就曾经给它的警察们广发"通用搜捕状"，使得女王的部下们可以随时随地冲进任何人的私人领地搜寻"走私货"。这种臭名昭著的滥用搜捕状，在英国引起过公众的极大谴责。因此,到了十八世纪中叶,英国的这种"通用搜捕状"有了很大的限制,只有在一个领域里还用,就是对所谓的"颠覆罪"。

在北美大陆还是英国统治的时候,抗税的风潮一起,这种"通用搜捕状"立即就在北美大陆复活了。英国国会授权这种"搜捕状"可以令警察、治安人员等,在北美洲他们所统治的地区,对所有的"房子、仓库、商店、地窖、船只、包裹、箱子、盒子、桶,任何行李,进行打开搜查",以寻找没有按贸易法交税的货物。

因此,在1761年,还远在美国独立之前,波士顿的商会就向法院投诉,并且提出,一张搜捕状应该只有在发给特定警官,规定搜查特定房子的特定东西时,才是有效的。如果像"通用搜捕状"这样,把任意搜捕的权力交给任何政府人员,等于是每一个人的自由权利都捏在任意一个小警察的手里,而这种包括隐私权在内的权利,是应该留给老百姓的。他们的代表有一段著名的话:"一个人的房子就像是他的城堡,当他安安静静地待在里头的时候,他就应该安全得像一个城堡里的王子。如果'通用搜捕状'应该算合法的话,这种个人的特权就被彻底毁灭了。"

美国成立之前,波士顿法庭上商人代表的长达五个小时谴责"通用搜捕状"的发言,不仅成为此后的美国宪法第四修正案的基础,也成为十五年后美国独立的先声。这也是美国人对于搜捕状特别敏感,对于个人隐私、私人财产特别珍重的历史原因。

执行宪法第四修正案时,美国法院认为,最起码要确定:搜查特定的"地点、对象、物品",是否有"合理的理由"。而且,作出决定的人必须是"处于中间地位的、独立的行政官",而不能是与该案有牵扯的警官。

所以，美国上诉法院对麦克苏利夫妇这个案子中看上去"合法"的搜捕状，仔细进行了分析。搜捕状的发出是基于房东的儿子小康普顿的誓言，他发誓说，他父亲"在上述地点肯定看到了确定的颠覆材料"。上诉法院首先否定了这份宣誓作为搜捕状基础的合理性，原因是看不出宣誓人和这个调查有什么关系，他的誓言内容并不是他的亲眼所见，而是"道听途说"，更何况，"誓言"里只提到"颠覆材料"，没有什么具体内容。就算肯塔基州的那条"颠覆法"在当时是有效的，"誓言"里也看不出有任何具体材料是违反了这条法律的。接下来，上诉法庭指出，搜捕状指示警察搜查"颠覆材料，或印刷机，或其他印刷和传布颠覆材料的机器"，却没有对所搜的材料作精确描述，如果所谓的"颠覆材料"是一篇文章，至少要有明确的名称、内容。没有对搜查对象作精确描述，这也是违反宪法第四修正案的。在法庭作证时，当初参与搜查的警察对有关宪法权利的了解，几乎是一无所知，但是他们已经是一个执法人员了。所以，两个世纪以前波士顿商人代表的警告，读上去并不过时。

美国上诉法院认为，麦克苏利夫妇的家遭到搜查一案，是非常典型的违反宪法第四修正案的违法搜查案例。所以，参院所开出的传票是建立在违法搜查的基础上，传票因此无效。麦克苏利夫妇由于拒绝服从参院传票而被判的藐视国会罪，也因此而被推翻。

在美国，所有的人都知道，这样一个案子以胜诉终结，就是意味着另一个案子的马上开始。所不同的是，在下面一个案子里，前面的被告将要以原告的身份出现，而前一个案子里的全部原告，一个都跑不掉，通通都会成为被告。这个在美国众所周知的"规律"，非常有效地防止了美国政府公职人员对平民的迫害，因为他们必须有所顾忌，一不当心的话,弄不好就是"搬起石头砸自己的脚"。所以这类案子一般是不大会这样发生的。我下面会进一步向你解释,为什么这个案子会这样发生,因为这里恰恰有一种双重巧合。

所以接下来,就是理所当然的,麦克苏利夫妇对他们所受到的伤害要求赔偿的民事诉讼。参议院立即要求撤销这个诉讼,因为在美国宪法中规定国会议员有一定的豁免权,尤其是他们在国会中的行动。比如,两院议员在议院内所发表的演说及辩论,在其他场合不受质询。这是为了保护立法机构的独立和完整,也是为了使立法机构的成员不因为他们的立法行为而受到官司的干扰。

整个华盛顿地区的美国上诉法庭的十名法官,一起听了参院对于他们的豁免权的争辩。一致同意,如果那些文件没有被扩散到国会之外,参议员可以受豁免权的保护。同时,法官也一致同意,不管这些文件是怎么成为参议员和他们的职员的"占有物",只要这是他们立法工作的一部分,他们在国会怎么对待这些文件,都还是受豁免权的保护。所以,牵涉到的几个调查委员会成员和议员,他们调看到达国会以后的文件等行为,都完全在宪法对国会议员的豁免权的保护之下。

但是,第四修正案还是抓住了调查员布立克检查和获取这些文件的行为。这些行为发生在调查现场,而不是国会之内,并没有绝对的豁免权。问题是,他的这些行为算不算在第四修正案所涉及的"搜查和没收"的范围内。对于这一点,法官的表决以5：5打了个平局。在联邦法院发生这种情况,就被认为是确定低一级法院的意见。在这个案子里,低一级法院竭力强调布立克的行为完全就是一种"搜查和没收",至少不能撤销起诉。

至于作为地方检察官的雷特力夫,他自知得不到只有国会议员才能享受的豁免权。他只有一个机会，就是，对于地方官员，他的行为如果是有明确的法令和宪法权利可依，那么也可以免予追究。但是，在这个案子中，法庭认为，检察官雷特力夫应该知道搜捕状依据不足，同时，他也应该知道，法庭命令他"安全保存"文件，他就不应该再把文件交给参院。这样，检察官雷特力夫也必须受到起诉。

所以，你可以看到，这就是麦克苏利夫妇很不幸遇到的双重巧合。一方面，是一个闷在封闭山区、十分狭窄无知的小小地方检察官；另一方面，是自恃拥有国会议员豁免权的参议员。实际上还有一点不可忽略的背景因素，就是美国当时的国内骚乱。这种动荡的情况使得美国上下很多人在认识上都产生混乱，不知道应该如何寻找和确定这些骚乱的后果承担者，也不知应该如何看待民权运动中的激进分子，不知是否可以把他们看作一种潜在的"危险"，甚至"反美国的危险罪行"的调查对象。没有这种背景，这个案件也是很难发生的。在这个案子中，检察官雷特力夫是根本上的认识混乱，而参议员麦克莱伦，应该说是有意识地在利用这种背景和手中的职权泄私愤。

但是，我还必须提到的是，尽管如此，参议员麦克莱伦还是不敢肆意妄为。可以看得出，他走出一步的时候，还是必须三思而行。他拿到这些文件之后，曾经下令，把这些文件都锁在调查员布立克的私人档案柜里。那些玛格丽特和专栏作家皮尔森的情书他拿去看了，但是，他又把这些信密封在一个信封里，除了规定的少数几个人，其余人都不得打开。尽管是在动荡的年代，美国毕竟还是宪法精神根深蒂固的法制国家，麦克苏利夫妇担心的很多事情都没有发生，没有一个激进组织和个人由于他们的文件而遇到迫害或麻烦，就连专栏作家皮尔森，也没有受到任何影响。

至于参议员麦克莱伦，他只能三思而行，因为他是心虚的，他知道这不是一个光明正大的调查行为，他的行为是经不起推敲的。他知道，他可以因为豁免权逃脱法律的惩罚，但是，只要这件事情闹大，他躲不过专对议员设置的"道德委员会"的追查。而且，在美国，越是像他这样的"公众人物"，越是没有什么可以隐藏的角落，只要一公开，这种侵犯公民隐私的事情在美国绝对会引起公众的愤怒，这样，他在选民们心中的"形象"就完了，换句话说，他的政治前程也就完了。所以，在拿到这些文件之前，他也许抵挡不住自己心里想去做这样一件事情的诱惑，但是，当他拿到手之后，他不可能不清醒过来，发现自己是捧着一个"烫手的烤白薯"。

麦克苏利夫妇一直坚信，这个参议员就是想借此对专栏作家皮尔森进行报复。但是他们的律师却一直认为，参议员麦克莱伦只是无法抑制自己对于一个"宿敌"的阴暗面的好奇心。正因为皮尔森在他的专栏里，从不放过包括麦克莱伦在内的议员们的私人弱点，所以，他就是忍不住要拿来看看，然后骂一句，你自己算什么东西。我如果假设麦克苏利夫妇的观点是正确的，假设参议员麦克莱伦确实是存心报复，那么，你也可以看到，在美国的制度下，他"三思"以后的结果，只能是放弃这个"报复计划"，因为他本人也在各种制约和监督之下。如果说，我们假设律师的估计是对的，那么，你也看到了，即使只是"好奇心"，只要它超越了法律所允许的范围，侵犯了另一个公民的宪法权利，就很难做到不受追究。

因此，即使在已经发生的这个案子中，我们仍然可以看到，美国制度的设计还是在那里悄悄地起作用。那就是，美国政府公职人员的个人素质或品质是可能出现问题的，这类问题所造成的偏差，使得平民受到侵犯,这在美国也是完全有可能发生的。但是,这种偏差是被约束在一定的范围内的,不可能泛滥成为一场大的灾难。也就是说,在整个宪法和制度之下,美国民众的基本权利和自由还是受到保障的。同时,已经发生的问题,也由于这个制度的运作而能够得到纠正。

经历了所有这些漫漫长途,此案民事诉讼的开庭是在1982年,已经是事件发生的十五年之后了。阿兰和玛格丽特已经离婚,现在只是因为这个案子,他们重新坐在一起,他们的律师还是十五年前的摩顿·斯达威。专栏作家皮尔森已经在几年前去世,参议员麦克莱伦、调查员布立克等都已经去世,因此由司法部代表这些参院的被告,检察官雷特力夫是整个法庭里唯一活着的被告。在作证时,他除了为自己辩护之外,依然滔滔不绝地谈到他对于麦克苏利夫妇的反感,尤其是对玛格丽特的厌恶,甚至当庭大谈她的日记中的隐私细节,希望陪审团能够理解,他的做法也不是"无缘无故"的。他似乎还是不能明白:作为一个个人,你有权厌恶另一个人的生活方式,但是作为一个执法人员,这不能成为你利用手中的职权侵犯他人宪法权利的理由。

陪审团宣布认定被告的罪名成立,并且定出对麦克苏利夫妇精神伤害的赔偿:雷特力夫,一百六十万美元;参议员麦克莱伦,二十万美元;布立克,十万五千美元;另一名参院调查委员会的被告爱德勒曼,八万四千美元。

对于这个判决,司法部立即代表参院的被告,向上诉法院提出上诉,理由还是国会议员的豁免权。上诉法庭最终同意了这几名参院被告的豁免,但是,认定调查员布立克的行为,例如以不适当的态度归还玛格丽特的日记私信等等,仍然是符合定罪条件的。所以,调查员布立克的赔款不能被豁免。至于检察官雷特力夫,最后和麦克苏利达成了庭外和解，他们没有公开这一"私了"的赔偿数字，但是，根据麦克苏利的律师所说，他们所得到的赔偿，"已经足以改变他们的生活了"。

有关美国宪法第四修正案的讨论，二百多年来一直没有中断。根据发生的不同案例的不同情况，讨论也步步深入。总的趋势是对美国警察的限制越来越严格。除了紧急追捕之中，限制严格的"搜捕状"是绝对的必要条件。搜查是否有"合理的理由"，也会受到严格的检验。最近，美国最高法院又作出一项裁决，裁定警察在持有搜捕状进入民宅执行任务前，通常必须先敲门及表明身份，并且认定司法官员是否表明身份，属于搜索作业合理性的一部分。只有在可能发生暴力冲突、罪证可能被毁灭的情况下，警察才可能对不表明身份的搜查为自己作辩称，但是这种辩称是否成立，还是要由法庭作出判断。

与此有关的问题在美国是很难含含糊糊过去的，老百姓也非常敏感，政府部门更是唯恐捅出什么乱子来不好交代。最近，又有一个轰动全国的案子，搞得联邦调查局非常头痛。在美国的艾奥瓦州，有一个叫郎迪·威夫的白人分离主义者，他住在一个十分偏僻冷落的地方，不仅观点十分激进，还做过违法的枪支交易，比如私卖截短了枪管以后的长枪，结果成为联邦调查局关注的对象。在得到证据之后，先是法庭开了传票，要他去法庭为他非法出售枪支的行为作答辩。他拒之不理。1992年8月联邦调查局的警官带了写着他名字的搜捕状准备去逮捕他，结果他又拒捕，不准他们进入。

后来，不仅发生长时间的对峙，还发生了枪战，最后造成一名联邦探员和威夫的妻子及十四岁的儿子在混战中死亡，为此在全美国引起很大轰动。事情一发生，联邦调查局就知道这下完了，没办法向美国的民众交代了。因为，不论他们怎么解释，都无法证明他们拿了一

郎迪·威夫和联邦调查局探员对峙期间的现场外围,大量记者在安营扎寨。

张对威夫的搜捕证,却打死了他的妻子和未成年的儿子是一件无法避免的事情。尽管威夫确实开枪拒捕,尽管还打死了一名联邦探员,甚至还有说他儿子也参与抵抗,或者还有说可能死者是在混乱中被威夫自己的子弹误杀的。但是,这场发生在一个美国公民私人住宅之中的悲剧,在美国人的概念里,联邦调查局是无论如何也推卸不了责任的。

保守派"谈论节目"名嘴,戈登·利迪愤怒得几乎隔三差五就要提到这件事,把联邦调查局的人称作是拿了杀人许可证跑到平民家里行凶的恶棍。甚至告诫听众,如果有联邦调查局的人到你的家里来,一定要对着他们的头部和胯下开枪,因为这两个地方防弹背心掩盖不住。尽管这些言论听来过激,但是,至少反映了相当数量美国民众对联邦调查局的愤懑情绪。我问过我的有着自由派社会主义倾向的朋友杉尼加,他说联邦调查局的做法"非常非常坏"!调查进行了三年,包括举行国会听证。这些听证都是公开的,给联邦调查局带来极大的压力,导致五名联邦调查局的官员,其中包括一名联邦调查局的副局长,遭到停职。主要追究的就是政府方面的责任。至今细节还未调查清楚,但是,政府已经付给威夫一家三百一十万美元的赔款。

从这里你也可以看到,美国政府对于处理一个个人的时候,它必须非常非常小心,这是因为,第一,政府无法隐瞒任何事情。第二,出了差错之后,哪怕十年二十年,总有一定的民权机构,会在人力物力各方面,支持一个哪怕是身无分文的普通公民和政府打官司,不获胜诉绝不会罢休。整个社会也会对此产生极大的关注和压力。因此,公民权利的保障,不是仅仅依靠《权利法案》的条文,它还必须依靠健全独立的司法制度、健康的社会机制、良好觉悟的社会和民众团体。而且,这个社会必须普遍有起码的正义感和公民良知。

我来了以后,觉得很吃惊的一点,就是这里在发生一个民权案例的时候,各种民权机构以及许多平民,他们都会抛开对当事人个人的好恶,抛开对他的信念、言论、行为的好恶,去支持这个当事人保护自己的宪法权利。这个时候,他们看上去像是在共同守护一个堤坝,似乎一旦决堤就会一毁俱毁。

随着历史的发展,第四修正案的内涵也在扩大。这一法案的核心,在于强调禁止"不合理的搜捕"。对于"搜捕"二字的理解,随着不同时代,就产生不同的问题。比如说,对一个人搜身算"搜查",那么,在你的身上取血样、尿样,算不算"搜查",在你的电话上窃听,算不算侵犯了你的宪法第四修正案所保障的权利？早在 1928 年，美国最高法院就以下面这段话回答了这样的问题。

"宪法的制定者认为，一个安全的环境有利于寻求幸福的生活。他们认识到一个人的精神、感觉和智慧的意义。他们知道，人类生活的痛苦、欢乐和满足只有一部分是来自于物质。因此他们所寻求的是保护美国人的信念、思想、感情和感觉。作为对政府的限制，他们授予一些权利和这些权利的大多数内涵一个独立的地位，正是这些权利对于一个公民是最有价值的。为了保护这些权利，政府对于个人隐私的任何一个不公正指令，不管采用的是什么方法，都必须被认定是对宪法第四修正案的违背。"

半个世纪以后，美国最高法院更严格定义，只要是政府人员对一个个人"隐私的合理期望"进行干扰，都必须受到宪法第四修正案的限制。对于"不合理搜捕"限制的范围因此被大大扩展了，所有的个人隐私都被遮盖到了"第四修正案"的保护伞下。

这封信够长的了，下次再写吧。

  祝

好！

林　达

辛普森怎么引起了我的兴趣

卢兄：你好！

今天在这里，按美国人的说法，真是一个"大日子"！夜已深了，我还始终无法平静下来，决定给你继续写信。

今天并不是节日，但是确实是一个特殊的日子。整个美国，绝大多数的人都受到不同程度的精神上的冲击。今天是前美国橄榄球球星辛普森的宣判日。

我不知道国内对这个发生在一年以前的美国谋杀案有多少篇幅的报道。但是我想，不管你对于这个案子有怎样的了解，我都必须在这里好好写一写它。等你读完了之后，你就不会再感到奇怪，为什么在天天都有谋杀案发生的世界上，我会要特别向你介绍这样一个谋杀案。我们自己都感到惊奇，怎么就在我们对美国的司法制度产生兴趣的时候，居然就发生了这么个案子！我还是从头讲起吧。

去年六月，在洛杉矶的高级住宅区发生了一桩重大谋杀案。死

橄榄球球星辛普森

者为一名三十多岁的女人和一名二十多岁的男性年轻人,都是白人。事情一发生就十分轰动,因为两名死者之一,是这幢房子的女主人,名人辛普森的前妻。辛普森是一名黑人球星,当我们来到美国的时候,他已经从球场上退役了。退役之后他还拍过一些电影,所以也可以算是一名影星。我们当时既没有看过他打球,也没有看过他的电影,可以说是在美国少有的"辛普森盲"。我们是在此案发生之后,才"补上这一课"的。

在这里还不得不稍微谈一谈美国人的体育运动。绝大多数的美国人都是球迷。他们迷的品种不多,主要就是称为美式足球的橄榄球、棒球和篮球。说实话,刚从东方来到这里,觉得橄榄球实在是野蛮人的运动,尤其是看到几十个人扑在一个球上,在地上滚作一团的时候,真想不通美国人怎么会喜欢如此愚蠢的游戏。直到后来亲眼看到了运动场上的橄榄球,才体会到了那种特有的激动和刺激,也开始学会欣赏它的运动技巧。我必须说明的是,美国人的"运动观"好像和中国完全不同,一般的老百姓很少关心美国在世界运动会上得了什么金牌,也从来没有类似"冲出美洲,走向世界"这样的口号。他们最感兴趣的事情,莫过于自己所住的城市或是州的运动队在全国联赛上的成绩。出类拔萃的球星在人们的眼里活脱脱就是一个"美国英雄"。所以,当辛普森案出来之后，我们的朋友迈克再三向我们说明：你们要知道，他在大家眼里，是一个"美国英雄"，而且，他以前给人们的印象始终是一个善良的好人。

可是，案件轰动的原因还不在于被谋杀者之一是他的前妻，而是不久之后洛杉矶警察局宣布他为杀人嫌疑犯。此案刚开始的时候，也就是一开始轰动的时候，我们并没有像一般美国人那么激动。因为我们毕竟没有他们那么深的"辛普森情结"。但是，这个案件还是吸引了我们的注意力。一方面，我们不可能不受到周围朋友的情绪感染；另一方面，这个案子几乎从一开始就充满了戏剧性，你就是找个编剧刻意去编，大概也不过如此了。

一开始案发是在夜晚十点半左右，被害的女主人妮可·辛普森的邻居听到一只狗非常悲哀的叫声。然后，住在同一个小区的一名散步者发现一条狗，爪上带有血迹，十分固执地要领他去什么地方。他跟随而去，最后在妮可家铁门内的花园甬道上，发现了被害者的尸体和满地的鲜血。他于是报警，事情就这样开始了。

吸引我们注意的另一个原因，是被害的那个年轻人。他在临近的一个餐馆当侍者，妮可当晚曾在那家餐馆吃饭，却把眼镜遗忘在餐桌上。这个叫高德曼的年轻人是接到妮可的电话好心去给她送眼镜的，照后来大家公认的说法，"他是在一个错误的时间，出现在一个错误的地点"。不论这个凶杀案是何起因，是何人所为，高德曼都是一个令人无法忘怀的冤魂。照片上的高德曼看上去很年轻、很单纯。

辛普森的住宅就在附近。案发之后，当警察试图找他通知案情时，发现他已经按他原来的计划去了芝加哥。最后，警察设法找到他住的旅馆，电话向他通报案情，要他赶快回来。就在短短的几天里，

被谋杀的辛普森前妻妮可

被谋杀的高德曼

警察宣布有足够的证据将辛普森列为杀人嫌疑犯。我想，洛杉矶警察局到底还是顾及辛普森的声望，并没有马上将他逮捕归案，而是答应他参加前妻的葬礼，之后，限时让他自己前去投案。警察局的这一例外宽容，又使该案平添一个戏剧化的情节。

辛普森本人一直否认有罪，他一再宣称他爱他的前妻，绝不会做出这样的事情。在葬礼上，人们通过电视揣度着他的表情，也看不出个所以然。问题是葬礼之后他并没有去投案，一时间连警察也搞不清他去了哪里。时限一过，只得把他宣布为重大通缉犯。但是很快，高速公路上就发现了他的白色福特重型车，他的朋友驾车，他坐在后座。警车追上去，他们并不停车，但似乎也无意逃跑，只是不紧不慢地开着。当时，我也是很偶然地打开电视机，正好撞上追踪的现场直播。天上是直升飞机,公路上是整整齐齐的一排警车跟在他的白色福特车后面,出现一番洋洋大观的追捕景象。由于车速很慢,并不显得紧张,倒显得有点滑稽。电视台还同时播放一些心理学家的分析,说他有可能自杀、有可能持枪、有可能最后开枪拒捕等等。整整几个小时,全美国都在"跟踪追看"。我想,福特汽车公司肯定做梦也没有想到有这么好的免费广告机会。最后,这辆车下了高速公路,直奔他的家里。那里当然也已经候满了警察。门外也聚集了无数兴高采烈看热闹的人群,大多数都是他的球迷,不少人还叫着他的名字表示相信他的无辜。对于唯恐天下不乱,等着看一场好戏的人来说,这场追踪的结果十分平淡,那些危险的可能性都没有发生。经他的好友下车与警察几番交涉之后,他被允许进屋,喝了一杯橘子汁,就束手归案了。对于洛杉矶警察局来说,他们总算松下一口气来,因为,由于他们对于名人的网开一面而造成的这场意外追踪,已经使他们饱受了各方的攻击。

　　直到这个时候,我们对该案还是十分漫不经心,因为根据当时的报纸报道,警察在案发的当晚就在辛普森的家里发现有一系列的物证,再说,辛普森和妮可分居后,前者始终无法释怀,屡有冲突的记录。用我们所习惯的语言来说,这叫:杀人动机明确,证据确凿。我实在看不出辛普森还有什么"戏"。既然如此,接下来的事情也就是过过堂,判掉拉倒了。尽管事情是发生在"名人"身上,但是,看上去还只是一个普通的凶杀案。可是,谁知道,好戏还没有开场呢。

　　在辛普森从芝加哥回来的一个小时里,当时警察局还没有宣布辛普森为嫌疑犯,他就已经给美国最著名的律师之一夏皮罗打了电话,聘请他作为他的律师,并且马上就组建了此后名满全美的"梦幻律师团"。找律师,这是美国人遇到预期可能出现的麻烦时,作出的几乎像是条件反射一样的反应。这是美国的特点。美国经过漫长的以法治国的年月,法律的"品种"已经非常齐全,大到宪法,小到专业法规和规定生活中种种细节的法,样样俱全。国家有联邦法,州有州法,县有县法。一方面,一个人在美国遇到的任何问题麻烦,几乎都可以归到某一条或几条法律条文中去解决。法律成为美国生活一个最重要的组成部分。另一方面,一个普通人在没有律师的帮助下,已经不可能搞清楚所有的这些法律上的关关节节。社会上庞大的律师队伍自然应运而生。

美国人对于律师又恨又爱的心情,我曾经在我的一个朋友身上看到过。他曾经因车祸受伤,痊愈后有后遗症,所以打官司寻求赔偿。他属于穷人之列,日子当然过得还是挺好,但是没有很多的富余钱。每一次收到律师的账单,他都愤愤不平,一次一次地对我们说,"一次电话咨询居然要了我八十美元","谈一次话竟然要五十美元",虽然这些账单是讲好事成之后再付的。然而他不但离不开律师,而且还知道律师会帮他的大忙,因为律师完全有把握替他争取到至少十万美元的赔偿,而如果没有律师对各种法律条文的知识,他可能连一个大子儿也拿不到。

美国有一个笑话,说是在法学院一年级的课堂上,老师问学生律师的责任是什么,全体学生都回答说,是为主持正义;到了二年级,以这个答案作答的学生已经大大减少;到了毕业班上,当老师问出同一问题而只有一个学生回答为主持正义的时候,引起了全班的哄堂大笑。这个笑话的取意是非常直观的。律师的收入非常高,总是让人看了心里不平衡,对律师要钱不要正义的指责很多。当然,律师和其他职业一样，也有一个职业道德的问题。但是，究竟什么是律师的职业道德，律师在整个司法制度中究竟起什么作用，律师的责任到底是什么，这是我在经历了辛普森审判之后，不得不思考的问题。

像夏皮罗这样的名律师，确实只有辛普森这样的"明星"才请得起。在美国，最能够迅速致富的就是"明星"了，但是谁也不会嫉妒。因为明星都要有点儿招数的，尤其是球星，绝不是光靠运气就能当上的。接着，辛普森又请了另一名黑人名律师卡可伦。很快，他的律师已经发展成了一个小小的律师团，拥有全美国最优秀的几十名高级律师。同时，由地方女检察官克拉克、黑人检察官达顿为首的一个检方律师团也组建起来了。这两个律师团，一个代表被告，一个代表原告，他们之间有没有什么性质上的差别呢？通过辛普森案，我们才真正体会到，在美国，检方和辩方是完全平等对抗的两个梯队。美国的法庭和运动场没有什么区别，检方和辩方就像两支势均力敌的运动队。因为根据美国的法律，不论嫌疑犯被控的罪行有多么严重，不论检方手中掌握的证据看上去是多么的有力，在他被宣判有罪之前，都必须假设他是无罪的。"无罪假定"在美国的司法制度中是极为重要的一条。正是这一条，决定了检方和辩方从道义上的平等地位。正因为在宣判之前，假定被告是无罪的，律师也就可以毫无心理负担，理直气壮地进行辩护。如果没有这一条，被告律师一出场就矮三分，就根本谈不上"公平"二字，被告也就很有可能轻易沦为"待宰的羔羊"了。

所以，在被告不认罪的情况下，检方的责任是陈列证据，证明控告可以站得住脚，以期找出真正的罪犯。而作为辩方，是竭力对检方的证据提出疑点，甚至推翻检方的证据，以期维护有可能被冤枉的被告的清白。因此，在道义上，双方丝毫没有贵贱高下之分。检方即使手中掌握确凿证据,你所能做的,只是让证据说话,而不能有哪怕是些微的表示,以暗示双方有道义上的差异。如果检察官有任何抬高自己在道义上地位的迹象,比如说,宣称自己是伸张正义,而暗示辩护律师是为罪犯开脱等等,都是违反了"公平游戏"的原则,是严重犯规的行为。

当然,更重要的一点,是美国非常彻底的司法独立。不论是什么性质的案件,美国政府无权干预任何一个审理过程。所以,首先是双方都没有来自上方的压力。其次,是法庭上的对抗双方在道义上完全平等,这就确立了他们在法庭上公平抗衡的前提。如果双方都力量很强,唇枪舌剑、逻辑推理、巧妙调动证人,就会变成一场非常有看头的智力角逐。难怪美国有许多电影故事片的大段场景都是在法庭上。

在美国法庭这个"运动场"上吹哨子的裁判,就是法官。他所起的全部作用就是维持秩序,也就是当双方在对抗的时候,维护"游戏规则"。双方的证据是否可以呈堂,提出的证人是否可以出庭,向证人的提问是否恰当,在法庭上可以说什么、不可以说什么,在有一方犯规的时候叫停等等,这些都是法官的责任。但是,真正在案子里最终决定输赢的,却不是法官。在审判中,法官只是活像个球场上辛辛苦苦监视双方是否犯规的裁判。而且在整个审理过程中,他确实在不断地吹哨叫停。法官跟运动场上的裁判一样,他的水平一是体现在对于游戏规则的熟悉,还有就是对抗衡的双方"吹哨吹得公正"。他的水平绝不是体现在给被告定罪时能够"明察秋毫"。在这些案子中,美国法官并不是断生死的"青天大老爷",断案根本就不是他的事儿,他也压根儿就没那份权力。那么,最终到底是谁在掌握被告的生杀大权呢?是最最普通的美国平头百姓,即陪审团。

美国的宪法修正案，即《权利法案》，它的第五条、第六条和第七条都有涉及陪审团制度的内容。它的第五条是这样规定的："非经大陪审团提起公诉，人民不应受判处死罪或会因重罪而被剥夺部分公权之审判；惟于战争或社会动乱时期中，正在服役的陆海军或民兵中发生的案件，不在此例；人民不得为同一罪行而两次被置于危及生命或肢体之处境；不得被强迫在任何刑事案件中自证其罪，不得不经过适当法律程序而被剥夺生命、自由或财产；人民私有产业，如无合理赔偿，不得被征为公用。"

宪法修正案的第六条如下："在所有刑事案中，被告人应有权提出下列要求：要求由罪案发生地之州及区的公正的陪审团予以迅速及公开之审判，并由法律确定其应属何区；要求获悉被控的罪名和理由；要求与原告的证人对质；要求以强制手段促使对被告有利的证人出庭作证；并要求由律师协助辩护。"

第七条是这样的："在引用习惯法的诉讼中，其争执所涉及价值超过二十美元，则当事人有权要求陪审团审判；任何业经陪审团审判之事实，除依照习惯法之规定外，不得在合众国任何法院中重审。"

其实，你我都早就听说过美国的陪审团制度，但是只有在到了美国之后，在了解了陪审团制度的种种细则规定，并且看了陪审团判案，尤其是看了辛普森案件这样惊心动魄的大案审判之后，我才真正理解陪审团"是什么"和当初设立它的"为什么"。

你在上面的宪法修正案中已经看到了，一般的民事和刑事案件，只要你提出要求，都可以由陪审团审理。而重大案件，尤其是有可能导致死刑的案件，则必须通过陪审团审理。但是，选陪审团有什么标准呢？从表面上来看，似乎只要是案发地法院的管区之内，年满十八岁以上的美国公民,都可以当陪审员。但是,实际上远不是那么简单。

首先是与案子有关的人员,包括与原告或被告有联系的人不得入选。有一些职业有可能产生思维倾向的,比如律师、医生、教师等等,也不得入选。初选陪审团时,法官为了公正,使建立的陪审团能够真正代表最普遍意义上的人民,他的选择会从选举站的投票名单或者电话号码本上随机地选择。初选的名单总是远远地超出所需要的人数。比如在辛普森一案中,陪审团的初选是在去年九月底完成的,共选出了三百零四名候选人,最终所需要的只是十二名陪审员和十二名候补陪审员。这是因为初选之后,还有一次严格的删选,除了我前面列举的不得入选者必须删除之外,其余的候选者还必须经过非常严格的审查,主要是删除一些由于环境和经历所造成的有心理倾向的候选人,以避免可能造成的不公正判断。

辛普森案一出来就被称之为"世纪大审判"。主角是名人,美国一流的律师团,检方也摆出决一死战的最强阵容。法官的确定都必须同时被双方所接受,经过双方再三讨论同意,由日裔法官伊藤出任。伊藤的公正无私是出了名的,他的妻子恰好是承办此案的洛杉矶警察局的警官,他居然还能被极其挑剔的辩方律师所接受,可见其声誉好到什么程度。

第二轮的陪审团的删选进行了近两个月,可见其困难和慎重的程度。候选人首先要接受法官的审查,比如,有一名女候选人曾经有过被丈夫虐待的经历,由于辛普森曾经打过他的前妻,所以,这名候选人的资格立即被法官取消了,以免她在作判断时触景生情,不由自主地"公报私仇"。除了法官的审查,候选人还要接受辩方律师和检方的审查。由于最终的判决将出自这些陪审员之口,双方谁也不敢掉以轻

主持辛普森案的日裔法官伊藤

心,他们都有否决权,所以稍有疑惑就被删除了。这也是初选选出了三百多人的原因。

有一点必须强调的是,双方的律师团都只有否决权,而没有"绝对录取权"。这就是说,任何一方都只能说不要哪一个,而不能说非要哪一个做陪审员的。任何一名入选的陪审员都必须同时得到双方的认可,这很不容易。尤其在这个案子里,被告是黑人的体育英雄,而他被害的前妻是一个白人,你很难说陪审员种族成分就完全不影响他的判断。另外,由于被告和一名被害者之间是离异的夫妻,因此普遍认为,陪审团的性别比例也可能成为一个有影响的因素。不管怎么说,到去年十一月,陪审团终于建立起来了。其中大多数是黑人。

在美国,各个州对于是否允许电视台进入法庭是有不同规定的。有些州是绝对不允许的。在这种情况下,法庭上既不准录像,也不准录音，甚至也不可以拍照。因此，电视观众就只能在新闻节目中听到一些简单介绍。这也为一批画画的提供了一种专门的职业，因为新闻媒体为了弥补电视观众对法庭审理的视觉了解，总要雇一些艺术家画现场速写。有些州的法律使现场的电视转播具有可能性，但是，必须考虑辩方和检方的意见，最后，由法官裁决。加利福尼亚州就属于此列。好在伊藤法官批准了辛普森案的电视转播，使所有的人都有了一个难能可贵的机会，去了解这个国家的司法制度是如何运转的。但是，电视转播有一个非常严格的规定，就是不可以"暴露"陪审员。

　　法庭的四大要素，检方、辩方、法官、陪审团都好不容易齐全了，但是还不能开庭，因为要由法官先决定哪些证据可以呈堂，也就是说，并不是所有的证据都可以真的算证据的。这话可怎么说呢？实际上，这个问题在我以前的信中已经提到过了，你还记得在阿巴拉契亚山区受到地方治安警察无理搜捕的那对年轻夫妇的故事吗？在那个故事里，我已经提到过宪法第四修正案，以及最高法院依据这个修正案所定出的"排斥原则"。我又一次体会到，美国的《权利法案》中的每一个字都不是白写的。只要你能够找到条文对得上号，你就可以切切实实地用它来保护自己的自由和权利。

　　这一个过程叫审前听证。在审前听证开始的时候，被告也必须先回答法官提出的是否认罪的问题。如果承认有罪，一般都可以事先在法律允许的范围内做一些有限的讨价还价。在电视机前，我们看到辛普森无精打采地回答说，不认罪。于是，听证开始。辛普森的辩护律师一开头就提出，在辛普森案发的当天晚上，警察在他家里所找到的一大堆证据，都不能作为合法证据在法庭上提供给陪审团。他们的依据正是宪法修正案的第四条："人人具有保障人身、住所、文件及财物的安全,不受无理之搜索和拘捕的权利;此项权利,不得侵犯;除非有成立的理由,加上宣誓或誓愿保证,并具体指明必须搜索的地点、必须拘捕的人,或必须扣压的物品,否则一概不得颁发搜捕状。"

我前面说过,妮可分居以后和辛普森依然住得很近。当警察接到报案,查看现场之后,很快就去了辛普森的家。他当时已经离家去了芝加哥,警察在他的家里,发现了一些证据,然后才据此取得搜捕状,这确实是非常规的做法。在美国,一般来说,没有非常确定的理由(猜测、推理和怀疑都根本不是理由),警察是根本拿不到搜捕状的。许多案子,警察都因此而束手无策。那么,如果警察违规作业,在无搜捕状的情况下私闯民宅进行搜查,并且成功地如愿拿到了证据,这时怎么办呢?铁证如山之下,罪犯是否就可以得到惩罚,警察的违规在成功破案的事实面前是否就可以忽略不计了呢?这在美国是绝对行不通的。我以前的信中曾经提到过,《权利法案》的核心就是防止美国政府剥夺人民的自由和权利,如果以"成败论英雄",岂不是鼓励警察违反宪法。如果出现制造借口为非作歹的警察,老百姓还有什么力量可以把他们抵挡在门外呢?所以,如果警察未持有搜捕状进行搜查和逮捕,那就是违宪,即使拿到天大的证据,也只有一个结果:证据作废,放案犯回家。

所以,在开庭之前,法官首先要判定,警察在案发当晚第一次进入辛普森的家是不是合法,如果不合法的话,那么所有在他家发现的证据都不能在审判的时候在法庭上出现,这就是"排斥原则"。也就是从理论上讲,"非法证据"被"排斥"掉之后,在整个案子里唯一有权决定辛普森是否有罪的陪审员们,就不会知道曾经在辛普森家里找到过什么东西。这样,这些找到的东西也就等于不存在,如山的铁证也就在顷刻之间化整为零了。你是否觉得,这简直是不可思议?我当时尽管已经知道这个宪法修正案和"排斥原则",但是还是觉得很新鲜,因为这毕竟是一个谋杀的刑事案件。在我的想象之中,对于一个重大杀人案,真是唯恐证据不足,天底下哪有这号事儿,逮着证据还让它作废的呢?

对于被害者的家属,这一点显然也是难以接受的。在整个案子的审理过程中,最使美国公众在感情上无法平静的,就是我前面提到过的被害年轻人高德曼的双亲。出现在电视机前的老高德曼完全是一个心碎而有尊严、强忍悲痛寻求正义的父亲形象。他长得很高,显得清瘦憔悴,他的妻子,被害者的继母,靠在他的一边,看上去非常弱小和无助。她看上去是在竭力克制自己,他们在巨大的丧子之痛面前所表现的互相支撑几乎打动了所有的人。在辩护律师提出警察取证非法、证据不应呈堂之后,高德曼的父亲发表了短短的讲话,他指责辩护律师是心里有鬼,如果律师确信自己的被告无罪,就应该让陪审团看到所有的证据。所有的人都对被害家属的愤怒深表理解和同情,但是所有的人也都认为,这是没有办法的事,如果法官判决警察为非法取证,那就只有让证据作废。我早就说过了,美国人只认宪法,因为宪法是整体人民的自由保障。他们已经习惯于为此支付代价。

还要向你介绍的是,辛普森的陪审团从宣誓就任开始,就隔离了。一般的案子,如果影响不是太大的话,陪审员通常是可以回家的。但是,如果案子引起轰动,新闻界无孔不入的报道会使陪审团受到极大的干扰。一般在挑选陪审员的时候,就最好挑选那些对案情毫无所知的人,这样,他们所得到的全部信息,就是法庭上被允许呈堂的证据,在判断时不会受到新闻界的推测和不合法证据的影响。这也是辛普森案挑选陪审团特别吃力的地方,因为在陪审团被选定和隔离之前,证据和舆论已经漫天都是了。你几乎已经找不到一个人说是没有大量看过有关报道的。但是，被选中的陪审员都会被告之，只有呈堂的证据才是算数的。至于在他们隔离之后公布的证据，如果被法官宣布为非法的话，陪审员根本就不会知道。

所以，自从陪审员宣誓就任之后，他们所能够知道的信息远远少于一般的普通老百姓，甚至也远远少于被告。他们被允许知道的东西只限于法官判定可以让他们听到和看到的东西。即使在法庭上发生的事情，只要遇到法官认为还需要进一步了解之后才能决定的情况，都会先把陪审员请出法庭。但是作为被告，他有宪法所保证的面对一切与他有关证据的权利。因此，被告是始终在场的。陪审员不可以看报纸、不可以看电视新闻，所以那些庭外发生的事情，比如辩护律师举行的记者招待会、被害者家属的声明等等，他们都一无所知，而被告却有权知道这一切。陪审员在这一段时间里，上食品店买吃的，都有法警跟着，以保证他们不与外界接触。在整个案子结束并移交给他们决定之前，陪审员不可以互相交流和讨论案情。总之，一切都为了使他们不受到各界的情绪和非证据的影响，以维持公正的判决。因此，你可以这样说，在这一段时间里，陪审员的自由比该案的嫌疑犯还要少得多。因为受到宪法修正案的保护，被告有权面对全部证据和整个审理过程，因为他是当事人，没有人可以瞒着他什么东西，而使他糊里糊涂地就给判了。陪审团却只可以面对非常有限的合法证据。这个案子实在是比较特别，由于双方的激烈角逐，审理过程特别长，导致陪审员被隔离的时间居然长达九个月。

还有一点也是很有意思的，你如果问我，在美国，什么场合上是必须穿得西装革履，一点马虎不得的？我想，那首先就是你如果当了被告、面临一个比较需要认真对待的案子、出现在美国的法庭上的时候。在美国,人们的穿着打扮实际上是非常随便的。但是,一个人哪怕他从来也没有穿过西装,在当了被告上法庭的时候,肯定会考虑要去买一套。因为在前面我已经介绍过,在判决之前,对被告是"无罪假定",因此哪怕是最危险的被告,美国政府没有权力强迫被告在法庭上穿囚服,更不能戴刑具,以免陪审团在判决之前对被告有"罪犯形象"的先入之见。被告也都会充分运用自己的权利,精心打扮一番,以最"正人君子"、最"体面"的形象出现在陪审团面前,以争取"形象分"。这样,在美国的法庭上,检方和辩方的最后一点有可能形成不平等的感觉也消除了。在法庭上,上面坐着穿着特定大袍子的法官,法官的对面,并列地坐着检方的律师团和被告及他的律师团,两组人员座位排列是完全平等的。从视觉上看,都是服装整齐、旗鼓相当的。他们的后面是旁听席,法官的左侧是证人席。某一侧溜墙根的座位上坐着从不开口、形色各异的一群,这就是法庭上真正掌握生杀大权的陪审团。

  我再回到预审阶段的证据裁决。伊藤法官最终裁定,在辛普森家里发现的证据都是可以呈堂的合法证据。为什么呢?因为作为证人的警察一口咬定,案发的当天晚上,他们从案发现场出来,直扑辛普森的家中,并不是对这位被害人的前夫产生了丝毫的怀疑,而是相反,他们考虑到他与被害者曾经有过的亲属关系,有可能也遭遇了同样的不幸,或者说,生命也可能正处于危险之中。再说,与辛普森当时同住的,还有辛普森的孩子,他们的安全也在警察的严密关注之中。在辛普森的家门前和门口停着的辛普森汽车车门上发现血迹,更令人担心里面可能发生什么问题。由于这一切都是处于紧急状态,所以他们是作为紧急状态处理,这才进入他的住宅。此后发现血手套等重大证据,据此取得搜捕状,正式开始搜查。所以,整个程序是完全合法的。辩护律师抗辩说,警察是在撒谎,他们根本一开始就是把辛普森当作嫌疑犯,一开始就是去非法搜查的。这时,法官的裁判作用就体现出来了。你可以看到,这个时候他的"吹哨"对被告非常非常重要。

但是,有一点是必须指出的,法官在这种时候的裁决是很谨慎的,一是要有法律依据,二是要公平。否则的话,就会留下"小辫子",后患无穷。在整个审判结束之后,只要有这样的"小辫子",不服的一方就可以提到上诉法庭去,据此推翻审判结果。甚至法官还有可能因此而成为被告,葬送自己的前程。我们就曾经看到过一名女法官在一个案件的审理之后,被该案的被告起诉,反过来自己坐上被告席的。

这一次,在伊藤的判决之下,辛普森的律师团一开局就受了一个不小的挫折。那么为什么辛普森的律师团不惜一切要拼命阻止这些证据上法庭,为什么我会在一开始就觉得辛普森特别"没戏"呢?因为从他们家搜出的证据看上去实在太有力了。比如说,从他卧室的地毯上,捡到有明显血迹的袜子,血迹的基因测试与被害者相同。在树丛里捡到一只浸着血的皮手套,和现场留下的那只刚好成一对。在他的白色福特车里发现有血迹,地面上也有血迹,等等。你说,是不是被告已经没什么可说的了?

我们的美国朋友迈克在辛普森的律师名单一出来时就说,这下有好戏看了,他们是绝不会放过一丝一毫对被告有利的机会的。我当时真是大不以为然,我说,这么一大堆证据,律师就是有天大的本事,还能让他脱身了不成?迈克说,也许。这个"也许",在英语里是有百分之五十可能性的意思。我当时没说什么,心里想,走着瞧吧,名律师就能把证据给吃了不成。所以当预审阶段辩护律师提出那些证据是"非法取证"的结果,要求作废,而且眼看着差一点真的给作废了的时候,我才开始提提神,不再对这个案子掉以轻心,因为律师真有把证据一口给吃下去的可能性,我已经看到了。我要留神看看,证据上了堂以后,律师还有什么招数。

真没想到,后面精彩情节迭起,让搞新闻的几乎一直处于兴奋状态。我下封信再接着写,好吗?

祝

一切顺利!

林 达

公平才有看头

卢兄：你好！

来信收到。你在信中说，你已经在国内的报纸上看到了一些报道，但是从我介绍的辛普森案之中，使你对了解美国的司法制度产生了更大的兴趣，很想听我继续讲下去。这使我觉得挺高兴的。你对于美国司法制度中"无罪假定"有兴趣，可是也担心：一个"犯罪事实"是否最终演变成一场"法庭上的游戏"呢？

实际上，我确实应该先讲清楚，"无罪假定"也罢，检方与辩方的公平角逐也罢，这一切都是为了什么。实际上又回到了最初你所提出的问题：美国人到底有什么样的自由？因为，美国人认为，在法庭正式宣判之前，这个嫌疑犯只是一个"嫌疑"犯。他有可能在最后被铁一样的证据被判罪名成立，因而从一名"嫌疑犯"变为一名"罪犯"，从而失去一个美国公民所应该享有的自由和权利。但是也有另外一种可能性，那就是，通过公平的法庭辩论，最终发现证据不足，使这名"嫌疑犯"洗清不白之冤。"无罪假定"和公平审判，正是为了保护一个普通人能够拥有洗刷自己的不白之冤的自由和权利。

美国人并不认为被告就已经等于是半个罪犯了。相反，从某种意义上来说，嫌疑犯或者说被告，是意味着一个公民正处于一个非常被动和不利的地位。美国的司法制度在寻找罪犯的过程中，首先必须保护一个普通美国人在处于这种不利地位的时候所拥有的自由和基本权利。美国人认为，在这种情况下，被告面临的检察官与警察，往往是代表着美国的地方政府甚至是联邦政府的力量，他们有着巨大的财力物力搜罗证据、维持诉讼。而一个普通人处于这样一个特殊地位上，如果还不从制度上加以保护的话，那么被冤枉甚至被政府或者执法人员陷害的可能性都是很大的。因此，你可以看到，在十条宪法修正案之中，有五条涉及保护涉嫌案犯的美国公民的权利。

所以，你可以这样说，在美国，审判是一场遵循规则的"法庭上的游戏"，但是对于美国人来说，这并没有任何贬义，因为对于他们，这仅仅意味着公正对待一个普通人，尽管他处于"被告"这样一个倒霉的地位。最后犯罪事实是否能确认，还是要看检察官能否拿出充分的、足以说服普通老百姓的证据，陪审团即是老百姓的代表。

你的信中谈到，理论上能够理解的情况，在事实上是否就会遇到问题。更何况，我前面提到的是两个理想状态，即：罪犯被证实有罪，以及嫌疑犯被彻底洗清不白之冤。但是，实际上我们会遇到大量的非理想状态，就是案情是复杂的、判断是困难的。这也是辛普森案的意义。这个复杂的案件就是让所有的人面对一个困难的事实，看一看在这样的情况下，理论是不是仍然起作用，从理论所设计出来的司法制度是否起作用。

所以，我们再回到辛普森这个案子。在审判开始之前，大家都在紧张地等着看检察官会提出什么样的罪名指控，同时寻求什么样的刑罚。因为美国各个州对于各项罪名的确立是有严格的规定的。比如说，一级谋杀罪、二级谋杀罪、误杀罪等，量刑标准当然也不同。我觉得，对于各种罪名的严格定义确实是十分必要的。记得在你寄来的《读书》杂志上，有一篇文章的名字好像叫《把羞耻当羞耻，把罪恶当罪恶》，历数种种"不以为耻，反以为荣"的情况，我当然都赞同。只是再进一步细究，在多元文化和时代大变迁之中，确有"耻"和"非耻"界限不清的情况，比如说同性恋，耻与非耻即使在美国也仍在争论不休。当然，这不是我提到的那篇文章的讨论范围。我想说的是，在解决这类问题之前，有一个简单问题至少是可以先解决的，就是"把谋杀当谋杀"。这话听上去好像有点怪怪的，可是有时候也挺现实，比如说，你我都见过好多"被迫害致死"这样的词儿，你说那屈死的主儿不是想告也显得缺点儿条文，显得有点理亏吗？

再说辛普森，如果检察官提出的是"一级谋杀罪"的罪名指控，按照加利福尼亚州的法律规定，你就一定要提出充分证据，不仅证明嫌疑犯杀了人，还必须证明他是预谋杀人。这是因为，陪审团最后作出的判断并不是"有罪"或是"无罪"，而是"罪名成立"或是"罪名不成立"。如果检方只提出一种指控，陪审团的判定就称为"全肯定或全否定"判定。也就是说，如果你提出的只是"一级谋杀罪"指控，你又只能证明杀人而不能证明预谋，陪审团仍然会说，"一级谋杀罪的罪名不成立"，如果检察官没有提出其他指控，唯一的指控又被否定，案犯就可以回家了。所以，对于检察官来说，这是一个非常技巧性的问题。如果提出一级谋杀罪的指控，最后罪名成立的话，杀害了两条性命的罪犯就可以得到较重的处罚,比如说,死刑,或者无期徒刑、不准假释等。但同时,检察官的风险也大得多。如果提二级谋杀罪,即指控他是在争吵之类恼怒中,一时性起无法控制而杀了人,对于检察官来说,寻求"罪名成立"当然压力要小得多,但是,可以寻求的处罚也就轻得多了,不仅刑期较短,而且关一段时间之后案犯就可以设法申请假释了。这对于检察官来说,显然心有不甘。辛普森案的检察官经过再三推敲和权衡,终于对他提出两项一级谋杀罪指控,也就是说,指控他对于被害的两个人都是一级谋杀。

　　检察官的指控当然是有他们的理由的,他们提出,在夏天戴着皮手套、携带利刃(两人都是被利刃割断脖子而死)、穿戴暗色衣帽(现场捡到一顶暗色帽子)以及在现场停放逃脱工具(指在辛普森的汽车里发现血迹),这都说明他是有预谋的。当时,我听到检察官寻求的是两项一级谋杀罪的时候,觉得这个指控是有一些疑问的,或者说,检方这样做是有些担风险的。首先是非常偶然地出现在现场的那个年轻人,你很难说服陪审团,说辛普森是"预谋"要杀他。其次,"如果辛普森是个预谋杀人犯的话",当时我们所有的美国朋友都在开玩笑地说:"那么,他就是世界上最愚蠢的一个。"为什么这么说呢?因为你想想看,在天天都可以在电视里看到好几个破案故事片的美国,哪一个打算逃脱的预谋杀人犯会用这种方法杀出一地血来,然后带回一大堆证据,撒得自己家里到处都是呢?如果是辛普森干的,这种情况看上去更像是一种情绪失控的冲动。

　　另一个问题就是检察官是否要求死刑。在美国,各个州的法律不同,有些州根本就没有死刑。比如说,前年在纽约,有一名黑人在地铁里突然开枪滥杀,造成多名无辜旅客的伤亡。但是由于纽约州当时没有死刑，就只能判处多年监禁。不久之后，该州又恢复了死刑，但是这名罪犯已经不能重新改判了。辛普森案所发生的加利福尼亚州是有死刑的，但是按照美国的法律规定，检察官必须在审判之前就提出是否寻求死刑，而不是在被告确定有罪之后再考虑这个问题，这也给检察官的决定带来很大难度。因为在美国，是否应该有死刑这回事，一直是一个非常严肃、争执久远的议题。有非常多的人反对死刑。

美国有许多人质疑死刑是否人道，是否能真正地遏止犯罪，同时，由死刑的问题还牵扯出许许多多的其他问题，比如，判定死刑的界线，究竟哪些人应该处死。社会是否有能力承担死刑犯的庞大上诉费用的问题。因为在美国，要以法律剥夺一个人的生命是非常谨慎的。即使处以死刑，也要允许犯人有充分的再三上诉的机会，因此，每个死刑犯在宣判到执行，其平均等候时间长达十年左右。还有大量的宗教教徒和民权活动人士在质疑死刑的道德问题。由于在宪法修正案的第八条里，规定法院对罪犯不得以残酷和异乎寻常的方法来惩罚，因此一度美国曾经考虑死刑是否违宪，并且曾在1972年，联邦最高法院宣布死刑为违宪。但是到1976年，又在"死刑必须很适当地执行"的前提下，重新作出接受死刑的决定。此后，各个州相继恢复死刑，今年3月7日纽约州州长所签署的死刑法，是美国第三十八个恢复死刑的州。但是，尽管如此，所有这些已恢复死刑的州，在执行死刑法的时候都非常慎重。为了确保不错杀无辜，这些州的州政府都必须成立一个独立的律师团，专为死刑犯进行辩护和协助他们上诉。美国在1967年到1977年之间，没有任何死刑案，此后到1993年，全国虽有二千七百一十六名罪犯被判死刑，然而，真正执行的还不到三百名。也就是说，在二十六年中，美国只有不到三百名的罪犯被真正处死。而且关于死刑的讨论还仍在继续。

辛普森在《新闻周刊》的封面上

在这样一个大背景下,检察官必须考虑到,如果一开始就对辛普森这样一个曾经是黑人体育英雄的人寻求死刑,很可能就会使陪审员在考虑被告的"罪名成立"时,心理压力太大,从而"下不了手"。因此,最终检察官放弃了提出要求死刑,我想,应该说这是比较明智的。

当正式审判开始的时候,照例需要被告当着陪审团的面再回答一次,是否自认"罪名成立"。一般来说,被告都是简单回答"罪名成立",或是"罪名不成立"。可是,谁也没有想到,辛普森不但一反预审时无精打采的模样(预审时陪审团不在场),而且提足中气斩钉截铁地答道:"罪名百分之一百的绝对不成立!"这种出乎意外的夸张修辞,在法庭上可能是属于首创,其目的当然是一开头就给陪审团留个强烈印象。一时间,在法庭之外被大家传为笑柄。那些天你在美国到处可以听到大家在说"百分之百的绝对"如何如何。不管怎么说,随着被告的否认罪名,"世纪大审判"就这么开始了。

美国的审判过程中最冗长,也是最有味道的部分就是听证了。因为听证过程就是双方律师,也就是两支"运动队"的竞技对抗过程,先是由检方提供证据和证人,然后,由辩方提供证据和证人。一开始,我们想当然地以为,在法庭上最狼狈的人肯定应该是被告,结果发现是大错特错了。我们在美国的法庭上看到,最狼狈的其实不是被告而是证人。你会说,证人不就是提供证据吗?怎么会被搞得狼狈呢?这是因为,不论证人提供的是正面还是反面的证据,不论他提供的证词是想说明被告有罪还是没罪,他都要在陪审团面前经受得住反对一方的诘问。在一个证人出庭作证的时候,他必须接受双方的提问。不论是检方还是辩方,向证人提问都是最具技巧性的工作。如果你是检方的证人,那么,检方的提问一般是比较好应付的。但是,辩方的提问就完全有可能叫你吃不了兜着走。反之亦然。

在美国的法庭上,最重要的东西莫过于证据和证词,因此,任何证据都要经过反复推敲,检方所作出的血样化验报告,辩方都会提出要一份血样另请专家进行测试。证人的每一句话,也有可能被陪审团作为定罪的重要依据。因此,证词的可靠性、证人本身的可靠性,当然都在律师质疑的范围之内。所以我们看到,如果把美国法庭比作"运动场"的话,证人就是运动双方竞争和游戏的那只"球"。

在作证过程中,检察官和辩护律师所能做的事情就是提问。提什么问题、怎么提法都大有讲究。与证人观点一致的一方,必须通过提问和证人的回答,使一旁的陪审团相信证词是可靠的。而另一方,却恰恰相反,他必须挖空心思千方百计地提出一些证人感到难以回答的问题,或者让证人的回答出现矛盾,或者刺激证人的感情薄弱点,使证人在情绪激动时证词出现漏洞,甚至于直接对证人本身的信誉和可靠性提出质问。在这种情况下,毫无法庭经验的证人当然很有可能被问得狼狈不堪。

但是,并不是任何问题都可以问的。有些问题在"犯规"之列,是不准提出的。什么问题能问,什么问题不能问,全靠法官掌握。这个时候，法官的作用就体现出来了。一方在向证人提出问题的时候，另一方是在不断对"问题"本身的犯规提抗议的。"抗议"一提出，法官马上要"吹哨"，宣布对这个"问题"本身是否通过。如果通过，证人可以回答；如果不通过，证人就必须拒绝回答。那么，什么问题是属于犯规的呢？最常见的是"与案情无关"的问题。比如说，证人本人的信誉和道德品质经常会受到质疑，这一类问题一提出，提供证人的一方肯定要"抗议"，以保护自己的证人，这时，全看法官判断了。如果法官判"与案情无关"，质疑就被半路堵回去了，证人就可以松口气；如果法官认为这一提问对鉴定证人本身的可靠性以及对鉴定他证词的可靠性都有关，那么，证人就得倒抽一口冷气，好好准备应付一些咄咄逼人的问话了。

还有一些诱导性的问题也是不允许的，比如说，你不能先确定一个事实，问证人是不是这样。这也是犯规的。同一个问题，有时候从一个角度去问是可以的，而换一个角度问就犯规了。在美国的法庭上，是相当紧张的。提问的一方总是尽量提一些问题，诱使证人讲出对自己一方有利的证词，对方就几乎一直在对各种问题的提法提出"抗议"，法官就不断地在对每一个"抗议"作"通过"或"否决"的判定。一旦法官的判定出来，抗议一方可以再一次对法官的判定加以"抗议"，这时，法官再重复一次他的判定时，会简单讲出他作出判定的理由。

在这个过程中，对于律师和法官的要求都是很高的。他们不仅要熟悉法律条文，还必须熟悉各种判例。我在前面已经提到过，在美国，前案的判例也是后案审判的依据。因此，律师在"抗议"时，常常提出某个法律条文或以前的某个判例作为依据，说明自己"抗议"

得有理。法官在这种情况下，当然首先是要对这些条文判例都反应得过来，然后，还要马上从自己熟悉的判例中找出自己反驳的理由。这时，抗议一方若是再不服，也只能"当场服从裁判"了。整个过程：提问、抗议、判定、再抗议、再判定及说明依据，都像是在运动场上激烈比赛中的裁决过程一样，一分钟或数分钟之内快速完成的。因为一切都"有规有矩"，绝对服从"裁判"的权威，所以非常顺畅和有秩序，很有节奏感。

法官伊藤

在美国法庭上，最大的犯规莫过于"争执"了。法庭之所以能够这么有秩序，在陪审团面前"不准争执"的规定起了很大的作用。在审理过程中，提问的一方是在与证人对话，"抗议"的一方是在与法官对话，检辩双方一般是相互不对话的。一旦出现他们之间的对话，通常带有"争执"意味，法官会在这样的"苗子"刚刚冒出来的时候就马上叫停，有时会立即判处罚款。这时，检察官和辩方律师只好当场掏出支票本先付罚款，二百美元的罚款当场交出，"争执"消除，正常的程序再继续下去。辛普森案的审理过程中，检辩双方都因为"争执"而被法官当场罚过款。

在向证人提问时，也绝对不允许"争执"。与证人的全部对话只能以提问的形式出现。即使提问的一方发现证人明显是在那里说谎，他也不能直接对证人说，你这是说谎，因为这不仅已经不是"提问"，而且是一种"争执"。在这种情况下,提问者能够做的,就是以继续提问的方式戳穿证人的谎言。一般来说,都能够达到目的。何况证人出庭时都要宣誓说实话,说谎在理论上犯了伪证罪,是要负法律责任的。所有的律师也都有一套把肯定句变为疑问句的本事。

在辛普森这个案子中,最长的一个阶段是由检方提供证据证人,这一个阶段持续了大概有半年,几乎每天都进行。你在国内的相关报道中一定也看到了,情况对于这位橄榄球明星显得非常不利。首先他提不出最重要的所谓"不在现场"的证明。案发当天晚上,妮可在十点钟左右给母亲打过一个电话,从这个电话到辛普森在自己家里接一名出租司机的电话,这段时间为四十五分钟。这是辛普森最关键和引起争议的一段时间。辛普森自己声称这段时间他是在家里独自睡觉,因此,提不出证人。在这种情况下,检辩双方争论的焦点,就是辛普森是否来得及在这段时间里完成所有动作。对于这一点,他们始终持有不同意见。辩护律师一直宣称,时间是不够的。因为是用刀,相对需要时间,而且他还必须来回于两个住宅之间。两个健康的成年人也不可能束手待毙、毫无搏斗,妮可也许由于是女性,显得弱一些,高德曼却是一个健壮的年轻人。

但是,最后给人留下的印象是,杀得顺利的话,时间也许是够的。同时却也给所有的人留下一些疑问,一是时间到底够不够,二是作为一个预谋杀人犯的话,辛普森为什么冒险给自己只安排非常短的作案时间。在这段时间里,他必须开车来回,杀人,然后更衣灭证(凶器和凶手所穿的衣服鞋子始终没有找到)。他必须在这段时间里完成一切,因为他后面的时间安排把自己给堵死了——他不仅没有证人证明他"不在现场",反而还约了一个豪华出租车到他的住所接他去机场。如果是一个预谋杀人案,这种安排也是很不近情理的。

正因为他预订了出租车,才出现了对他又是十分不利的出租车司机的证词。司机的证词说,到他家门外的时候是十点二十二分,打电话进去,没人接电话。等候一段,几次打电话,仍然没人接。他与老板联系是否要离开,得到的指示是"继续等候"。然后,他在黑暗中看见一名身材与辛普森相似的黑人走进辛普森的家。后来,看到出现灯光,他再打电话,半分钟到一分钟左右,辛普森接电话,告诉司机他睡过了头,马上出来。人们听了这样的证词,完全可以这样想,辛普森杀人误了乘车的点儿,是匆匆赶回来假装睡过了头的。但是,即便如此,有关"最愚蠢的谋杀犯"的"笑话"在人们头脑里依然挥之不去,因为,如果按照他与司机约定的时间,他几乎根本不可能"按时"回来,他为什么要愚蠢到事先约一个人到家里来,以证明自己事发的时候不在家呢?

司机作为一个证人,过关还是比较顺利的。他的基本证词都得到他的移动电话的电话记录的证实,因为他曾多次和他的老板联系。而其他一些收集证据的警察局证人都受到辩方律师十分苛刻的盘问。其中给我们印象最深的一个是佛曼,正是他捡到两只血手套作为关键证据的。他不是洛杉矶警察局重案组的成员,他只是碰巧了那天当夜班,接到报警电话是他先到的现场。最初的一些证据,包括辛普森白色福特车上的血迹、那两只血手套等等,就是他发现的。此后,重案组的人一赶到,他把案子交出去,就再也没他的事儿了。所以,你可以看到,他牵进这个案子里的时间并不长,但是显然他在该案里的地位却十分重要。他是辩方假设的有可能因种族歧视而栽赃的主要目标,因此,这一段听证对他来说过得相当艰难。但是,佛曼在这一阶段的表现基本上还是令检方满意的。尽管他受到被告律师的反复盘问,他还是能够做到兵来将挡、水来土掩,似乎没出什么大娄子。对于如何发现一些重要证据,他都能一一道来,没有什么破绽。对于被告律师指责他有种族主义的言论,他也断然加以否认。他非常坚决地回答说,在以往的至少十年里,他从来没有用过"黑鬼"这个字眼。

另一个在法庭上十分狼狈的,是一个冯姓的华裔警官。他是搞技术的。亚裔在美国的各种机构里,担任技术方面的小头头的相当多。重案组接手之后,就是由他负责收集证据。因此,他也是一个本案"罪证可靠度"的重要证人。

本案的血样证据显得很重要的原因,是辛普森接到警察报告他前妻死亡的电话后,从芝加哥赶回来的时候,带着一个被割破的手指。他自称是在旅馆被打破的玻璃杯割伤的。但是,检方要证明的是,在他的汽车和现场发现的血滴中,有辛普森的基因,也就是说,要证明他的手指是在去芝加哥之前、是在杀人现场割破的。

在一开始接受律师盘问的时候,冯警官十分从容,问他收集证据的全过程,他回答得信心十足,看上去也没有什么漏洞。他实在是小看了名律师的细致。实际上,当时取证的全过程都是有录像的,这是警察局的工作录像,根据宪法第六修正案,被告有权面对自己的全部证据,所以这些录像在被告律师那里都有一份拷贝。

在审理过程中,每当某一方提出,他们又找到一份新的证据的时候,都要把陪审团请出法庭,然后讨论该项证据是否合法是否可以呈堂。然而被告是一定有权出席的。证据是不可以在法庭上搞突然袭击,一下子突然拿出来的。所有的证据都必须按规定提前一段时间交到法庭,向对方公开这些证据以及证据所准备说明的问题。这样,在决定呈堂之前，对方就有一段充分的准备时间，研究证据并进行反调查，寻找它的漏洞，考虑用何种策略在陪审团面前把这份证据驳倒。这既是原告和被告双方都拥有的权利，也是公平审判的组成内容之一。如果没有按规定的时间提前向法庭提交证据，就是犯规了，证据就会被法官拒绝呈堂。在这次审判中，辩方和检方就有过证据交晚了而给作废掉的情况。因此，所有的证据双方都是有一份拷贝的。这也是律师们面对证人个个胸有成竹，可以提得出一大堆问题的原因。

我想，如果下一次这位冯警官还有出庭的机会的话，他非把这些录像全看到能背出来不可，因为，后一段的听证真是叫他无颜以对江东父老了。

对他的第一阶段的听证结束后，被告律师马上就在法庭上放开了警察局取证的工作录像。反正放出来的和当初冯警官的作证有多处不符。基本上都是技术细节问题，比如说，他曾经说，取证时是按操作规定做了戴橡皮手套等防污染措施，但在录像里却不是这样。再比如，他说某一重要证据是他自己亲自收集，录像里却是技术级别还不够的助手在那里操作。另外，取到的血样没有及时送检，在高温的车内放置过久无人看管等等。总之，此类问题一大堆。在法庭上尝到自己信口开河苦果的冯，愁眉苦脸，与录像里的踌躇满志、洋洋得意恰成鲜明对照。问题是被告律师并不满足于把冯定位在一个"马大哈"的形象上，他们直追冯的个人品质问题。他们要通过提问，使陪审团留下这样的印象，冯前面第一阶段的证词，不是时日已久、记忆不清说错了，也不是信口开河不负责任，而是有意撒谎，是有意掩盖警察局草菅证据，甚至有可能偷换证据的真相。他们要让陪审团明白，冯不仅是一个撒谎者，而且还可能是一个阴险的、居心叵测的、刻意掩盖事实真相的家伙。当不善的提问如洪水滔滔般涌来时,证人真是很难招架得住,有一度,冯看上去简直是比被告还要像被告,用狼狈不堪来形容是绝对不过分的。

由于冯涉及的物证特别多,所以听证的时间也特别长。经过好多天,当长长的作证过程终于过去的时候,冯又让所有的人经历了一个戏剧性的结尾。当他结束听证,好歹离开证人席的时候,他走过检察官的座席,非常尴尬地和检察官握了一下手。这完全可以理解,他本来是检方提供的证人,检方当然对他寄予厚望,希望他作为一个负责取证的技术官员,至少能向法庭和陪审团提供有力的证词,证明检方向法庭提供的证据,取证过程是科学的而公正的,没有被调包可能的,但是冯却使他们大失所望。同时,正由于他接触的证据特别多,一旦捅开这个漏洞,影响非同小可。作为一名犯罪方面的专业工作者,冯当然知道自己闯的祸不小。如今木已成舟,双方握手道别的心情当然都很复杂,但是却很好理解。让人出乎意料之外的倒是冯和辩护律师的分别场面。

当冯尴尬地与检察官握别,然后经过被告律师的席位时,却出人意料地表情轻松并且热情地与他们握手拥抱,场面之"感人",成为当天辛普森案报道的最大热点。但是在美国谁也说不上他是吃错了什么药,才会对几天来向他发动猛烈攻势的敌手如此"言欢"。只有在这里的一些东方人才认为"也可以理解",也许他是有"不打不相识"的东方式逻辑,也许是表示"你们也是为了工作,不是对我有仇,我不怪罪你们"的东方式宽容。谁知道呢?但是,这样一个场面,天知道会对陪审团造成什么影响,这是所有的人真正关心的焦点。因为法庭上煞费苦心的一切,不就是为了给陪审团留下一个印象吗?

接下来,有大量枯燥的基因化验证据。这些证据谁懂都没用,上了法庭,就是要陪审团能够搞清楚并且相信。因此,除了展示证据之外,非常重要的一点是专家上法庭,向陪审团上基因课,向他们解释什么是基因、什么是DNA,等等。

我是一直很相信科学证据的,这也是我一开始就觉得辛普森难以解脱的原因之一。就在审了一半的时候,我从电视里看到一个几年前发生的真实案例。这个案例让我久久不能忘记。

那是一个普通的美国妇女,有一天,她发现自己的婴儿突然急病,她送他去医院,医生检查之后,宣布孩子是中毒,而且医院化验结果显示婴儿所吃进去的毒药,是一种类似汽车冷却液的东西。于是,医院向警察局报了警。在美国如果是涉及儿童的犯罪问题,是非常严重的。鉴于没有其他人接触过中毒的婴儿,孩子又一直是这位母亲在喂,这名妇女一下子摆脱不了干系。孩子抢救过来之后,就被社会专门机构暂时收养,与父母隔离开,等候调查,每个星期可以在规定的时间去看望。同时,对孩子中毒的事件展开调查,警察获准在他们家里进行搜查,在他们家的厨房吊柜里,确实发现了一个空的冷却液的罐子。由于汽车的普及,在美国家家都有冷却液,但是由于冷却液有毒,一般确实不会放在厨房里。这时,孩子的祖母、父亲和母亲都去暂时收养孩子的地方探望,孩子救过来以后,看上去十分健康,临走前,孩子的母亲单独抱着孩子在接待室里,门半掩着,孩子的祖母看到她用奶瓶给孩子喂了奶。

当他们回到家里以后,接到通知,孩子再一次以同样的中毒症状病危,最后抢救无效,孩子死了。这位妇女被地方检察官以一级谋杀罪起诉入狱。入狱之后,在等候审判的时候,她发现自己又有了身孕。

她始终否认自己有罪,可是除了她的丈夫,其他人都将信将疑。

在法庭上,最有力的证据是医院的报告,证明最后化验发现,临死前,孩子的血液中总共还有约半汤勺的毒液。这位妇女有一名律师,他的辩护策略显然不能使人信服。最后,她被判有罪,处以终生监禁。她不服判决,开始上诉。这时,她生下了第二个孩子。孩子一生下就和父亲一起生活,过了不久,第二个孩子发生了同样的中毒症状。孩子的父母又忧又喜,尽管孩子又有问题,但是至少证明这和这位妇女无关。但是检察官不同意以第二个孩子发生的情况否认前面的起诉。也许是什么人为了救出那位母亲,存心又给第二个孩子喂了冷却液呢?

这时,她雇用了第二个律师。当时她自己经历了漫长的灾难之后,已经心灰意懒。律师在同意接下这个案子之前,也对她到底是否毒死自己的孩子吃不准。她又由于前一个律师办案失败,对律师失去信心。因此,一开始,他们之间的沟通并不好。但是当那名律师真正相信了她之后,全力以赴展开调查,最后他找了许多医学专家,发现冷却液在体内的半衰期是一个小时,也就是说,每过一个小时就会有一半被排出体外。这样的话,根据那位妇女最后一次喂奶的时间,到孩子抽血化验的时间间隔这样计算,如果化验时还能确定孩子体内有半汤勺冷却液的话,他妈当初得给他一下子灌下去六加仑!

这份证明一出来,检察官马上把起诉给撤了。经过医学专家对她的第二个孩子的反复鉴定,证实他们的孩子有一种非常罕见的遗传疾病。发病的症状就活像是中毒。而医院的化验室当初肯定是先入为主、马虎从事了。至今,这名妇女还保留着对医院化验室起诉的权利。

这个案例至少使我了解到,一个看上去已经掌握了科学证据的案子,并不是意味着律师就没有事情可做了,更不是意味着就不会再发生冤假错案的可能。

在辛普森案审理期间,还发生了一起这样的案子,一名二十多岁的妇女被控抢劫,由受害者作形象辨认确定是她。这类案件,受害者的指认,往往成为关键的证据。她本人不仅提供不出不在现场的证明,而且根本说不出事发的时候自己在什么地方。她否认有罪,但是,最终还是被判有罪入狱。在她坐牢大概七个月的时候,真正的罪犯因其他案件被捕,同时供认了这桩抢劫。这时,大家才发现,这两个妇女长得非常相像。

事实上,嫌疑犯表示认罪的情况是最皆大欢喜的。当然,也有一些罪犯虽然不认罪,但是却明显属于"垂死挣扎",比如,有大量证人目睹其犯罪,证据确凿,当场人赃俱获的。就像我在前面提到的,在纽约地铁开枪滥射的那名黑人,他手持半自动步枪,在车厢的走道上边走边射,总共造成六人死亡、十九人受伤。他也是在法庭上宣布不认罪的。同时,他不要律师,要求自己辩护。由于事情发生在拥挤的地铁上,证人(包括受伤的幸存者)很多,这个牙买加移民却在自我辩护中宣称,所有的证人都是因为他是黑人而在陷害他。尽管他不否认枪是他的,但是他辩称是别人从他手中拿走了枪,杀了人再把枪还给他的。他在法庭上也是西装笔挺,侃侃而谈,以奇怪的逻辑自比是圣徒受难,但是我相信当全体陪审团员一致通过,认定他的六项一级杀人罪"罪名成立"的时候,肯定不会有丝毫的心理负担,也不会有任何人相信他是被冤枉的。

困难的是那些没有证人亲眼看到犯罪过程,嫌疑犯则坚决否认有罪。在这种情况下,要确认罪犯有时是非常困难的。你从刚才我提到的案例中可以看到,有时即使有证人,都会发生指认错误。有化验报告,也有可能产生偏差。但是对于涉嫌的这一个公民,就很可能要为一个证据上的偏差而付出一生的自由作为代价。你必须理解这一点,在美国这样一个把公民自由看得高于一切的国家,是没有一个人愿意看到这种情况发生的。一个无辜的人失去自由,是美国人认为最不可容忍的事情了。

当辛普森案冗长的作证阶段把全美国都搞得失去耐心的时候,有一天,我和一群美国朋友在一起聊到正在进行的审判,大家开始取笑法官、取笑律师,拿这场审判开玩笑。后来,其中一个名叫戴尔希的白人女孩说,不管大家怎样取笑这场审判,但是有一点是肯定的,如果到最后还是确定不了辛普森是否有罪,那么,就会有两种错判的可能:一是他真的杀了人而被放掉,二是他没杀人而被判了无期徒刑。在这两种情况下,我宁可他是杀了人而被放掉了,也不愿意看到他是有可能被冤枉的,却待在牢里。对于这一点,所有在场的人都表示同意。

我逐步理解了美国人对于这一类问题的原则,他们一般来说,对刑事案件的审判从来不持有完全"不冤枉一个好人,也不放过一个坏人"的乐观态度。他们相信会发生一些情况使大家都难以判别,在这种情况下,我惊讶地发现,他们的原则很简单,就是"宁可放过一千,不可错杀一个"!

因此,在法庭上,检察官最重要的,是要提供"超越合理怀疑"的证据。在辛普森一案中,辛普森对于他和妮可的离异始终没有想开,而且在他们分开之后,曾多次到妮可居住的地方,不仅发生争吵,还情绪失控动手打过妮可,以至于有一次当他愤怒地冲向妮可住所的时

辛普森与妮可

候,妮可吓得打报警电话。这一类电话都是有录音的,这一录音在法庭上曾一再播放。同时,妮可还在银行租了一个保险柜,里面有她被辛普森殴打以后脸上带伤的照片,还有一份遗嘱,似乎也在暗示辛普森对她有生命威胁。再者,其他人,包括辩护律师在内,都提不出使人信服的有动机的其他任何嫌疑犯。

可是,这一切都还不是"超越合理的怀疑"的证据。包括出租车司机所提供的证词等,也还不是"超越合理的怀疑"的证据。在作案现场没有人证的情况下,真正有分量的,应该是那些现场的血液取样DNA检验报告以及血手套、血袜子等物证,但是提供物证的同时,检察官必须向陪审团证明,取证是科学的,证人是可信的,是"超越合理的怀疑"的。

同时，辩方律师却根本不必去证明什么，辩方律师所必须做的事情，就是对证据提出怀疑，并且使陪审团对证据的可信度也产生怀疑，那么，就胜利有望了。

在检方证人非常漫长的作证过程中，辩方律师竭力使人们相信，检方所提供的证据，有可能是警察栽赃的结果。说实话，我一开始是不相信这样一个方向有可能走得通的。要让陪审团相信这样一个看上去很离谱，而且异乎寻常的假设，实在是太难了。在我看来，有几个地方辩方律师使人感觉很勉强。比如，他们假设妮可有可能是被哥伦比亚贩毒集团杀死的，因为妮可有吸毒的历史，如果大量购买毒品又不能支付的话，贩毒集团是有谋杀此类客户的情况的。但是，这种谋杀一般都十分"专业"，不仅用枪，而且干脆利落，从此案的现场看根本不像。更何况这只是猜测，没有任何依据。另外就是他们对冯警官表现得过分的攻击。他们还曾提出，辛普森在运动生涯中，身体受过伤，这些旧伤导致他根本不可能做到刀夺两命，可是辛普森在从球场上退役之后，偏偏不甘寂寞，拍摄了大量商业性的健身录像带。检方马上在法庭上放起了这些录像，只见镜头前的辛普森体魄强健、动作自如，还不停地在开着玩笑，看得他自己和辩护律师都哭笑不得。

但是，有几个地方他们显然是成功的，首先是指出了取证过程的操作不规范、血样保管有漏洞，提出辛普森被警察抽去做化验的血少了一些（暗示有人利用了这份血样去栽赃，给栽赃提供了现实可能性），还提出辛普森作案时间的疑问。另外，给陪审团留下深刻印象的一个场面，就是让辛普森试戴在现场捡到的那双血手套。尽管检方此后调动了一切手段证明手套本来的尺码是合适的，只是有些缩水了，但是在法庭上，辛普森吃力地把两只大手硬撑进显然偏小的手套，我

辛普森在法庭上展示他勉强套上的血手套

相信这样一个景象比任何说明给人留下的印象都更为强烈。

尽管如此,当检方的证人纷纷作证完毕的时候,并没有给人一种形势明朗的感觉,也丝毫看不出辩方有绝对取胜的迹象。在美国,被告被警察掌握了一大堆证据,却反过来指责警察是栽赃,这种情况毕竟还是罕见的。如果被告的律师不拿出点什么绝招来的话,很难取信于陪审团。同时,形势不明朗的状态,对检方也是一个不祥之兆,因为这说明检方的证据仍处于被挑战的过程之中。

在这一段时间里,辛普森本人也尽了他最大的努力在外界争取同情。他设立了一个免费的热线电话,以收集寻找凶手的线索,以巨款悬赏捉拿凶手,同时他还在牢里写了一本书为自己辩解。从我的感觉,这些举动收效甚微。人们依然将信将疑。

当时,在我周围的美国人中间,很多人都倾向于认为辛普森也许是杀了人,大家的依据主要还是凭感觉,觉得除了他之外,实在找不到另外一个人有这样说得过去的杀人动机和那么多疑点。同时,他们也多数认为辛普森最后能够"脱身",因为他们都熟悉美国的司法制度,感觉检方提供的证据没有达到无可挑剔的程度。因此,作为这样一个重大案件的定罪,很可能是不够的。

今天就先写到这里。

祝

好!

林　达

检察官输了

卢兄：你好！

我接着上次谈了一半的辛普森案继续写下去。

由于时间拖得非常长，陪审团的隔离时间已经到了创纪录的水平。在此期间，有十名陪审员由于种种原因，或是被取消资格，或是主动要求离开了陪审团。幸而，除十二名陪审员之外，还有十二名候补陪审员。自始至终，候补陪审员是和正式的陪审员一起参加法庭的审理活动的。每当一名陪审员因故离开的时候，就有一名候补的顶上去。一旦候补的全部顶完，再有人必须退出的话，审判就可能由于陪审团的人数不足而宣告失败，一切都要重新开始。因此，所有的人都在捏把汗，已经审了那么久，可千万别到最后关头因为陪审团人数不足给弄砸了。好在，剩下的这些人一直坚持到了最后。

陪审员是法庭中最神秘的一群人。一方面，是因为他们手中所掌握的"生杀大权"所引起的神秘感；另一方面，法庭上的摄像机镜头已经扫到了所有的人,一切都是公开的,只有陪审员从来没有在大家面前出现过。因为这是不允许的。因此,每当有一个陪审员"从神秘中退出"的时候,总是有一大群记者跟在后面。一般来说,他们都遮面而过,匆匆钻进汽车,就从此不再露面了,因为他们不愿意由于这样一段陪审员的经历而影响自己和家庭的平静生活。但是,也有一旦卸下这个身份,解脱了法律约束,就回答记者提问,甚至接受电视台采访的。看着这些陪审员,我有时会大叫起来:美国人就让这样的人决定一个大案的判决啊!我算是服了,这完完全全就是从马路上随意找来的普通人,普通得让你想不通:一个世界上最科学发达、工业先进的国家,怎么会把所有大案的判决权就交给了甚至可以是文盲的老百姓,却让一大帮法学博士在一旁干瞪眼!

  被告律师所提供的证人很少,与检方的听证时间相比,这一段听证时间也显得很短。但是,出来了好几个国家级,甚至国际级的大师。其中有一个诺贝尔奖的获得者。也许因为我们是中国人,我们特别留意一名华裔证人,事实上,他的出场也引起了所有人的关注,因为这位李博士是世界有名的高级犯罪学专家。他是辛普森的律师夏皮罗的朋友,他们的相熟是很自然的。夏皮罗是名律师,手上经过的都是大案,而李博士是著名犯罪学家,从技术的角度给过夏皮罗很多的帮助。他曾经为许多大案提出关键性的证据。这些证据,有用于为罪犯定罪的,也有帮助了嫌疑犯解脱的,他只是站在科学的角度提出科学证据,这就是他的工作。正是他这些科学的研究成果和不偏不倚的科学态度,受到相关领域的普遍尊重。在辛普森从芝加哥刚刚回到洛杉矶时,他就接到了夏皮罗要他在科学证据方面协助的请求,并且在其后答应了出庭作证。这一类专家的作证都是要付报酬的,但是他显然很重视华

辛普森案中的专家证人李昌钰博士

人珍惜名誉的传统,在出庭之前,就宣布把五万美元的出庭报酬捐给了洛杉矶警察局作为教育基金。他为什么捐给为检方工作的洛杉矶警察局呢?因为他作证的主要内容是洛杉矶警察局的取证工作有问题,尤其是主要取证警探的水平太差。巧的是,备受辩方律师攻击的主要取证警探也是个华裔。出身于台北警校的李博士本身是美国康州警察总局刑事鉴定化验室主任,也就是说,他是司法部下属单位的一个雇员。联邦和州的司法部是管对刑事案件起诉的,他却千里迢迢地从美国东北部赶到西南部来为另一个州起诉的重大杀人嫌疑犯作证。这在美国是非常正常的一件事情。提供科学证据,不论是为被告,还是为检察官,对于一个科学工作者来说,是完全一样的,不同的是为辛普森这样的名人作证,可以获取的报酬要高得多,可这次他把预定的报酬捐给了法庭上的对手。不过,即使他不捐这钱,他也不会受到任何来自外部和自己心理上的压力。相反,在辩方宣布他将出场作证后,每天电视上专家们的评论是一片赞叹仰慕,好像在等待一位大明星的出现。

他曾经受辛普森的律师夏皮罗的委托,为辛普森做过身体检查,以证明他身上没有任何搏斗的痕迹,法庭上出示了这些检查的照片。他还根据犯罪现场的照片做了一些推论。其中比较重要的,是他在分析了一张现场照片之后,认为其中的一个痕迹"有可能"是"第二双脚印"。这如果被证明是真的,将是一个重大的突破。因为现场除了被害者之外,只发现过一个人的脚印,尽管作案者的鞋子始终没有找到,但是脚印的尺寸与辛普森的一致,而且被确定,那是一双只有富人才会问津的昂贵的鞋。检方认为,辛普森作案是一个人干的。刑事法律有一个极其重要的原则,被告只要提出怀疑即可,不必作出证明,这叫作"没有证明的负担";而相反,检方则必须提供证明以"超越合理的怀疑",这叫作"具有证明的负担",或者说"证明的负担在检方"。

因此,检方无论如何也不愿意这一点被突破,他们也再一次请出犯罪专家,以否定李博士的推论。在法庭上,检方也从他的工作录像中挑出他的操作不规范之处。这时,法庭之外又出现了意外情节。李博士在遭到反驳之后,在自己的实验室开起了记者招待会。他对记者说,自己的结论和反驳他的专家并没有什么大的冲突,因为他当初在法庭上说的就是"有可能是第二双脚印",他从来也没有说过"肯定是"。同时,他还对检方挑出了他的操作不规范的毛病十分恼怒,指责检方在他操作过程中不配合,不向他提供应有的装备,使他根本找不到手套等,只能违规操作。他还对记者说,他后悔自己卷入此案。此举显得急于在为自己的证词辩解,一时间舆论大哗。一般来说,证人的作用就是在法庭上的证词,作证成功不成功也都在法庭上了结了。在法庭之外,你再为自己的证词作什么解释,陪审团听不见,对于这个案子等于是没起作用。但是,这番话对于庭外的民众显然是有影响的,对辩方显然不利。辩方律师肯定也没想到会有这么一招。我觉得这也是华人重个人声誉的心理起作用,他显得最关心的,是自己长期以来建立的良好声誉不要因此受损。李博士举行的记者招待会陪审团是无法知道的,但是作为世界著名的犯罪学家,他在法庭上做了种种分析之后所作的结论,对陪审团应该有很大的影响。他针对检方所提出的血液证据说:"在这些情况下,我所能得出的唯一看法是,事有蹊跷。"

而真正戏剧性的情节,是出在捡到血手套的警官佛曼身上。谁也没有想到,世界上有这么巧的事情,这位作为检方关键证人的佛曼,居然在近十年里,断断续续地让一个剧作家录下了他的大量言论。这是因为那名剧作家要收集洛杉矶警察生活的素材,通过朋友介绍,付费让佛曼录的音。你不得不佩服辛普森雇的那些律师,他们怎么就把这些证据搞到了手。这是整个漫长的审判的最后阶段,起了这样一个高潮,一出来就差点把法官给赶出了局。

因为伊藤法官的妻子是洛杉矶警察局的高级官员,曾经是佛曼的上司。在佛曼的录音里,不仅有大量攻击黑人的言论,还有许多贬抑西班牙裔、犹太人以及妇女的言论,其中包括对这位法官妻子的抨击。于是,检方提出法官本人也被卷入了这个案子,这些录音中涉及他妻子的内容,有可能使法官在判断是否允许这些录音呈堂的时候受情绪影响而作出不公正裁决。因此,要求法官出局。伊藤也在法庭上含泪承认,听到对他妻子的攻击,他也会像常人一样,感到深受伤害。这下真是热闹了。好不容易坚持下来的这场审判,由于历时弥久,已经受到不少非议。陪审员退下来十个不说,现在连法官也要保不住了。最后,经过两天的激烈争辩之后,检方终于作出决定,在事先洗去录音带有关法官妻子的内容,不再要求法官回避。大家总算松下一口气来。

陪审团在这一段时间当然被请出了法庭,这一段风波,他们是不知道的。

在陪审团不在场的情况下,先在法庭播放了一次佛曼的录音带,以确定这些录音是否可以和哪些可以放给陪审团听。放录音带的那天,法庭上气氛凝重,鸦雀无声。佛曼的录音带不仅回响在法庭上,而且回响在整个美国,震动了所有的人。你可以感觉到,这是一个"牛哄哄"的家伙,好吹嘘而且厚颜,他毫不掩饰他对黑人的仇视,夸耀自己的滥用职权。最严重的是,他以完全肯定的态度描述了警察作伪证和栽赃的违法行为。五个月前,他在这个法庭上,曾经发誓说真话并且宣称自己十年来没有提到过"黑鬼"这个词。但是,现在在同一个法庭上,你可以听到,他宣称洛杉矶市政府里的黑人都该一起枪毙掉。在十四个小时的录音中,他不止四十次用了"黑鬼"这个词。这一切,相信你在国内的有关报道中都已经看到了。

这段录音对于美国所有的人都是一个震动。我以前给你的信中曾经提到过,事实上,现在即使是三K党,也会避免在他们的宣传中使用直接的种族污辱性的语言,因为在美国种族问题上,三十年来已经有了巨大的变化。但是,由于历史原因,由于非常复杂的种种因素,种族问题依然是美国的一个敏感问题。听到这段录音,黑人当然感到愤怒，大多数并不是种族主义者的白人，也感到十分尴尬。

但是，当最直接的感情上的风潮过去之后，大家最集中的话题当然就是，佛曼的录音会给这场审判到底带来什么。我想，这应该先说说在此之前究竟是什么样的局面。我曾经在上封信里提到过我周围的美国人的一般看法。实际上，每一天晚上，还有大量的法律专家们针对当天的发展作出许多权威性的评论。对于整个审判中发生的种种情况，随着时间的拖长，分歧和争论不断在增加，但是在佛曼的录音带出来之前，多数的法律专家都认为，这一案件会因为陪审团意见不统一而无法作出判决。

你也许会问，这是什么意思呢？这是因为美国的法律规定，不论陪审团最后作出什么样的裁决，是"罪名成立"也罢，是"罪名不成立"也罢，都必须是陪审团全体陪审员一致的意见。只要是意见不能取得一致，就意味着"无法作出裁决"，就必须宣布这一次的审判"宣告失败"。在审判失败之后，检方必须立即作出决定，是重新再一次审判，还是撤销起诉，就以"审判失败"结案算了。如果选择前者，那么一切已经来过一遍的程序都必须从头再来一遍。当然，如果有的话，双方都可以向法庭提供新的证据，没有新的证据，也可以改变进攻的策略。我又要拿运动场作比喻了，审判失败说明这场球给踢和了，那么就再踢一场，决个胜负。

在辛普森案件出来之前，就有一个非常轰动的兄弟二人枪杀亲生父母的大案。他们的父母有巨额的财产，看上去杀人动机明确。但是，这两个人高马大的兄弟，承认杀人的同时却不同意自己被起诉的"一级谋杀罪"。他们在法庭上声泪俱下，说是他们的父母长期对他们性虐待，最近他们怀疑父母要对他们"灭口"。他们是为了自卫，在惊恐之下才"先下手为强"的。这种说法成立的话，罪名和刑期都不一样，几年之后一假释，就可以出来享受遗产了。这个案子审了很久之后，就是因为陪审团意见不统一，宣布审判失败的。最近正在重新开审。

审判失败之后还有一种可能就是撤销起诉了。有时是因为检方认为再审也不可能使陪审团一致同意他们所提出的罪名，就认输放弃了。有时则纯粹是出于经济原因，检方不愿意或者不可能再承担庞大的诉讼开支，因而放弃。在这种情况下，显然是对被告有利的。至于判决本身一定要陪审团全体一致通过才能算数，这一条显然也是"慎之又慎"的规定。在我看来，这只是进一步表现了美国司法制度"宁可放过一千，不可错杀一个"的原则。

为什么大多数法律专家在佛曼录音带出来之前会认为陪审团意见会不一致呢？这正反映了这个案子本身的复杂性。一方面它有大量的科学证据；另一方面，它又有许多疑点和逻辑上不够通顺的地方。在事后，李博士甚至直接谈到，一般的这样的案子能够找到的DNA之类的科学证据都是不多的，而这个案子的DNA证据"多得叫人起疑"。因此，专家都估计陪审团会产生确信大量物证的一派，和认为该案疑点太多的另一派，专家认为他们很难通过相互说服而达到统一。但是在佛曼的录音出来以后，多数专家的意见趋于陪审团会一致作出无罪判决。专家作出这项判断时，并没有强调这是因为陪审团的种族比例。在最后的陪审团中，有九名黑人、一名拉丁裔和两名白人。那么事实上，究竟什么是佛曼录音所带来的变化呢？有两个变化是非常确定的：录音使检方最重要的一名证人从可信变为绝对不可信，录音使辩方提出的不太可能发生的警察栽赃神话变得有可能。第一条的依据是佛曼第一次的证词显然有谎言，第二条的依据是佛曼强烈的种族主义倾向，使人相信他可能有对辛普森栽赃的动机。

在美国的司法制度中，对陪审员如何判案是有一套规范的。比如说，一切以法律为依据，要以人证物证为凭据，不可轻信双方的律师，不可以参与自己的想法和看法，要确信证据毫无问题才可以作罪名成立的判定，等等。在这里你可以看到，即使某陪审员自己认为有可能是辛普森作的案，但是，只要是证据有疑问，他仍然会根据法律对陪审员的要求，作出"罪名不成立"的判定。

在双方的公平角逐中，检方在这个问题上的失败明显是在实力上敌不过辩方，或者说，工作没有做到家。因为，从表面上看，双方的对抗游戏是在法庭上的唇枪舌剑，但是实际上，显露出来的只是冰山一角。这样一个大案有着巨量的幕后工作，双方都在尽自己最大的努力收集证据，这里包括有关自己一方证人和对方证人的所有情况。像佛曼的录音，是这一关键证人的关键信息，如果当初是由检方而不是辩方获得了这份资料，检方有可能根本不会让他作为自己一方的证人出庭。这份录音是在与佛曼私交非常好的一名女剧作家手里，她住在北卡罗来纳州，和洛杉矶的距离比上海到新疆还要远。这份录音又完全是私人之间的交易，知道的人应该非常少。检方没有掌握这一情况，看上去是情有可原的，可是你没有拿到，对方却拿到了，这就无法原谅自己。美国的法庭就像一个寻求公平的竞技场，任何一方，如果在关键时刻出现后方空虚，只有活生生看着对方进球，悔断肠都没有用。

这些录音是在十年当中，断断续续录成的。采访的地点通常是在幽静的饭馆里。采访双方居住的地方相距这么远，能够持续十年的往来和合作，说明他们的关系是很深的。在法庭上，她曾经被问到她与佛曼之间的关系，她明显地结巴了一下，然后回答，是一般的合作关系。检方律师对这名证人当然讨厌之极,所以在庭外,检方律师说过,她要是再这样说的话,我就要在法庭上公布她给佛曼的情书了。之所以我提到这一点,也是想让你了解,辩方能够得到这份录音带存在的消息,以及能够使这份纯私人性质的录音变成一份"证据",是做了不知多少工作的。

这名女剧作家出现在法庭上的时候,是以辩方证人的身份出现的。实际上,她并不是辛普森案的直接证人,她只是有关佛曼和录音带的证人。当被告律师提出录音带的证据之后,法庭照例又要对这一证据是否应该呈堂,避开陪审员展开一场激烈的法庭辩论。这位女剧作家就是在陪审团不在场的这种情况下出的场。

检方只能试试看亡羊补牢,于是拼死阻止录音带向陪审团播放。在混战一场的时候,高德曼的父亲再一次在法庭外发表讲话。他质问辩护律师,这到底是审判辛普森还是审判佛曼。检方也援引"与本案无关"的条例进行抗辩,说佛曼是不是种族主义者,和辛普森有没有杀人根本没关系,他是种族主义者也并不说明他就会去栽赃。但是,要说这份录音与本案完全无关,已经是非常困难了。

为了慎重处理佛曼的录音,伊藤法官决定再一次把佛曼传来听证。当然,陪审团是不在场的。佛曼又一次来到了法庭,这一天,法庭上也是气氛凝重。这时,他已经不再是一名警察的身份,录音带一曝光,他马上就申请退职了。可以说,作为这场案子的证人,他已经远不是在法庭上被"审"得狼狈的问题,他几乎是身败名裂,丢了工作,前途茫茫。他这次走上法庭,已经是一个在全国声名狼藉的种族主义者的象征。引人注意的,是他带了一名他的律师同上法庭。现在是他自己遇到了麻烦,他也需要律师为他出主意,保护他自己的权利。

佛曼求助于律师已经有相当长的一段时间了，他自己一定远在录音带公布之前，就知道自己遇到了大的麻烦，所以，一直有两名律师为他工作。他的录音带一曝光，其中的一名律师就宣布辞职了。许多人猜测，他是不愿意再为这样一个臭名昭著的雇主服务，也有可能，他觉得对这样一个"死老虎"，他已经无计可施了。

辛普森案使我们不得不又一次想起那个法学院学生的笑话，以及这个笑话所引起的有关律师职责的思考。律师到底应该是怎样的一个社会角色呢？我想，律师只是类似于一个咨询加上服务的机构，他只是向客户提供有关法律方面的知识、信息和服务。他和顾客之间只是一个平等的交易过程，顾客付费、律师提供服务，任何一方不满意的话，都可以解除契约。由于律师咨询内容比较特殊，使这一行业比其

最狼狈的证人佛曼和他的律师

他技术咨询行业增添了更多的感情色彩和社会内容,但是实际上,把过多的社会责任压在这个角色头上,不仅是不公正的,而且还有可能使这个职业产生畸变。所以说,直接地寻求和追求社会正义,本来就根本不是一个律师的职责。

律师是有他的职责的,他的职责就是,不论他的顾客是什么人,在收取顾客费用的同时,就提供尽善尽美的法律服务,使他的顾客能够最大限度地利用法律保护自己的公民权利。当这个社会上的每一个人,在必要的时候,都能够通过这样的法律服务充分享有了公民权利,真正的社会正义就已经得到体现了。

其实,对于你我来说,这个道理是非常容易想通的。我们都经历和目睹过不同历史阶段对于"正义"的不同社会理解和不同个人理解。如果律师的责任是伸张"正义"的话,那么你指望他伸张的是哪一个历史阶段的"社会正义",他本人又倾向于哪一类社会群体的"正义"理解呢?如果律师都被要求去"伸张正义"的话,大量的个人就会由于得不到应有的法律保障而失去他们的合法公民权利,他们最基本的自由、最基本的生存条件和家庭幸福,都有可能被风靡一时的所谓"正义"一口吞掉。

因此,不论是尚在未决之中的重大杀人嫌疑犯"活老虎"辛普森也好,"死老虎"佛曼也好,作为一个律师竭诚为他们服务,都没有违反律师的职业道德。

佛曼在法庭上只待了四分钟。这短短的几分钟,却把法庭变成了检方的"滑铁卢战场"。佛曼接受了被告律师的一系列提问,其中包括:"你在此案初审听证时所说的证词,是不是完全真实的?""你有没有提交过捏造的警方报告?"最致命的一个问题是:

"在此案中你有没有栽赃和假造证据?"在这些问题提出时,检方几乎是不停地跳起来"抗议"这些提问,但是,问题都被当裁判的法官通过了。每当佛曼接到一个问题,他就把头侧向一边,悄悄向他的律师咨询。然后,他回过头来,快速并且简单地答道:"我要求引用我的宪法第五修正案权利。"他用这句话像神符一样抵挡了所有的问题。这到底是怎么回事呢?

我曾经在前两封信里,在介绍陪审团的时候,提到过美国的宪法修正案,即《权利法案》的第五条。这短短的十条法案,其中每一句话对于一个美国公民来说都是至关重要的,说不准在什么关键时候就能维护你的基本权利。实际上,佛曼只引用了《权利法案》第五条中的一句话,就是人民"不得被强迫在任何刑事案件中自证其罪"。这一句也被扩大为:不能强迫一个人说出对自己不利的证词。而这一条更普遍的应用,是你和许许多多中国人都非常熟悉的一句话,所有看过美国电视连续剧《神探亨特》或其他美国警匪片的人,都会记得,每当"神探"们抓住嫌疑犯的时候,不管如何跑得上气不接下气,都会一边气喘吁吁地给犯人戴手铐,一边背诵同样的一段话,它的第一句就是"你有权保持沉默"。被捕的人有什么"权利"保持沉默呢?这就是宪法第五修正案所给予每一个公民的权利。你有权保持沉默,不说出对自己不利的证词,同时要求一个律师,由他协助你摆脱困境。有一次我和好朋友劳拉聊起来,我说,警察要是忘了把权利告诉犯人,那会怎么样呢?她毫不犹豫地说,那只好放他回家了。

恰到好处地运用《权利法案》第五条,可以在美国非常有效地保护自己的合法权利。在这里有厚厚的一本书,书名就叫《运用第五条》,专门介绍公民如何在各种情况下借此保护自己的。"运用第五条",是所有的美国人都非常熟悉的法律术语。

实际上,佛曼警官并不是这个案子中第一个"运用第五条"来保护自己的人。在这个案子刚刚开审不久,有一个被告的证人为辛普森作证,她是辛普森邻居的女佣,是一个从南美过来的移民,来的时间不久,只会说西班牙语,法庭还特地给她配了一名翻译。当时,她说在一段关键时间里,就是检方认为辛普森是开车出去杀人的那一段时间里,她记得自己看到过辛普森的车停在家门外。最后,在检方的追问下,大家觉得她对时间的记忆不准确,所以对案子没有形成太大的影响。但是在一开始的时候,检方对于这个证人的出现感到非常紧张,定了一系列的策略要把她"攻下来",其中很重要的一个策略就是攻击她的可信度。

检方因此收集了有关她的全部资料,然后在法庭上要她回答,为什么她在进入美国国境的时候在表格上填的出生年月,和她的身份证上的出生年月不相符合。对于一个从贫穷的南美国家移民来美国的人,很可能为了能在美国留下来,在一些类似出生年月的问题上搞点小花样,这是很常见的情况。但是检方就是要利用一切可乘之机,使得陪审团认为这是一个不诚实的证人,证词也就不可信了。但是,检察官的问题刚刚提出来,伊藤法官马上叫停,然后,对这个毫无美国法律知识的南美女佣说,回答这个问题对你有可能不利,你有权"运用第五条",不回答这个问题,你也可以找一个律师,让他告诉你如何处理这样的情况。结果,检方也就不再提这个问题了。

因此,在佛曼当时的情况下,律师给他的建议就是,引用宪法修正案第五条的权利抵挡所有的问题,因为他已经有无可抵赖的大量证据在辛普森的辩护律师手里。例如，他第一次的法庭证词显然有谎言，人们如果愿意，至少可以追究他的伪证罪。他的录音里已经有不少他拿来夸耀的捏造警方报告的事例等等。现在，他如果当庭回答这些问题，不但那些答案肯定属于"对自己不利的证词"，甚至可能是"自证其罪"。同时，他的回答，一定还会引来辩方律师一大串穷追猛打的进一步提问。这样，他本人的形势将会变得无法预料，弄不好还会引一场官司上身，真正地由一个证人变成一个被告。面对极为险峻的形势，他当然首先选择自保。他的律师受他雇用，当然首先考虑的也是保护他的利益。他已经不可能再去管什么辛普森案的检察官的困境，他顾自己都顾不过来了。

那么，也许你会问我，那个南美女佣和佛曼警官明知自己不是"无懈可击"的，在法庭上会遇到麻烦，那么他们能不能因此而选择回避，不上法庭作证呢？答案是否定的。因为这样的话，就侵犯了被告受到宪法第六修正案所保护的权利，我前面已经介绍过，在第六修正案中是这样规定的："在所有刑事案中，被告人应有权提出下列要求：要求由罪案发生地之州及区的公正的陪审团予以迅速公开的审判，并由法律确定其应属何区；要求获悉被控的罪名和理由；要求与原告的证人对质；要求以强制手段促使对被告有利的证人出庭作证；并要求由律师协助辩护。"这位南美女佣和佛曼都是对被告有利的，如果他们拒绝出庭，被告方面可以要求法庭出传票强迫他们到庭作证，以保护被告的宪法第六修正案的权利。

前面提到的那个为佛曼警官录音的女剧作家，也属于同样的情况。鉴于她和佛曼的多年私交，她当然知道，她作为辩方的证人出庭，对于佛曼是多么不利。而且，交出录音带之后，她知道自己在一般人眼里总是一个"见利忘义"私德可疑的形象，她当然巴不得隐姓埋名，至少不要再在这个案子里抛头露面了，最好所有的人都不知道那个女剧作家就是她。因此，一开始她是拒绝了辩方的要求的。在这种情况下，辩方有权利要法庭出传票命令她出庭。辩方律师的依据，就是美国宪法修正案第六条中的一句："被告人应有权……要求以强制手段促使对被告有利的证人出庭作证。"当时伊藤法官表示，他无权这样做，因为他无权命令另一个州的居民来他这个法庭作证，而必须由她所居住的北卡罗来纳的法庭出一张传票。可见，她的出庭一方面是辩方律师大量工作的结果，另一方面更是被告受到宪法修正案保护的结果。

由于宪法第六修正案的存在，使得美国保护证人的问题变得特别严重。在现代技术发展的情况下，不仅可以录音，甚至还可以做到录像，这一切是否可以取代证人呢？录音和录像是可以作为证据的一部分的，但是，如果这些证据是牵涉到一个证人的话，被告仍然有权利根据宪法第六修正案要求与证人当面对质。如果证人由于某种原因不能出庭的话，那么，被告虽然还是有可能被判下来，但是，在上诉的时候，他多半就可以逃掉了。因为美国的上诉法庭并不是把案子再重审一遍，而是审查这个案子有没有不符合法律程序的地方。如果被告在上诉的时候提出，他的宪法权利在审理过程中没有得到保护，那么，上诉法院是有充足的理由驳回地方法院的判决的。

结果证人常常成为一个案子的关键，少了一个证人就输了一场官司。对于检方来说，经常有这样的问题，案子破了，真相大白水落石出了，可是证人或是死了，或是跑了，你拿不出证人，只好眼巴巴地看着罪犯逍遥法外。所以保护证人非常重要。尤其是像贩毒集团这样大的集团犯罪,经常以杀害证人作为逃避法律惩罚的一个重要手段。美国的司法部门因此有庞大的保护证人计划。不但要在审判之前确保证人的安全,甚至还要保护证人事过之后的安全。重大案件的证人,一般在审理之后都由美国司法部门负责帮助他和家属"销声匿迹",安全地在一个无人知晓的地方重新开始生活。每一个这样的证人,都要花去上百万的美元。在美国电影里,你也常常可以看到反映这种情况的故事。

我们再回到辛普森案。佛曼警官的关键是,当辛普森的律师问他"在此案中你有没有栽赃和假造证据"的时候,他的回答竟然也是:"我要求引用我的宪法第五条修正案权利!"你说人们将会如何解读这句话呢?最直接最明白的解读就是:如果佛曼直接对这个问题作出回答的话,这个回答将会对佛曼不利,或者说,他的回答将会使他"自证其罪"。也就是说,在辛普森案中,他是栽了赃了,制造了假证据了。如果他如实回答了这样的问题,他将无法逃脱由于栽赃而被起诉,这将对他不利。而他引用他的宪法第五修正案的权利之后,他不"自证其罪",别人要证明他有罪也就非常困难。佛曼的这句话一出口,我认为,检方从理论上已经全盘皆输。

尽管事实上存在另一种可能性,就是他这样回答,只是为了抵挡更多的问题滔滔而来,只是他的律师的一个策略。他的律师确实是聪明的,佛曼以不变应万变的回答,使他在法庭上只待了四分钟就下去了。他只要对任何一个问题有实质性的回答,他就很难如此轻易脱身。

但是,人们无法不考虑佛曼在"栽赃"问题上引用的第五条的最直接含义。那天从法庭上出来的黑人律师卡可伦,活像一个从战场上得胜归来的将军,站在法庭的门口就当场发表了讲话,让大家好好想想,检方提供的最主要证人,当问他是否栽赃的时候,他居然要"运用第五条"!这说明了什么?这时,黑人组织"伊斯兰之国"又给卡可伦律师派了几名彪形大汉作保镖,看上去着实有点滑稽。

当时的法学院教授们评论说,佛曼所采用的立场是"完全在意料之中的",检方"只能指望别让陪审团听到佛曼的回答。只要陪审团听到了,检方的一切努力将会万劫不复。最低限度的影响,就是陪审团不会相信和佛曼有关的一切事情"。的确,陪审团此时还被蒙在鼓里,外面都翻了天了,他们却一无所知。接下来,检方所要做的,确实都在围绕着如何阻止有关佛曼的一切被送到陪审团面前。当然,在我看来,这就像预审阶段辩方曾经试图阻挡证据呈堂一样,总显得有点勉强。但是,他们部分地做到了。首先是,伊藤法官宣布,既然佛曼决定用"第五条"回答一切问题,就没有必要再让他在陪审团面前再来这么一遍,也不告诉陪审团,佛曼不再出庭的原因是因为他"运用第五条",但是,要求陪审团把他的不出庭,列为检验他的可信度的因素之一。伊藤法官不把佛曼"运用第五条"的情况告诉陪审团,他的考虑显然是不想让佛曼一个含义并不绝对明确的回答,一下子就毁了检方的全部证据。同时,伊藤法官决定,佛曼长长的录音,只挑选两段放给陪审团听。在佛曼四十一次谩骂"黑鬼"的录音中,陪审团只能够听到两次,而且是在不太刺激性的语句中。也没有同意辩方所要求的,播放录音中描述警方捏造理由抓人、销毁证据等部分。法官的理由是,辩方律师不能提供足够的证据,证明佛曼确实在辛普森案件中栽赃,因此并没有为播放具有爆炸性的证词提出所需的根据。伊藤依然认为,辩方有关佛曼栽赃的"这个假设在法理和逻辑两方面,都还需要大为加强,这样空泛的说法,还不能提到陪审团面前作为证据"。

应该说，伊藤法官是在竭力维持裁判的公正，他又使陪审团通过录音了解了佛曼初审阶段证词不实的真相，以及他的种族主义的倾向，又不让他过去十年与本案没有非常直接的关系的夸夸其谈，由于其刺激性而对审判形成超出合理范围的影响。辩方对这样的裁决可以说是愤怒之极。一方面，陪审团在作出判决之前，将再也没有机会知道，佛曼对栽赃的问题采取了"运用第五条"的态度，因为凡是没有被批准呈堂的信息，任何人都不允许在陪审员面前透露；另一方面，他们期望甚高的录音带被大大地打了折扣。但是，也只能服从裁判。作为弥补，他们又提供了一些证人。这些证人都清楚地向陪审团证明了佛曼对黑人仇视和对黑白通婚的憎恶。当天的听证结束之后，检方就承认，他们打了一场败仗。

我相信你看到这里，一定对我屡屡把美国的法庭比作运动场不再感到奇怪了。说实话，这种双方势均力敌的阵势、平等顽强的对抗，以及裁判为保证公平审判所作的努力，常常使我们惊叹不已。

辩方提供证人证据的阶段，相对于检方的听证阶段，是要短得多了。人们经过漫长的听证，终于等到了结辩的来临。在结辩开始之前，还有几件事我想提到的，一是辛普森本人决定放弃上证人席作证的权利。这个权利，是在宪法第六修正案里规定的，即"被告应有权……与原告的证人对质"，但是这一举动有时对被告有利，有时却是有风险的，因为当被告走上证人席的时候，检方也有权利对他大量盘问，除了问到与案情有关的问题，还会尽可能质疑他的个人品质问题，使陪审团对被告留下一个坏印象。因此被告是否为自己作证，一般都由他的律师根据利弊为他分析和决策。二是伊藤非常出人意料地同意了辛普森在陪审团不在场的情况下，发表了很短的、为自己辩解的讲话。尽管这段话只有一分多钟,而且陪审团也不在场,但是法官的这一决定使检察官气得双手发抖,因为这不是作证,检方无法对他提问。被告律师提出这一要求一定也是经过精心考虑的。这一做法由于并不犯规,所以他们也估计法官有可能会同意。虽然法官对法庭上的一些情况有决定权,但是所有的法律专家对伊藤这一决定的评价都是:"极不寻常"。

在结辩之前还有一个非常重要的裁决,就是法官同意了检方的要求,让陪审团不受"全肯定或全否定"判定的影响,如果陪审团发现辛普森是出于冲动而不是出于预谋杀害两名被害人的话,他们也可以将被告判为"二级谋杀罪"。法律专家们都认为,这一裁决是检方"非常重大的胜利",原因是陪审团有了更大的空间去达成合议,甚至可能会使陪审员改变态度。

可是,我觉得检方的这个要求很难说就是明智的。因为"一级谋杀罪"和"二级谋杀罪"有着逻辑上的差异。当初检方坚决提出"一级谋杀罪"的唯一指控时,曾经强调了辛普森是"在夏天戴手套、携带利刃、穿戴暗色衣帽",并且针对这种指控配上了物证,如皮手套、暗色绒线帽……但是,现在检方的要求恰恰证明他们自己都对这种说法没有信心,何况在要求陪审团也转而考虑"二级谋杀罪"的时候,那些只能和"一级谋杀罪"相匹配的物证又该如何处理呢?陪审团在这种情况下,反而完全有理由质疑物证的可靠性。

不管怎么样,在距离初选陪审团整整一年的时候,结辩开始了。所谓结辩,就是检辩双方分别向陪审团总结自己的证据,陈述自己的观点。由于在整个听证过程中,双方律师在证人面前只有提问的份儿,他们表达自己意见的方式只能是间接的,因此,这是双方第一次,也是最后一次完整地表达自己,直接地争取陪审团的支持。这最后一锤子是很体现律师水平的。一般都尽量动之以情、晓之以理,因为陪审团毕竟是一些大活人,就看谁能把他们给说动了。

检方集中向陪审团重复了证据,这包括,妮可所住的公寓后门发现的血迹,DNA测试与辛普森的血型相同(五百七十亿人中间才有一个这样的血型);现场发现名贵鞋的鞋印,尺寸与辛普森的相同;作案者戴的一双稀有的皮手套(一只在现场,一只在辛普森的屋后),辛普森曾经拥有过一双同类型的手套;此外,还有辛普森汽车里有血脚印,他的卧室里有带血迹的袜子。

在结辩时,检方不得不严厉批评了佛曼,但是强调:"佛曼是一名种族主义者以及他在证人席上对此问题说谎的事实,并不意味着我们未能证明被告是有罪的。如果陪审员因为一名警察的种族主义态度而不理睬如此有力的证据,这将成为一个悲剧。"

在检方提到辛普森割破的手指的时候,过分卖力的电视转播录像师把镜头摇向了辛普森的手指。伊藤法官马上命令拔去电源插头,致使转播中断。因为录像师的这一举动有可能使电视观众看到辛普森的笔记本,这严重违反了"被告与其律师之间的交流必须保密"的规定,这一规定也是为了保护被告的合法权利。然后,法官马上向负责转播的机构——电台及电视新闻协会处以一千五百美元的罚款,罚款之后,又重新恢复了转播。

在检方结辩的时候,还有一个插曲。女检察官克拉克十分动情地向陪审团讲述她自己如何面对如山铁证始终相信辛普森是此案凶手,决心克服种种困难,将他绳之以法。在克拉克讲述的过程中,被告律师三次从椅子上跳起来抗议。最后一次,被告律师抗议的矛头已经是指向法官,抗议法官没有公平对待他的抗议,终于迫使法官宣

女检察官克拉克

布休庭,把陪审团暂时请出法庭。看来检察官克拉克确实是"犯规"了,在经过讨论重新开庭的时候,法官下令检察官克拉克在此后的结辩中,不准再说"我"如何如何,不许使用"我"这个词。在她保证不再这样做之后,结辩才继续下去。被告律师认为,她前面的这种叙述方式是在暗示陪审团,她自己是在"伸张正义",在为被害者"讨还公道",在"道义"上拔高检方而贬低辩方。用这种方法来影响陪审团,这在美国的法庭上是一种明显的犯规,怪不得辩方律师十分愤怒,连连抗议。

在检方的结辩中,黑人律师达顿是受到一致好评的,他的发言集中要点,极富感情。达顿还很年轻,他给人的印象一直是很正直很忠于职责。对于什么是律师的职责这样一个话题,在辛普森案期间已经不再如笑话那样轻松。这个话题对于美国一般老百姓、对于法学院学生、对于像达顿这样严肃的律师,都成为越来越沉重的困扰。他看上去像个理想主义者,相信自己是在为被害者的家属讨还公道,他在这个案子里承受了额外的压力,因为他自己是一个黑人,却在试图把一个"黑人英雄"送到无期徒刑的大牢里,不少相信辛普森无罪的黑人都指责他"出卖黑人兄弟",但是这只使他感到难过却并不使他感到困扰,真正使他困扰的是,在他奋力在"讨还公道"的过程中,他看到和他一样的律师,正在他的对立面上工作,而且,眼看着要"拼不过他们了"。他在这个案子审了一半的时候,发表过十分伤感的讲话,他说,自己如果重新选择的话,很可能不会再去做一个律师。在美国,实际上人们都有着很沉重的"追求正义"的心理负担。看着完全站在对抗立场的双方律师的这场"球赛",很多美国人也一头扎在"正义"这个概念圈子里出不来。

辩方律师的结辩是有别于检方的。律师卡可伦明确对陪审团表示"我们不需要证明什么"。这是在美国法庭上,对抗双方最大的区别。检方必须拿出铁证来,而辩方不需要任何证据,需要的只是提出疑问。所以,在最后,卡可伦是以十五个问题来结束他的结辩的。美国司法制度对于要求判一个人有罪的检方,严格到近乎苛刻的地步。在我看来,也是在贯彻"宁可放过一千,不可错杀一个"的原则。在辩方的结辩中,律师直指物证受到污染和警方涉嫌栽赃。冯警官和佛曼再一次受到攻击,他们被形容成"一对行骗的恶魔",主攻对象当然是佛曼。但是辩方律师有大量的夸张的、煽动种族情绪的言辞,比如说,称佛曼和希特勒一样,是一名"灭绝种族的种族主义者"。我觉得,正是辩方律师所采取的这个策略,搅浑了这一锅水,在一个相当清楚的审理逻辑上蒙罩了一层迷雾。

接近尾声,人们的情绪都显得激动不安。辩方的"种族策略"更是在那里添乱。法庭外,被害者高德曼和辛普森的家属分别发表了针锋相对的谈话。高德曼的父亲是犹太人,他说,把言辞中含有种族主义倾向的佛曼,比作杀害了千百万犹太人的希特勒,根本是比喻不当。他还说,卡可伦雇用的保镖是来自"伊斯兰之国",他就没什么资格谈种族主义的问题。这里我略为解释一下,老高德曼这样说,是因为"伊斯兰之国"是法拉肯领导的,他就是我以前提到的,马康姆·X的女儿始终怀疑他是杀害自己父亲凶手的那个人。法拉肯在美国是出了名的反犹太民族的另一类种族主义者。辛普森的家属则也发表谈话,为辛普森的律师辩护。种族话题终于越炒越热,新闻界也不断公布黑人和白人对辛普森"是否有罪"不同观点的比例。法庭外,开始聚集一些民众,有的高叫"释放",有的则回应"有罪,DNA",还有人大叫:"让陪审团裁决,这是美国!"

检方最后为结辩安排了一个戏剧性的高潮,一边播放妮可以前在辛普森冲到她家里时,她向警方报警的录音,在她惶恐不安的声音背景下,银幕上,是巨幅的两名受害者满身是血的尸体照片。总之,在这几天里,检辩双方都已经充分运用了他们有可能利用的一切办法,包括各种展示手段,去说服陪审团。历时九个月,聆听了一百二十七名证人的审判终于走向判决。伊藤法官给予陪审团最后的指示。这些指示主要是美国法律对于陪审团的规定。法庭上一片肃静,伊藤法官一字一句地,清楚地念了两遍。其中有,法律规定,陪审团在合议之前,不得互相讨论案情;在合议之前,不得对案子形成固定的看法;陪审员必须按法律判断,而不能掺杂自己的好恶;陪审员不得轻信双方的律师,要以证据为依据；陪审员不得由于对双方律师的印象好坏而影响对证据的判断；在双方的证据出现矛盾的时候，必须倾向于相信证明被告罪名不成立的证据。给我印象最深的，就是上面的最后一条。在辛普森的案子里，始终没有出现过直接的证据，所有双方提供的证据，都是所谓外围的"情况证据"。这时，最容易出现双方证据有矛盾的情况，而美国的法律，在这种情况下，是站在保护被告的立场上的。

法官给出这些指示以后，这个案子就正式交给陪审团了。对于陪审团的研议时间，专家的猜测都在十天半月不等。在这段时间里，已经没有律师什么事儿了。如果陪审团对于法官最后的指示不清楚，或者对法律上还有什么问题，法官会给他们法律上的指导。除此之外，法官也丝毫不能再给这个案子任何影响了。对法官来说，案子已完全交出去了。由于大家对于研议时间的估计比较长，因此法庭几乎是空的，就连从不离开的高德曼的家属都不在场，法庭上只有辛普森和他的一名不太唱主角的律师在陪伴着他。

可是，就在不到四小时的时候，这十二名陪审员表示他们已经作出裁决，然后，神情严肃地进入法庭，把装着裁决的密封信封交给了伊藤法官。辛普森面容凝重地盯着他们看，他当然也想看出一点蛛丝马迹来。但是，他们之中只有两个人向他这个方向投了一眼，其他人的眼光都避着他。一般分析，陪审员避开被告的目光，十之八九不妙，所以，当辛普森离开法庭的时候，看上去脸色阴沉。法官决定第二天早上十点钟拆封宣布。

当天晚上，全美国的人都在猜，什么是陪审团的裁决。所有的情况细节都被专家搬出来分析了又分析，但是，依然莫衷一是。

尽管你已经知道了结果，我还是决定把宣布裁决留到下次再写，回想宣布时全美国的激动,至今还觉得很有意思。可是,我要再想想,对于辛普森案,我到底还要告诉你些什么。

  祝

好!

林 达

世纪大审判的告诫

卢兄：你好！

我记得就是在辛普森案裁决宣布的那天晚上，我开始给你写这个案子的。我现在还记得周围所有的人在那天经历的冲击。洛杉矶的上午十点，是美国东海岸的下午一点，所以，那天我和周围的朋友都度过了一个非常心神不宁的上午。我曾经经历过一次美国大选，人们等待新总统的选举结果都远没有这样紧张的气氛。新闻界事后报道说，在宣布前后的这十分钟里，全美国的人几乎停止了一切活动，不工作、不上课、不打电话、不上厕所，人人都在听辛普森的判决。在亚特兰大的哈茨夫国际机场，由于大家都看电视，使达美航空公司的数班飞机延迟登机，一名不识时务的工作人员在宣判的关键时刻催大家登机，结果一百多名旅客一起大吼，叫她"闭嘴"。在迈阿密的银行里，出纳员停止点钞，排队的长龙突然消失，大家都去看电视了。纽约证券交易所虽然没有停止交易，但在一点钟之后变得非常缓慢，到一点十分，在显示股价的标示板上,多打出了一行字"辛普森被判所有罪名不成立"之后,交易才恢复正常。平时充满交易员震耳欲聋喊叫声的芝加哥期货交易所,在宣判的那几分钟完全鸦雀无声。首都联邦政府的高级官员,平时你很难让他们承认,有什么事情会比他们手头的公事更重要,但是这一天,一度各机关部门几乎停摆,从白宫到国会和联邦各部门,原定下午一点钟举行的许多有关国家政策的简报、听证和记者会,不是延期就是取消,只为了等待辛普森的审判。人们用各种方法获得消息。首都的自行车邮递员利用无线电从公司调度那里获得结果,一路喊叫着告诉行人。

这在美国是异乎寻常的一刻,令美国人自己都无法想象。最千差万别、最各行其是的美国人,居然同一个时刻,全国一致,千千万万的人在不同的地方做着一件完全相同的事情,"所有的例行事务都被巨大的好奇心所吞没"。

尽管我和许多美国人一样,想到过会是这样的结果,但是我也和他们一样,久久无法从巨大的震动中恢复常态。这一宣判,包含的内容太多太多。

审判刚刚结束,检辩双方和当事人双方的家属立即分别举行了记者招待会。辛普森的儿子读了他父亲的一份声明,他表示"将以抓到杀害妮可和高德曼的凶手为此生最重要的目标"。检方和被害人家属在电视镜头面前,几乎可以用"悲壮"二字来形容。检方的律师们动情地与被害者家属拥抱,互相表示感激和安慰。看着这个律师团所表现出来的"团队精神",确实非常令人感动。尽管他们是在一个"关键大赛"中踢输了的"球队",但是你看到他们依然团结、互相分担失望和痛苦,领队的女检察官克拉克高度赞扬和感谢了她的同事。在这一

高德曼的父亲

年中,他们都付出了极大的代价,克拉克本人还因为夜以继日的工作,失去了她对自己孩子的监护权。老高德曼最后一次声音颤抖的讲话,震荡在美国的每一个角落:"1994年6月13日是我一生中最可怕的噩梦降临的一天,今天是第二个噩梦。今天,并不是检察官输掉了这个官司,今天失败的是这个国家。正义和公道没有得到伸张。"

辩方律师在最后结辩时的"种族策略",已经使得这个案子在社会上的影响不可能不带有强烈的种族色彩。许多相信辛普森无罪的黑人高兴地庆祝"正义和公道得到了伸张",在电视台的街头采访中,许多白人表示失望。但是,这种分野并不是绝对的。略为理智的人,都是根据他们的分析和直觉,在对这个案子作他们自己的判断,而不是根据自己的种族归属。事实上,不管是黑人还是白人还是其他种族,都依然对这个问题有不同的结论。大多数美国人在判决出来之后,都还是认为辛普森是杀了人的。问题是,不管辛普森是有罪还是无罪,这样一个事实总是无可置疑地摆在所有人的面前:在美国,这两个被害人被以十分残忍的方式杀害了,妮可的头颅几乎被割了下来,但是凶手并没有归案。也就是说,不管辛普森是否寻到了他的"正义和公道",被害人的正义和公道肯定尚未得到伸张。

因此,整个美国几乎都无法从一个精神重负中解脱出来。因为实际上,大家都背着很沉重的"追求正义"的负担。人们无法接受这个事实,"世纪大审判"审了一年,结果嫌疑犯被宣布无罪了,凶手却还是没有结果,甚至于现在连嫌疑犯都没有了。所有的人中,最感到不堪重负的就是法律工作者了。因为他们比任何人都更清楚美国司法制度的机制,更清楚维持这个制度的理由以及为此支付的代价。他们比别人经历更大的精神矛盾和冲击,这是因为,那些沉痛的代价通常是经过他们的双手,亲手支付出去的。在法庭宣判后不久,一向给人以冷静镇定印象的伊藤法官,在他的办公室里和他当警官的妻子忍不住失声痛哭,互相安慰,过了很久才平静下来,回到法庭与辩方律师握手。这时,检察官已经早就离开了。那段时间,我们每天通过"法庭"频道收看审判情况,"法庭"频道的几个年轻人,非常出色地为这个案子做过大量转播、采访、评价等工作,宣判后,他们也显然心情沉重。问到他们的感想,其中一个年轻人说,我在这个法庭守了九个月了,我不知道我以后是否还会做这个工作,但是我知道,经过这次审判以后,我不会再和以前完全一样,美国也不会再和以前完全一样了。

在社会上大量认为辛普森有罪的人们,都希望找出这场对他们看来不可思议的谬误的罪责承担者。因此,各种批评接踵而至。有的指责陪审员的情绪被辩方律师的"种族煽动"所左右,忘却了自己神圣的职责，因为陪审团中有九名是黑人。也有的估计他们是在这个案子中被隔离得太久了，急着回家，因而根本没有认真研议，草草就作出了判决。在这里以"技术型"著称的华裔则嫌陪审员的文化水平太低。在陪审团中间，只有三名有大学以上学历的。他们说，要是那十二名陪审员都是博士或硕士学位的"老中"，辛普森还会有救吗？……在种种说法中，"种族主义情绪导致误判"和"辛普森金钱买正义"是最多的两项指责，甚至欧洲和其他国家，都纷纷传来类似的批评。

写到这里，我想先告诉你几个很有意思的情况。

你在最近的信中曾经问过我，你觉得辛普森有罪吗？在这一年里，美国所有的人都在问别人或被别人问这个问题。在该案审判的不同阶段，在时而检方占上风、时而又是辩方占上风的时候，这个问题曾被一遍遍地提出来。后来，尤其在辛普森案判决之后，我突然发现，另一个问题或许更有意义。于是，我开始问我身边所有的朋友，我先问他们，你觉得辛普森有罪吗？他们中的大多数回答说，他们认为辛普森有罪。然后我再问他们，如果你是陪审员，你会判他罪名成立吗？对于这个问题，有些人答得有点犹豫，有些人则非常坚决，他们中的绝大多数人都回答说：不会！

在辛普森判决之后，报纸上一直大量报道，大部分的黑人认为他是无罪的，大部分的白人认为他是有罪的。接着新闻媒体又做了这样的民意测验，他们问，你觉得辛普森是受到了公正的审判吗？绝大多数的人，不论他是黑人还是白人，不论他觉得辛普森是有罪还是没罪，都回答说，是的，我认为他受到了公正的审判。

还有，在整个审理过程中，辛普森的"梦之队律师团"意见不和的消息不时见报。最初呼声最高的夏皮罗律师明显从主角的地位退了下

宣判后的辛普森和他的律师

来,而且到后来,他和另外两名律师,看上去几乎很少交谈。在判决之后,夏皮罗发表谈话说:"过去我们的立场始终是相同的,那就是,种族意识将不是、而且应该不是此案的一个组成部分。但是,我们不仅打出了种族牌,而且把它当作王牌来打。"谈到卡可伦把佛曼比作希特勒,夏皮罗说:"我非常生气。我认为,纳粹大屠杀是现代文明中最残暴的人类事件。而纳粹大屠杀是希特勒干的事。在我看来,把佛曼这个人和这样一个凶恶的人相比,是错误的。"他谈到,卡可伦这个提法事先并没有和他商量,他今后也不会再和卡可伦进行这样的合作。

这一切都说明了什么呢?

首先是,这支"梦之队"是踢赢了,但是它赢得不够光彩。在宣判第二天的报纸上,有美联社的两张照片。一张的标题是:"梦之队,赢了!"照片上是宣判后记者招待会上的辛普森律师团阵容。另一张的标题是:"空忙一场,失望!"拍的是检察官克拉克和达顿在宣判时的表情。如果没有标题,如果让你仅仅根据这两张照片的脸色去判断输赢,你肯定莫名其妙。因为胜利了的"梦之队"和输了的检察官一样,一脸沉重。我相信,他们作为名律师,作为这一行当专家中的专家,他们自己清楚,而且知道同行们也清楚,他们赢得并不光彩。他们唬得住老百姓,却骗不过明眼的内行。

正如夏皮罗所说的,他们不应该"打种族牌"。就和在球场上一样,有的队"球风好",有的队"球风不好",球风不好的队也能够赢,他们的一些小动作也许还不能算作犯规,但是这样的球队虽然赢了,却不能得到球迷和同行的尊敬。看来,夏皮罗确实是这个律师团中水平最高的一个,也是最顾及职业道德和职业责任心的一个。可以想象,在决定辩护策略的时候,这个律师团有过多么激烈的争辩。但是,很不幸,夏皮罗的意见没有占上风。你也许会说,如果不打"种族牌"会不会输呢?夏皮罗之所以会在最后发表这样一个声明,就说明他和所有的明白人一样清楚,不这样做,他们一样会赢。

不打种族牌,并不意味着他们不揭发佛曼在初审阶段撒谎的事实,以及佛曼这个人有种族主义倾向并且没有警察的职业道德这样的事实。正是这些事实,使得陪审团有充足的理由,对佛曼这个证人和与他相关的证据提出疑问。同时冯警官在取证操作和保管物证中的失误,以及我以前介绍过的各种疑点都依然存在。再加上美国的司法制度对于陪审团判决的法律要求,使得检方在结辩之前就大势已去了。

这些法律规定,使得陪审员把个人的臆断猜测,尽可能地与陪审员职责所要求的法律判定区别开来。因此事实上，你在美国可以理解这样的情况是正常的：就是陪审员作为一个个人，他相信被告是有罪的，但是作为一个陪审员，他认为检方的证据尚且不足，他会投票选择判定被告"罪名不成立"。这也是我前面所说的，我的美国朋友们对我提出的两个问题："你认为辛普森是否有罪？"和"你如果是陪审员，是否会判他罪名成立？"他们会给出不同答案的原因。

辛普森的律师团，在辩护策略上，当然有很多不同的选择。面对检方的强有力证据，有人考虑到陪审团的种族比例，提出打"种族牌"，以期增加更大的保险系数，也是正常的和意料得到的。但这不是正直和光彩的。这种做法，不仅是对证人的一种不负责任，也是对一个多民族的社会的一种不负责任。你也许会问我，那么到底这张牌是不是起了作用呢？到底起了多大的作用呢？这使我想起了曾经读过的一篇文章，以及有关这篇文章和周围的人发生的讨论。

这是一篇提倡女权的文章。它谈到，女性待人处事的态度和她们的语言都与男性有很大的不同，作者列举了许多女性的习惯用语，分析了其语言特征，主要是它的柔性的一面。作者指出，这说明了女性长期以来，在社会上的不平等地位，使得她们逐步地习惯于谦和、柔性和没有自信心。但是，当我们在讨论这个问题的时候，我们发现，女性不但与男性有社会地位和社会角色的不同，显然还有她因生理不同而产生的心理不同，这些因素同样也影响了她的态度和语言特征。最后，大家争论的结果就是，事实上，你根本已经无法完全辨别出，在女性的语言特征中到底哪一些是生理和心理的因素造成的，而哪一些是由长期男女不平等的社会因素造成的。

在这十二名陪审员组成的陪审团里，我想，也永远无法分析清楚,有几个人,在多大的程度上受了被告律师种族情绪煽动的影响。人们的猜测和指责并不能说明这个问题,陪审员从法庭出来以后对这种指责的否认也不能说明问题。因为,尽管法律对陪审员有严格的要求,但是,我说过,他们都是大活人。这也是任何法制社会在穷根追底的时候,人们常常会遇到的困惑,因为不论是立法还是执法,都是"人"在那里进行。从前面我介绍的美国《权利法案》的二百多年的实行历史中,你也可以看到,每个历史阶段,由于"人"的不同,理解和实行的情况也就不同。但是,从它整个的实行历史来看,是在不断趋向于它的立法本意,这也是美国社会本身在进步的表现。那么,辛普森的陪审团在被告律师"种族牌"的影响之下,他们的裁决是否趋近于立法本意呢?这个答案,我想是肯定的。

这是因为,拨去被告律师"种族牌"在这个案子上所罩上的迷雾,审理和判定的逻辑都是清楚的。这也是在社会上做民意调查,任何一个种族都没有一个一致定论,而这九名黑人、两名白人和一名拉丁裔组成的陪审团却会有一个一致定论的原因。陪审员的判断逻辑是与民众不同的。况且,只要这十二名陪审员中间有一名不同意,陪审团也无法作出"罪名不成立"的裁决。同时,这也是民意调查中,几乎所有的人都认为辛普森受到的是"公正审判"的原因。这个民意调查还使我们看到,在美国,就连一般的老百姓,都会清楚地把一个人"是否犯罪并且得到了判罪",和他是否受到了"公正的审判"区别开来。但是对于一个不了解

辛普森案陪审团(比尔·罗夫莱斯作品)

美国的司法制度的人来说,这是一个很难想通的道理。他们会想,如果凶手是判罪了,那么说明审判是公正的,凶手没有被判罪,这场审判当然就是不公正的。这二者怎么会出现不统一呢?

美国的司法制度当然也是希望寻找罪犯,希望伸张"正义和公道"的,但是与此同时,它承认它面临这样一个困难,就是在案情复杂的情况下,它做不到"不错判一个好人,也不放过一个坏人"。因此,它并不强求一定要找出罪犯。同时,在对一名被告判断困难的时候,它倾向于"错放",而不是倾向于"错判"。这就是我以前自己总结的"宁可放过一千,也不可错杀一个"的原则。法庭上"罪名不成立"的解读,是"证据不足,不能定罪",而不是"此人清白无辜"。因此,它首先寻求的是"公正的审判"。在审理的过程中,检方的"寻找罪犯"、"寻求正义"是不可以放到台面上来的,不能造成任何一方以道义上的强势压过另一方。只要双方在法律的规范下,通过公平抗衡,得出了判决,那么,这个制度就认为这个社会的"正义和公道"是得到了伸张的。在辛普森这个案子里,我认为,这个制度要求检方,也就是打算把一个公民送到无期徒刑的大牢里去的一方,在提供证据的同时,取证必须科学、严谨;提供证人的时候,证人必须可靠。这样的要求,应该说是合理的。达不到这个要求,就是证据尚不充分,因此把这个被告放回家了,你也没什么可说的。

这样的司法精神是建立在《权利法案》的基础上的。它的出发点就是保护公民的自由和权利不受侵犯。我已经介绍过,《权利法案》的制定,它的目标是针对政府的,尤其是针对联邦政府。它主要是防止美国政府和政府的执法人员侵犯公民权,甚至滥用职权、陷害平民。一个被告,当他面临审判的时候,他立即面对着一个极大的强势。这里我想谈一谈有关辛普森"金钱买正义"的指责。在该案结辩之前，洛杉矶政府宣布，到当时为止，属于政府的检察部门，已经用了八百零五万一千七百三十九美元，这些钱当然来自当地的税收。这笔费用还不包括洛杉矶警察局的调查开支。

从这里你可以看到，我所说的一个平民被告面临强势，实在不是一个什么轻松话题。警察和检察部门可以动用以千百万计的金钱来对一个平民进行调查和诉讼，他们有可能是像达顿律师那样看上去是正直的理想主义者，至少有章有法；也有可能是像佛曼那样甚至比佛曼更糟，既有某种偏见又没有职业道德的执法犯法者，陷害栽赃都有可能。即使是一个理想主义者，也可能在某种信念的引导下，打击一个和他信念不同的平民。而当一个政府，或是政府的某一个部门，当他们出于某种原因，对某一个体或者某一群体的平民看不顺眼，想要"治治"的话，他们手里可以运用的，有的是巨大的财力和这种财力所可能调动的力量，尽管这些钱本身是来自人民。因此，你可以看到，一个平民如果沦为被告，在政府这样的强势面前，如果出现品质低劣的执法人员，有法不依，而且利用这个强势"仗势欺人"的话，那么这个被告被诬告、被陷害、被夸大罪行、被非法凌辱的可能性，都是很大的。如果宪法和司法制度还不明确地宣布保护被告的合法权利，并且坚决执行"公平审判"的话，这个社会还会有什么"正义和公道"可言呢？

辛普森并没有公布他为了应付这场官司到底用了多少钱。但是一般的判断都是他已经早就用完了他的钱。他必须用将来挣的钱来归还欠债了。不管他用了多少钱，我觉得首先要搞清楚"金钱买正义"这句意义不明确的话，到底指责的是什么。我想问的是辛普森是到哪里去买来了正义,他是送钱给检察官、法官或是警察了吗?是从他们那里去"买"正义了吗?显然不是这样。他是花了巨款,但是买的是律师的法律知识和法律服务,他用这笔钱得以能够在全国各地收集证据,并且以此在法庭上公平地与对方据理抗争。这里我看不出有什么问题。相反,需要做的不是抑制辛普森的"金钱买正义",而是应该考虑如何资助其他的平民也能同样正当地"买到正义"。

在美国,这方面的工作是必须做的,因为宪法第六修正案明确规定,被告有权利"要求由律师协助辩护"。"神探亨特"在向被抓住的嫌疑犯背诵了"你有权保持沉默,如果你放弃这个权利,任何你讲的话都有可能在法庭上成为对你不利的证词"之后,就是背诵"你有权请一个律师……"如果一个平民请不起律师的话,那么,他会告诉你,法庭将会为你指派一名律师。宪法规定请律师是被告的权利。在美国律师是一种收费的服务业,这个矛盾如何解决呢?一般是法庭规定律师都必须有一定的小时数的义务服务。这就是法庭指派律师的来源。我以前告诉过你的如"美国公民自由联盟"这样的民间组织,也有为平民提供免费的法律服务,他们经常能够得到一些非常好的律师作义务服务。对于一些民事案件,比如牵涉婚姻、住所、福利等等,美国联邦政府有一个联邦法律服务公司,为请不起律师的人提供免费律师。这个公司去年经手了一百七十万个讼诉。但是,这个公司不管刑事案件。

在美国,一个被告可以主动放弃你请律师协助的权利,但是不可以因为没有钱而被迫失去这样的权利。去年洛杉矶大火,不知烧掉了多少人家的房屋森林,结果闯祸的是一个刚刚从南美偷越边境过来的中国人。但是,他还是有权拥有一个法庭指派给他的律师,最终我记得判的刑期很短,虽然造成的损失惊人,但因为他是烧火取暖,属过失犯罪，并不能因为他是一个非法移民，就夸大罪行，或加重处罚。

法庭指派的律师，当然不会都像夏皮罗，但是如果你有证据说明法庭给你派的律师不尽职的话，你可以据此上诉，推翻原判，我以后再给你讲点这样的故事。不管怎么说，使得所有的人都能够得到高质量的法律服务，这是一项整个社会必须逐步去做的工作。在真正做到这一点以前，应该说，能够"买到正义"的人数越多，越表现了一种社会进步。

在美国，也和其他国家一样，大量的普通平民是善良的，在看到社会上出现犯罪现象的时候，总希望法律对于犯罪的惩治是行之有效的。他们中的一些人也会希望"从重、从快、从严"，使得这个社会能够迅速安定下来。同时，也有一些善良的平民，他们觉得刑事案件永远是一件"打击坏人"、只有"坏人"才会卷进去的事情，而自己属于"好人"之列，严刑峻法、快速判案，即使产生误差，造成的也是坏人倒霉，和自己是没有什么关系的，自己永远不会需要一个保护被告的法律。

但是，事实上，一个国家的法律是针对它的整体人民的，只有当它对所有的人是公正的时候，任何一个"个人"才有可能在任何情况下都受到法律的保护，从而拥有安全感。相反，如果一个社会纵容对一部分大家认为是"坏人"的人草率处理，表面上看起来有可能是维护了"好人"的利益，但是事实上，在这种情况下，已经隐含了对每一个人的公民权利的威胁。在一定的气候下，无视公民权、践踏公民权的"细菌"，就会以人们意料不到的速度突然迅速生长，危及每一个"个人"，"好人"、"坏人"通通无法幸免。

美国的《权利法案》以及司法制度对于被告的保护，至今还不能完全防止冤假错案。比如说,假设佛曼的录音带是完全真实的,里面就提到不止一个品质恶劣的警察制造伪证、陷害被告的案例。辛普森案一结束,司法部长就下令对洛杉矶警察局进行调查。但是,《权利法案》和司法制度的设计,正是为了尽可能减少这种现象,更是为了使美国在过去、现在和将来,都杜绝发生大批人死于冤狱或者困于冤狱的可能。它的一个基本原则,就是不以社会安全为借口,非法剥夺一个公民的自由和权利。牺牲任何一个"个人"的自由权利以及家庭幸福,以此作为换取社会利益的代价,这种做法的合理性是不被美国的宪法精神所承认的。它不承认任何一种社会要求可以高于一个公民对于自由幸福和合法权利的要求。

记得我很久以前读到过一个笑话,说是几个来自不同国家的人在谈什么是最幸福的时刻。那些来自英、法、美的人谈的幸福时刻,都没有给我留下什么印象,使我至今不忘的是一个来自斯大林肃反时期的苏联人。他说,当你早晨被一阵敲门声惊醒,打开门发现一个人站在门口说,"伊凡·伊凡诺维奇,你被捕了",你却能对他说,"对不起,伊凡·伊凡诺维奇住在隔壁",这才是"最幸福的时刻"。当政府的权利没有任何限制,以至于膨胀到了百姓都要把这样的时刻当作"幸福时刻"的时候,也许街上盗贼是很少的,犯罪率是很低的,社会是"安定的",法律是绝对不保护坏人的,但是这样的法律也同样是不保护好人的。

对美国的陪审团制度,争议也非常多。它在美国的司法制度中是看上去最薄弱的一个环节。我尽管以前知道有这么回事,可是到了美国以后,发现他们居然是在"玩真的",随机抽样,来的人五花八门,人种肤色各异,有业无业不论,有知识就有知识,没文化就没文化,也觉得够悬乎的。在美国，最强大的就是法律队伍了，法律博士一大堆，为什么偏偏要找一帮"外行"来做"法官之上的法官"呢？更何况，这是一个出了名的"现代国家"，怎么会"落后"到依靠"乌合之众"来判案的地步呢？我曾经和朋友迈克讨论过陪审团。他说，在这里，所有理解赞同这个制度的人，都知道它的弱点，我们从来不认为它是一个完美的制度，我们只是找不到一个比它更好的制度罢了。

辛普森案宣判后，克林顿总统看完电视，回到办公室就写下以下声明："陪审团已听过证据并作出它的判决。我们的司法制度要求尊重他们的决定。在这一刻，我们应该想到这个可怕罪行受害人的家属并为他们祈祷。"美国司法部长则在辛普森宣判后，针对陪审团制度发表了这样的讲话："我并未发现任何认定他们（陪审团）需要改革的立论基础。我们有陪审团已经好多好多年了，在考虑改变此一制度时，我们应该非常、非常小心。"

那么，为什么美国人在世界上众多审判制度中，独独选中陪审团制度，而且守着不肯放呢？当然，你也知道，陪审团制度并不是美国人的发明，它的产生远早于美国的诞生。在中世纪的英国，司法相当黑暗，监狱形同地狱，屈打成招比比皆是。十二世纪以后，逐步建立了陪审制度。美国独立之后，建国者们即将陪审制度作为宪法的一部分肯定下来，此后的宪法修正案又做了进一步的补充。美国的第三任总统杰弗逊就认为，这种审判制度在维护民主所起的作用上，比选举权还要重要。确立这样一个制度，它的立法精神就在于防止联邦政府和政府的官员滥用职权，践踏人民的基本自由。

固然，陪审团制度是有明显的弱点，我曾经提到过，所有的"法制"都会有"人制"的困惑。最初的立法、审理的过程、最终的判定，都有"人"的参与。前人立法之后,有后人修正的可能。在执法的过程中,有不同的人对于法律条文的不同解释。你可以看到,一些同样的法律条文,在不同的国家可以解释和实行得风马牛不相及。在辛普森案的审理中,法官对于具体情况的处理,每天都受到大量法律专家的评判。最终的一个"生死断定",总是由"人"来作出,由法官也罢,是法律专家也罢,是陪审团也罢。在辛普森案这个案子里,我们就看到,尽管双方律师充分出示了各自的证人证据,但是,即使是法律专家,也是各作各的判断,不同的法官、不同的法律专家,照样会判出不同结果来。

例如,我前面提到过的全美首屈一指、世界著名的华裔刑事科学鉴定专家李博士,在审判结束时,他的办公室铃声没有断过,全美的新闻机构排队等着在电话里了解他的看法。他就认为,他对判决不感到完全意外,他说,他以纯科学的眼光来看,洛杉矶检察部门有关辛普森的证据并不能使人心服,其中最重要的关键,就是检方对被告作案的"时间顺序凑不拢,失去基本逻辑基础"。他认为,辛普森不太可能在极短的时间内连杀两人,再回家更衣销毁证据。他同时表示,还有其他物证也有重大嫌疑,比如命案现场的第一保存采证过程就极为重要,而以他的专业标准来看,"检方物证的可信度极为离谱"。但是,我们当然相信,也有其他的法律专家,会有完全不同的看法。

因此,并不是说,是法律专家断案就是绝对的。这毕竟不是计算机算题,信息输进去,一按电钮,"啪"一下结果就出来了。陪审团制度的设计,强调整个审理过程是完全由专业的律师按规定操作,由精通法律法规的法官控制"公平审理过程"。当该摆出来的所有合法证据,都已经摆在大家面前,双方律师该说的都已经说了之后,然后按照法律有关判定的指示去合议出一个一致的判断。这个制度的设计立论认为,如果一切是清清楚楚、一目了然的,一般常人的智力已经足以判断。如果证据是矛盾的、有疑问的,判案的法律指示已经明确规定,在这种情况下必须判被告"罪名不成立"。如果一切是有争议的,法律也规定审判将宣告失败。因此,这个时候,关键的问题已经不是判案者是不是专业人员的问题,而是判案者是否公正的问题了。这个公正,是指判案者首先绝对没有陷害被告的动机,并且尽可能不受任何其他影响,而仅仅以证据为依据去进行判定。在陪审制度起源的英国都已经用得不多的时候,美国人之所以坚持用陪审团制度,而不用其他任何制度替代,这是因为陪审团制度有一个最大的特点,那就是:陪审员是最不受任何人操纵控制的。

顺便我想告诉你,辛普森案的法庭里,作为被告的体育明星是一个公认的"大款",名律师的报酬也大概超出了人们的想象力,检察官虽然是公职人员,年薪也应在二十万美元之上。伊藤法官的薪水我无法估计,只知道法庭配给他的那把椅子,就值六千美元。而法庭上的陪审员却只有一天几美元的补贴,他们出现在法庭上,与钱没有关系。在美国,被选上的人去法庭做陪审员,是一项必须去尽的公民义务,其重要性和服兵役一样。在大学里都有规定,凡是有陪审员任务的学生,可以不参加考试。

陪审员独立于政府之外,独立于司法系统之外,独立于任何政治势力之外。他们的判断,就是一般民众放在法律对陪审团的规定之下都会作出的判断。他们招之即来挥之即去,法庭为他们保密,使他们没有心理负担。他们只要自己不想出头露面,可以永远不被周围的人知道自己的角色。所以除了他们应该考虑的证据之外,没有非考虑不可的其他因素。当然,这有一个基本条件,就是这个社会是自由的,普通民众是不受任何控制的。老百姓在一般的情况下,是像一盘散沙的,在没有和外国打仗的时候,是不拧成一股绳的。美国恰好就是这样一个国家。

所以,如果宪法和司法制度的出发点,是保护公民的自由、保护被告的合法权利,那么,陪审团制度确实有它难以替代的优越性。

我想起来就没法不觉得惊奇,你要知道,当初制定宪法和《权利法案》的那些美国开国者们,他们本身并不是"人民",而是手中握有政府权力的当权者。二百二十年前的北美,还是一块非常野蛮的土地,动不动就要掏出枪来决斗的,却有这样的"思想"在那里闪闪发光。当时美国还很不稳定,各个州松松垮垮,自行其是。这些好不容易打下江山的开国元勋,不好好考虑考虑如何巩固政权稳定江山,把不听话的州都好好收拾一番,不认真严肃法纪政纪,该杀的杀、该抓的抓,使社会迅速安定下来,却在那里担心手里的权会不会一不小心用过了头,担心即使自己小心翼翼没出什么岔子,自己的后任,甚至后任的后任会不会"走了火"。因此,开国伊始,他们认认真真讨论的头等大事,居然是如何立法保留老百姓手里的枪支武器,保护他们的民间武装,让他们拥有最彻底的自由,甚至建立一个保护被告合法权利的司法制度。有了这么一个开头,你还想指望美国人看上去规规矩矩、整整齐齐吗?他们两百多年来,政府和老百姓,就这么乱中有序地互相习惯了。静下心来想想,真是觉得不可思议。

你一定记得前面的那些信里,每当我在一个方面回答了你的问题,介绍了美国人所拥有的自由和权利,我就要同时告诉你,他们为此支付了什么样的代价。让你对这些代价有清楚的了解,是我写这些信的真正出发点。我们在世界各地，在不同的时代，都看到过这样的情况，总有一些人在不同的情况下，向那些对于各种需求饥肠辘辘的民众，描绘不同食谱的美味午餐。于是这些人有了众多的追随者，甚至在他们的帮助下成就了自己的事业。这时候，有两种不同的情况往往会不幸地冒出来。一种情况是，这是一份虚假的许诺，人们被土豆加牛肉的食谱所吸引，得到的午餐却是树皮加草根，令人大失所望。另一种更普遍的情况是，这是一份真实的午餐，可是，当人们被引到餐桌前，才发现一个早该想到的简单真理，世界上没有免费的午餐。他们还未享受到，已经先被昂贵的代价所吓倒，不知那个当初引他们走向餐桌的家伙是有意还是无意，他竟然从来没有提起过这样的代价。这是不公平的。

辛普森回家了，也是坐的白色汽车，电视一路跟踪，顶上有十二架直升飞机在追随，使人想起一年前的追捕场面。他跑了，永远地跑了。就是你明天发现一把凶刀，上面有他清清楚楚的血手印；就是明天有人拿出一盘录像带，上面有辛普森杀人的全过程，也通通没有用。检察官再也不可能向他提出另一场起诉，因为在美国的宪法修正案的第五条里，有这样一句话，"人民不得为同一罪行而两次被置于危及生命或肢体之处境"，这在美国的法律术语中叫作"两次困境"，将一个公民置于"两次困境"是违宪的。《权利法案》的这一条，限制了政府的执法人员对一个公民无休无止的纠缠。因为宪法的制定者认为，必须防止这样的情况：一个执法人员没有充分证据却要判一个人有罪，当陪审团宣布"罪名不成立"之后，执法人员不甘心，明天弄到一点什么，重新起诉，后天有些借口，又重新起诉，反正你别想太平。禁止"两次困境"就彻底杜绝了这种可能。对于一个罪行，刑事起诉只以一次为限。要成功,检察官就必须在一次起诉中成功。如果被判无罪释放了,只有当他又一次犯罪被你抓住,你才可能再一次对他起诉,否则,你只能看着他永远地逃离你的手掌心。

但是,当人们以复杂的心情,又一次在电视里,看着一辆载着辛普森的白色汽车在公路上向家里开去的时候,宪法保障公民所拥有自由和权利的代价是非常清楚的。如果辛普森是有罪的,他已经永远地逃脱了。"宁可放过一千,不可错杀一个",这里,不错判错杀一个无辜公民的代价,就是可能有一千个罪犯被放跑了。这种代价是多方面的,不论从哪一方面去探究,都是沉重的。

如果辛普森是杀人凶手,两名被害人的公道就再也无法讨还,正义再也无法得到伸张,老高德曼苍凉悲愤的声音将永远使有良心的美国人不得安宁。在"放掉一千"的同时,人们必须面对许许多多被害人哭泣的冤魂。人们将时时会怀疑,他们在检察官输掉一场场官司的时候,他们是不是像老高德曼所指责的,正在输掉一个国家?

如果辛普森是凶手的话,他放回家之后,大概也不会再去杀人。但是,谁能保证那些由于没有足够证据而被放掉的"一千",甚至远不止一千的嫌疑犯,回家以后会干些什么呢?"放"得越多,当然危险就越大,社会就越不安宁,这几乎是最简单的一个逻辑。每一个人都在为此支付代价。

实际上,美国人为了公民的自由和权利,除了付出精神上和安全上的巨大代价之外,他们人人还在付出金钱的代价。你已经看到了,辛普森一案,仅仅审理费用就达八百多万美元,如果加上警方调查取证的费用,不会低于一千万美元。你不要以为这是因为辛普森是名人,才审得时间特别长。加利福尼亚州的一个华人妻子,被控谋杀丈夫来自大陆的情人和她的孩子，已经审了很久，被华裔称为"小辛普森案"，目前已经宣告陪审员无法达成一致意见，一审失败，案子悬搁。由于检察官不肯放弃，最近即将开始重新审理，至少又是一倍的时间。这个时间当然就是金钱。不管最终的判决将是什么，陪审员应该说是谨慎的，他们至少不会因为涉案的都是外国人和少数民族，就草草判掉算了。他们当然不但知道重新审判要花钱，还知道钱是从哪里来的。这些钱是从哪里来的呢？我以前已经告诉过你，美国政府不拥有任何企业，它的每一分钱都是老百姓的，包括这些陪审员，交给政府的税金。

从今天的报纸上，我们看到，艾奥瓦州的一名中国留学生被控两个一级谋杀罪。他杀害了同是从中国来的一对留学生夫妇。他一直没有认罪，检方在起诉的时候要求判他死刑，在开审前的最后时刻，他终于认罪了。我曾提到过，在这种情况下，他可以得到法庭给他的一个交换条件，换取一个略轻一些的刑罚。结果他有可能被判处不得假释的无期徒刑。当记者采访死者家属的时候，他们谈到很不理解美国的司法制度。对于中国人，杀人偿命，一命抵一命，是最自然不过的事情。对于美国人来说，一种罪行有一个量刑的上下限。在这个限度之内，都是合理的。罪犯认罪，可以省下大量的人力财力，在限度之内的减刑是可以接受的。我想被害者家属也一定没有想到，案子拖长的话，有可能耗去美国老百姓辛苦工作挣来的成百万、成百万的美元。事实上，美国人依然要用自己的税金把他养在牢里，尽管不论是凶手还是被害者，都不是美国人。他们为这块土地选择了这样的原则，就必须为这块土地上发生的一切支付代价。有时候，这个代价是指金钱；有时候，这个代价，甚至是生命。

明确了代价之后，仍然选择尊重公民的权利和自由为最高目标，这是需要勇气的。而且,有时候,甚至可以说,必须是有能力支付代价才能得到的。

这封信写得够长的了。很想念你,来信。

祝

好!

林 达

百万黑人大游行

卢兄：你好！

收到你的来信很高兴。你谈到由于辛普森案所反映出来美国的种族问题，希望我对这方面的情况作更多的介绍。这也是我很想多谈一些的题目，但是，要讲清楚很难。首先是题目太大，其次是因为太复杂，在这样短短的信里，只能讲到一些皮毛。可是我还是希望能够尽量谈一些，使你至少有一点大致的印象。

这些日子，美国又很热闹，趁着辛普森案所激起的美国黑人的种族情绪，一名黑人领袖出来号召，在马丁·路德·金当年领导"走向华盛顿"的百万黑人大游行三十多周年后的今天，再进行一次同样的活动，也就是，再来一次到华盛顿的"百万黑人大游行"。这立即引起了全美国社会的关注和许多不安。人们担心，在这种时候，举行这样的活动，是否会煽起更大的种族情绪，甚至有人趁机挑起黑人对其他种族的仇恨；担心这么多黑人聚在一起，举行以"种族"为主题的集会，是否会在"群体效应"的影响下，发生一些类似骚乱的事情；更担心万一发生骚乱，万一再和警察之类的发生冲突，又要引起什么社会动荡。人们记忆犹新，在民权运动中，人们的情绪，尤其是黑人的情绪是多么强烈，冲突是多么容易发生。马丁·路德·金的伟大，正在于他站在干柴边上，却能够不去点燃一堆可以利用的烈火，而是主张和平和非暴力的抗议。问题是，这一次活动的发起和组织者，却不是马丁·路德·金，人们的担心实在不是无缘无故的，因为这次"百万黑人大游行"挑头的，正是"黑人伊斯兰国"组织的领导人法拉肯，在我前面的信中，曾经提到过这个人物。这个组织历来观点激进，法拉肯本人也以发表大量的反犹太民族的言论而著名，而且他所发表的言论里，除了反白人之外，也反美国人中的越南裔和朝鲜裔，还反天主教和同性恋，总之一向是树敌颇多。他的演说能力，也就是鼓动群众的能力，在大家都很能言善辩的美国，也是非常出名的。他还邀请了辛普森和所有的黑人中的名人参加这个集会。

  这个集会预定的地点，是在美国首都华盛顿的中心地带，国会大厦前面的广场上。我想，最不安的应该是总统克林顿和美国政府，因为不管惹出什么麻烦来，首先总是政府的麻烦。那么美国政府能不能找点什么理由，阻止这样一个活动呢？这是不可能的。国会大厦前面的广场，是理所当然的"公共论坛"，而"集会自由"又是被涵盖在"言论自由"里面的，属于宪法第一修正案的保护范围。如果美国政府表现出哪怕是一点点被怀疑是阻挠之类的举动，那么它将要遇到的麻烦，就远远不止是一场集会了。因此，现在的美国政府，不管它对于一个这样的集会实际上有多么不安，它最聪明的做法就是积极配合，提供一切方便，摆出一个落落大方的姿态。也许你会问，对于这样前景不可预测的"巨型集会",美国政府不能公开阻挠,那么能不能暗中搞点小动作呢?

我想,这是每一个手中握有很大权力的人,心中无法抵挡的诱惑。美国政府也不例外,它也曾经经历过这样的历史阶段,试过搞点小动作,为自己减少麻烦。但是,在美国这样一个经过认真设计的国家制度下,这样做对于政府和操作者,都非常非常危险。首先是一旦被揭露,将成为一个爆炸性的政治丑闻,涉案的人们没有必要为此搭上自己的政治前程;还有就是在美国这样的制度下,这类事情很难避免早晚有一天会被揭露。对于美国在历史上走过的这样的阶段,我也想在这里向你做一点介绍。

我前面谈到过,美国政府对于国内的形势感到最无从把握的,就是六十年代的动荡,这也是美国政府最容易一发急就铤而走险的时候。正在进行的越战,也是这种动荡的一个重要的起因。1969年,就有两个美国知识分子,布卢姆和瓦斯寇,他们也是热衷于民权运动的积极分子,并且属于一个叫"结束越战新动员委员会"的组织,策划了一场大的反战游行集会。当时,他们想使得集会规模尽可能大一些,就去联合当地的黑人一起参加。但是,当时的黑人更关心的是他们在社会上的平等权益。应该说,他们是当时美国社会上两股不同的力量,是动荡的两个不同的源头。他们分开"折腾",已经使得当时的美国政府头痛不已。问题是,美国政府和老百姓一样,也是第一次遇到六十年代的许多新思潮新问题新骚乱,谁也不知道这种动荡是什么走向,到底会产生多大的"破坏"。因此,当时的美国政府,当然希望情况不要向失控的方向发展,当然希望这种骚动不安的力量越小越好,越分散越好。

有的黑人组织对于这场反越战的集会是非常支持的,但是他们很

美国七十年代初的反越战游行

想联合的"黑人联合阵线"却没有多大兴趣。大型的抗议集会的组织，经常有财力上的问题，于是，这个"阵线"的领导人就提出，他们可以动员他们的成员前往白人的反战集会"助阵"，但是白人的反战组织是否能给黑人自己的集会捐点款，比如说，他们来一个人得到一美元的捐款？为此，他们举行了一些协商会议。

这种主意提出后，在"新动员"组织中当然马上就引起了不同的意见。一种意见认为这可以考虑，另一种意见则认为，民权运动是自愿参加的，这么一来不是成了交"人头税"了吗？但是，总的来说，他们两个组织之间达成协议而进行联合行动的可能性还是非常大。

但是，就在这个时候，"新动员"组织收到来自"黑人联合阵线"的一封非常不礼貌的催款信，而不久之后，"黑人联合阵线"也发现一张评论这件事情的传单，传单的文章中间，印了一只黑色的猴子，文章的题目是:"给他们香蕉!"此后,"新动员"组织的反越战大集会依然如期举行,而且很成功,但是"黑人联合阵线"没有参加。这两个组织,也从此产生隔阂而疏远了。

谁也没有想到,所谓的"催款信"和传单,都是当时的联邦调查局实行的一个秘密"反间谍计划"的杰作。当时美国的反战者和民权运动的组织,都是他们这个"计划"干扰和瓦解的目标。联邦调查局的这个计划,是在六十年代末期美国政府对于国内骚动感到束手无策的时候设立的,得到当时的局长胡佛的同意。但是搞出这套计划的人都知道,弄不好,这就是自己给自己埋下的一个定时炸弹。这种做法的"违宪性",人人皆知。但是,可以想象,美国政府中搞出这些计划的人,当时也是给逼急了。在美国的宪法里,非常特别的一点,就是它的实行不允许有任何假设条件下的变通。

这是什么意思呢?就是说,美国政府在任何情况下,都无法中止人民可以享受的宪法权利。我记得自己第一次注意到这一点,是在"文革"刚刚结束时看的一本美国小说里。这本小说好像叫《代号R密件》。这种书在美国,是标准的所谓"畅销小说",就是情节紧张引人入胜而且价格便宜,最适合在旅行中消磨时间。畅销小说的作家都是以挣钱为目标,他们自己和评论界都不会认为这些畅销小说有什么很高的文学价值。这本书也不例外,很"好看",充满了紧张的气氛。小说假设了以联邦调查局局长为首的一帮美国政府官员,阴谋通过一个类似紧急状态法的法案,以期可以在宣布非常状态的时候,就使《权利法案》失效。经过紧张的种种情节之后,最终阴谋被揭露,没有得逞。我到了美国以后才知道,这种对于我十分新鲜的东西,它的内容对于美国人是老掉牙的永恒主题。这就是自从建国以来,民众就天天在那里围绕着种种细节和政府计较的问题,即美国政府如何做到无例外地保证人民享有宪法权利。

正是因为无例外,因此在六十年代美国的骚乱此起彼伏的时候,美国政府并不能因此借口什么"紧急状态"而丝毫减少人民的各种表达意愿的权利,要游行的还是照样游行,要集会的也照样集会。著名电影明星简·芳达在越南战争打得炮火连天的时候跑到越南北方,穿上北越军装,在北越的高射炮上摆个姿势拍照,还发表在美国的报纸上。干得如此出格,政府也拿她没办法,找不到法律依据去惩罚她,只好随她去。很多人恨她恨得咬牙切齿,最多也只能是不去看她的电影,这也不妨碍她的电影得奥斯卡金像奖,风光至今。

在六十年代情况越来越不明朗,民间组织多如牛毛的情况下,联邦调查局作为一个专门对付国内犯罪的机构,压力也确实很大。他们有一个任务是维持政府机构和首都华盛顿的安全,但是在六十年代末期,每年至少有四五次几十万或上百万人的"华盛顿游行",还有无数次几乎整年不断的小一些的集会,在国会大厦、白宫、国防部所在的五角大楼等附近的广场举行。大多数示威者是和平的,但是也不断有一些人,试图进入五角大楼、爬白宫的篱笆,其中也有少数"战斗性"特别强的,鼓吹要烧毁桥梁、扔炸弹和杀死警察。联邦调查局也确实很难分辨,哪些人只是威胁,说不定真有几个是要真干的。结果,联邦调查局终于出此下策,搞了这个秘密计划,主要目的是搞清情况,同时也做了些不光彩的"小动作"。

正因为这是对美国人民特别敏感的宪法的"明知故犯",因此这个计划成为当时联邦调查局的最高机密之一,再三强调绝对不准泄密。实际上,这个计划的寿命十分之短。1971年3月,一名联邦调查局的官员文件失窃，其中有一份文件恰好是有关这个计划的。事情一发生，联邦调查局的高层官员就非常紧张，立即全部停止了这个计划。这个时候，这个计划已经有了五个分支，从这五个分支和他们的活动来看，他们的目的确实是为了减轻潜在的骚乱、暴力和动荡，减轻社会在这方面的压力。在他们的活动中，确实没有特别的种族倾向和观点倾向。

例如，他们的目标中既有黑人的种族主义激进组织，同时也有三K党和一些被称为"仇恨的白人"的各种组织。联邦调查局的这个秘密计划成员，甚至已经控制了三K党的一些基层组织，并且不断劝阻它的成员不采取暴力行动。他们当时的目标并不明确，只是寻找一些他们认为有暴力危险的组织，但是也正是因为没有什么明确的界限，所以他们违宪调查的组织和个人，范围非常广泛，也就是说，侵犯了无数"个人"的宪法权利。

由于这个计划执行的时间并不长，联邦调查局害怕暴露，又主动及时停止了整个计划，因此在此后的四年中，问题一直没有被外界所知。直到1975年，美国国会的参议院举行了听证会，是为参院一个专门研究政府情报部门运作的委员会举行的。这个委员会的主席是丘奇参议员，所以人们都称它为"丘奇委员会"。他们发现联邦调查局大量的侵犯公民宪法权利的行为，例如，瓦解示威、窃听、检查信件，检查银行收支，甚至查看私人的垃圾。

这一切，证实了当初在美国政府要求设立这样一个全国性调查机构的时候，美国人民对于这种性质的机构最担心它会发生的问题，已经确确实实如预料般地一一发生了。这就是美国国会当初宁可罪犯逃过一个州就抓不住，也死活不肯让政府成立一个全国性警察机构的原因。我曾经告诉过你，直到美国成立一百多年之后，国会才勉强同意政府成立一个二十人的联邦调查局。这一类的机构,一直是美国民众最不放心的地方,因为它最容易步入歧途。

我前面所提到的反越战"新动员"组织的领导人布卢姆等人,是在读了有关国会听证会的报道之后,才知道他们自己曾经是联邦调查局的目标。于是,他们决定上法庭起诉。但是,他们也只是听说有这个秘密计划,作为原告,他们甚至都不知道,到底在联邦调查局中,哪些具体的人应该成为他们起诉的对象。结果,他们还是从报纸上的国会听证会的报道中,找了五个人的名字作为他们的被告。

他们这个案子一开始的时候并不顺利,因为他们手里没有多少证据。他们只能查到联邦调查局的一般资料,却看不到这个秘密计划的档案,这也是联邦调查局这一类的机构容易失控的原因之一。在美国这样一个宪法至上的国家,这个秘密计划之所以会诞生,而且存在几年,能够侵犯大量公民的宪法权利,很重要的一个原因,就是它的发明者和执行者,对这个保密系统存有一定的侥幸心理。事实上,它的保密系统也确实使它成功地一度逃离了民众的监督。

但是,我们看到,在美国的制度下,这种情况毕竟还是比较容易纠正。首先是做的人本身都很了解这个制度以及这样做可能产生的后果,非常心虚。事实上,这也是这个计划会自行中止的原因。其次,越是这样帷幕重重,看上去叫人看不透的政府机构,越是会被国会死死盯住。这个相互制约的机制,使得这种问题的暴露在美国只是一个时间问题。因此,它最终被国会的"丘奇委员会"揭露,应该说还是必然的。"丘奇委员会"在揭开了联邦调查局的违法事实以后,美国国会终于通过了一个"信息自由法"。联邦调查局的秘密档案资料在这个法案之下,都必须公开,接受监督。于是,在这个法案实行之后,"新动员"组织的这个案子也一下子绝处逢生,因为他们依法拿到了这个秘密计划有关他们的一万三千页的文件。

查阅了这些文件,他们才知道,在这个秘密计划实行时期,他们的电话曾被窃听、银行账号被查阅,他们的邻居朋友被召去谈话。更重要的是,他们发现,当年和黑人的"阵线"组织在反战集会联合问题上的失败,原来是联邦调查局伪造信件搞的小动作。在他们的律师查看档案的时候,还发现了一些他们这个案子以外的问题。比如,在五十年代,联邦调查局就有过类似的计划,针对调查美国共产党。还有,在六十年代的民权运动的集会中,联邦调查局使用一些小伎俩,破坏过其他组织的集会,比如利用步话机误导游行队伍等等。

最终,陪审团宣布,具体参与"秘密计划"的几名联邦调查局的被告罪名成立,赔偿金额达七十万美元以上。他们大叫冤枉,他们辩称,对于他们来说,这只是执行公务。但是从1971年起,美国的法律已经要求公务人员对执行公务中的行为负法律责任,只有在一个情况下例外,就是在公务员执行公务的时候,坚信自己是不违反宪法的,才可以免予起诉。在这个案子中,这些被告无法使陪审团相信这一点。

在他们上诉的时候,美国上诉法院批示,政府任何企图瓦解和破坏合法组织,或者恐吓他的成员的做法,都是绝对违宪的。

经过旷日持久的调查,这些被告在判决时基本上都已经退休了。当初的联邦调查局局长胡佛也已经死去近十年。这些退休的被告并没有多少积蓄,也根本赔不出钱来。最终,直到1986年,双方达成庭外协议,减少了赔款数字,也同意由联邦调查局替它的前雇员支付赔款。对于将来,作为被告之一,曾经是美国联邦调查局总部的国内安全部头头的查理斯·布莱南说,他相信,联邦调查局今后再也不会去试图

百万黑人大游行

恢复这一类的计划了。

实际上,重要的并不是联邦调查局此后还想不想这样做和敢不敢这样做,重要的是,走过这样的历史阶段之后,美国防止联邦调查局这一类机构侵犯公民权利的法律,更为健全了;把这些有过特权的机构,也不例外地置于监督之下的机制,更为完善了。也就是说,关键是从制度上保证,以后哪怕胡佛又转世回来当局长,"秘密计划"也行不通了。

回顾美国历史上的这样一个阶段,我总是觉得内容很丰富。仔细看看当时联邦调查局发生的违宪干扰集会的情况,他们的举动还是相当小心,动作幅度还是很有限的。他们对于当时混乱的局面感到紧张,因此而越轨,似乎也情有可原。在社会动荡的时候,这样做是不是就是可以原谅的呢?美国最高法院对这一类问题有这样的看法:他们认为,保护个人权利,尤其是像集会自由这样的基本权利,在平静的年代和社会安定的时期,是容易做到的;可是,在社会产生危机的时候,要做到这一点就显得困难得多。但是,恰恰是这个时候,更应该让人民有集会和把话说出来的权利,让他们有机会表达一种和当时正统的观点不同的意见。早在 1937 年,美国最高法院的大法官就写过这样一段话:"有人会煽动以暴力推翻我们的制度,我们是应该把社会从这样的煽动中安全引导出来。但是,我们越是认识到这样做的重要性,越是应该坚持保护言论自由、新闻自由和集会自由这样的宪法权利不受侵犯。坚持这样做,正是为了使我们能够通过和平的手段完成所要求的社会变化。几个世纪以来,共和制度就是建立在这一点上的,这也恰是一个依靠宪法建立起来的政府的真正基础。"那么,这位大法官是不是太天真、太理想化了呢?是不是把复杂的社会转变和社会动荡看得太简单了呢?

再回顾六十年代的美国，要求给黑人以民权，至少是美国南方各州的"非正统观点"，要求从越南战争中摆脱出来，也肯定是和当时美国政府所制定的政策相违背的"非正统观点"。但是，站在今天的立场上，所有的人都会看到，美国人民的这两种"非正统观点"，无疑是代表了一个不可逆转的历史潮流。好在，尽管有联邦调查局这样的问题，但是，美国习惯于遵从宪法的总趋势，还是基本保障了这样一种民间"非正统观点"的自由表达，也使得三十年代那位大法官非常理想化的预言基本实现。美国经历了一场巨大的变革，思想、艺术、观念、精神面貌的各个方面，无一不受到这场变革的影响。如果当时美国政府采取强制封杀的政策，将不会阻止这场社会变革，而只会使矛盾激化。所幸的是，在美国宪法精神之下，这一变化基本上以和平的手段完成了。

所以，今天的百万黑人大游行，美国政府尽管有可能感到不安，但是和三十多年前相比，毕竟放松得多了。游行的那天，我也很感兴趣，因为三十多年前，马丁·路德·金所领导的"走向华盛顿"的百万黑人大游行，我们没有赶上，很想看看今天是个什么劲头。尽管这个游行是趁着辛普森案之后，估计黑人的种族情绪最为高涨的时候举行的，但是人们还是明显可以看到，美国在三十多年来，在处理种族问题上，已经有了明显的进步。整个集会的气氛显得非常轻松和愉快，就像是一个盛大的节日。

在美国，有不计其数的"少数民族"，但是最为惹眼的种族问题，还是白人和黑人的关系问题。首先是因为黑人是人口比例最高的人种，在美国占总人口的百分之十一点八（亚裔只占百分之三点一）；其次是任何种族问题，一般总是拿白人作为参照对象。一方面是白人数量大（占人口比例的百分之七十四），在各个层次上都占优势，另一方面白人和黑人在美国历史上有过一段奴隶主和奴隶的宿怨。其实可能还有一个原因，就是他们在外观上的强烈反差。

对于美国的种族问题，我不想在这样短短的信里展开，我只想打破一种简单的"种族歧视"的传统故事。因为事实上，从美国通过民权法，在法律上禁止种族隔离，并且通过平权法案以保障包括黑人在内的少数民族的就学就业等等，到今天已经三十多年过去了。我只想告诉你，今天的美国种族问题和黑人问题，都不是一个像一加一等于二这样逻辑清楚的简单问题。

例如，我曾经几次提到的"平权法案"。三十多年前，它的设立是为了保障黑人（主要在南方）在长期教育机会不平等的情况下，能有同样的升学和就业升迁的机会。因此，它规定了在政府机构和学校等等，在招生招工等方面必须有关于种族的硬性指标比例。比如，邮局有十个工作人员，其中一定要有两个是少数民族。大学招生也是如此。当时，除了一些有种族主义倾向的白人之外，大多数的白人和同是受惠者的其他少数民族，都是赞同这个法案的。但是三十多年以后，有些情况反而变得含糊不清起来。今年，加州大学首先提出要取消招生时的平权法案，就是这种变化的一个反映。是不是主张取消平权法案，就是说明种族主义抬头呢？似乎问题并不那么简单。平权法案所起的积极作用是一目了然的，我就不多作解释了。我想还是谈谈它所带来的问题，使你可以了解问题的复杂性。

平权法案的原意之一，是为了克服愤恨和偏见。但是，在实行的过程中，却在一些地方意外地制造了这样的结果：在亚拉巴马州的伯明翰市，是一个标准的南方城市，它的消防队在1968年雇用了第一个黑人消防队员，在八年之后，才雇了第二名黑人。但是，在1981年以前,这个消防队一直没有一个黑人长官级的人物。1981年,这个市的第一名黑人市长把一个双方同意的判决签署为当地的法令,开始严格执行的黑人和白人在雇用和升迁时的一对一比例。在这种平等权益的措施之下,反而在这个消防队造成了另一种连续的"不平等"。比如说,在1983年的升级考试中,为了"平权",市政府挑了两名考第一名和第二名的白人,然后,跳过另外七十六名白人,晋升了三名黑人,他们的成绩在这七十六名白人成绩以下,却是黑人中的最高分。官阶本身还牵涉到工资的晋升,几年之后,考得好的白人消防队员终于告上法庭。在今年四月,美国最高法院批准了上诉法院有利于白人的判决,理由是这个地方法违反了1964年民权法和宪法中的"适当程序"规定。这只是一个极端的例子,但是,类似的问题很多,有时甚至受到影响的不仅仅是白人。

少数民族在三十多年之后,也有了不同的变化。例如,加州大学如果取消"平权法案"的话,那么受到损失和得益的都是些什么人呢?调查表明,如果在招生时不再照顾种族因素,白人学生的比例几乎没有什么大的变化,只有非常微小的上升。入学数量减少最多的将是黑人和拉丁裔的学生,唯一的明显受益者,是美国的亚裔学生。也就是说,现在正在实施的"平权法案",在这个学区实行的时候,实际上是一个少数民族占了另一个少数民族的名额。

最近,美国的最高法院裁定,根据种族而给予优惠,几乎总是与宪法精神不符的。但是,这是美国的一个历史包袱,最高法院也不是要求停止这一做法,而是要求执行时不要失之太宽。从这一裁定以及简单的逻辑思考中,我们都可以知道,"平权法案"这样的法案,只能是一个历史文件,它的寿终正寝是一件早晚的事情。当历史条件逐步改善之后,每一个移民,每一个少数民族,在这里都必须依靠自己的能力和努力去得到收获。"平权法案"给了所有的少数民族一个调整和提升的机会,抓住这样一个机会是一件明智的事情,否则机会就会过去。

种族问题在美国是非常敏感的。曾经有过一个著名的美国华裔作家写过一篇文章,把美国称为"自嘲国",因为美国给一个外来的移民印象最深的就是整体气氛特别轻松,轻松到了别的国家都要指责它浅薄的地步。上到总统下到百姓,一开口总是先开玩笑,而且经常是拿自己开玩笑,所谓自嘲。但是,这位作家也马上就发现,这种情况是有例外的,那就是美国的少数民族不在其内。美国有很多笑星,每天滔滔不绝妙语连珠,但是一般来说,他们只敢嘲笑白人,一旦不小心走火嘲笑了一个黑人,或是拉丁裔、亚裔,就很可能会搞得"吃不了兜着走"。弄不好还要打一场官司。

不仅如此,实际上,在美国的白人变成了两部分。一些人依然是种族主义者,他们发表他们的种族主义言论,但是,大势已去,他们并不是这个社会的主流言论。其他的大多数白人,尤其是自由派的白人,他们不知不觉地为一个遥远的,似乎成了他们理所当然的共同祖先的"白人奴隶主",在那里背负一个历史负担。他们绝对不敢在公开的场合谈到美国黑人所存在的问题,唯恐自己被叫作"种族主义者"。而美国的少数民族,包括黑人在内,也绝对不愿意在所有的种族都可以看到听到的公众论坛上谈到自己的问题。生怕因此而更被别人"歧视"。这在美国,几乎已经成了一个"循环"。越是不正视和纠正这些弱点,就问题越多,而问题越多,也就更不敢去碰。不管怎么说,这只能说明在这个问题上,美国还没有能够"轻松"起来。但是,一个不敢反思反省、不敢正视自己弱点的种族,是不会真正健康强健起来,也不会真正受到尊重的。因此，在三十多年后，当美国的黑人再一次举行"百万人大游行"的时候，这个集会表现了它特殊的意义。在美国，这是第一次，全国这么多黑人聚在一起集会，主题不是抗议白人和美国社会的不公平，而是面对和正视自己的问题。它要求黑人的成年男子参加，主题是"共度赎罪、和解和承担责任的神圣一天"。在集会上，黑人儿童的代表站在全美国民众的面前，向所有参加集会的和没有参加集会的黑人成年人呼吁："停止毒品、停止犯罪、停止虐待"，给我们一个健康成长的环境。尽管法拉肯长达几个小时的讲话有着不少逻辑混乱的地方，仍然用偏激的观点解释历史，尽管他的讲话，还是被许多人认为是在搞政治花样，试图提高声誉，但是，他毕竟清楚地向全美国的黑人表达了这样的信息：你们没有什么特别的事情要做，你们所要做的，就是回到你们的社区，使它变得更好、更安全，把它变成一个适合生活的地方。你们不要一味只是责怪白人如何如何，你们要从自己做起，承担责任，建立起自己的经营，建立起自己的经济，戒绝各种恶习，戒绝暴力和毒品，尊重"为我制造未来"的妻子。

这次集会，由于它的发起人法拉肯是一个出了名的反犹太民族的"种族主义者"，也是一个出了名的偏激言论者，因此大大削弱了这次集会所引起的反响，但我还是觉得，这是美国黑人的一个重要的历史性事件。

事实上，奴隶制是一个社会制度的罪恶，而不是种族的罪恶，只是在美国，在一个历史阶段，它恰与种族相连。当时，奴隶主基本上都是白人，奴隶基本上都是黑人。但是，在今天，把这种制度的罪恶过度地和种族相连，并不是合理的事情，哪怕是在有这种历史负担的美国。一些善良的美国白人年轻人中，很多人至今还有对印第安人和黑人的负罪感，和他们谈起来，他们比我还要不愿意提到黑人的"问题"，他们在潜意识里总觉得黑人的一切"问题"，都是包括自己在内的白人造成的，我的朋友劳拉就是一个典型。也有一些人感到十分冤枉。比如我的朋友杰米，他就一肚子委屈地对我说过："凭什么一说白人就说是奴隶主，我的祖先移民来的时候也是穷人，最穷的爱尔兰人（爱尔兰移民在美国确实曾经是出了名的穷），他们也是奴隶。再说，那些白人怎么买到的黑人，是他们的黑人奴隶主卖了他们！"他说的确实都是事实。我听了一名黑人主持人的谈论节目才知道，实际上，在美国历史上，还出现过自由身份的黑人蓄奴者。由此，你可以看到，这是一种制度的罪恶，而不是特定与某一种族相连的罪恶，但是，美国的历史却使得黑白双方都负担沉重。

作为一个有过被白人奴役历史的民族，终于能够抛开历史的心理负担，以重建自己的角度寻求在这个社会的平等和自由，这是非常不容易的。尽管要真正做到这一点，还有很长的路要走，但是能够站到这个起点上，不能不说是一个历史性的进步。

我想到，曾经听过一位在这里移民几十年的华裔长者说，当初华裔美国人在这里能够得到法律上的平等地位，还是仰仗了黑人的民权运动。在今天，依然有一批黑人在思考平等和自由的问题时，走在华裔美国人的前头。我想起著名的现代黑人女诗人玛雅·安吉鲁给她的学生提出的问题：人是不是需要解放自己？人是不是需要解放别人？人能不能够不解放别人只解放自己？人能不能不解放自己只解放别人？仔细想想，这真是很有意思。在考虑种族问题的时候，所有的人，不论他是哪一个族裔，似乎都可以先考虑一下安吉鲁的问题。

这次黑人大集会，整整一天美国首都华盛顿几乎都工作停顿，因

法拉肯领导的百万黑人男性在华盛顿大游行

为交通基本中断了。现在美国最著名的黑人领袖杰西·杰克逊讲了话，黑人女诗人玛雅·安吉鲁也在大会上朗读了她的诗作。但是辛普森并没有出席，我想他没有出席的原因之一，是他自己也知道，即使在黑人中间，仍有很多人认为他是有罪的，他没有必要冒险出现在任何公众场合，他还吃不准公众对他的反应。

　　另一个大家关心是否会出席集会的人物，是美国前参谋长联席会议主席，也就是掌实权的三军指挥官，黑人鲍威尔将军。这个时候，他是全美国调查下来声望最高的一个政界人物。美国人都在期望明年他出来竞选总统。民意调查说明，比起现在的克林顿总统，以及作为克林顿对手的一些共和党领袖，鲍威尔在民众中的支持率都要高得多。

民意调查中还有一个有意思的情况，就是在黑人中，有更多的人支持克林顿，而在白人中间，却有更多的人支持这个黑人将军鲍威尔。最终，他没有出席这个颇受争议的法拉肯召集的黑人集会，他回避了。

因为这不是一个主流社会的集会，而且还是一个有争议的集会。除了它的召集人使人感到不放心之外，还由于它提出要黑人男子参加，而被包括一些黑人学者在内的人们，斥之为"性别歧视"。一些自由派攻击它是保守的，但是一名保守派的谈论节目主持人，又因为他在电视播放的集会中，只看到一面国旗，而且是倒挂的，为此愤怒不已。可是，不论这个集会产生怎样的争议，这些人有权利站在这个广场上，表达他们的喜怒哀乐，这就是美国宪法的精神和原则。不仅是集会，连集会以后人头儿数得不对都不行。当华盛顿的公园管理局宣布他们估计集会人数为四十万的时候，法拉肯还不干了，宣称要向法院控告，说是公园管理局有意低估了集会的人数，是种族主义。结果，当局只能采用可能找到的科学手段，尽可能精确地为他重新估算。最后算下来的结果大约是八十万人，法拉肯因此又争回一口气来。

我又想起他站在台上，周围站着一圈保镖。这家伙可真是能说。法拉肯当然也知道，在这个国家很多人都不喜欢他。但是，看来他还是蛮喜欢这个国家。在集会上，他就是这么说的。因为，他说，只有美国，会让我站在这里，说出我想说的话来，虽然，你们也许并不喜欢我。你说，这是不是挺有意思的？就写到这儿吧。谢谢你给我们寄来了小田田的画儿，画得好极了。

  祝

好！

林　达

他们就是美国人

卢兄：你好！

　　这些日子给你写了很多信，今天写完大概是要告一段落了，因为接下去我会很忙，不会再有那么多时间写信。希望你对我的这些信大致上感到满意，也希望这些信是基本上回答了你所提出的问题。来了这些年，常常很想念我的朋友们，一直因为没有抽出时间好好给大家写信，介绍一下大家很想了解的美国，感到很抱歉。这次给你写信，感觉到也是在给所有的朋友们写信，写的时候，他们的身影常常在我眼前浮现，我希望，他们对我的异国故事都会有兴趣。今天写完，我将大大地松一口气，总算是不愧对老朋友了。

　　写信的时候，我也时时都以感激的心情，想起我们在这里交往的一群年轻的美国新朋友。我写的故事很多都是他们的故事。他们不仅教会了我们逐步适应这里的生活，当我们站在一块陌生的土地上，感觉自己就像是掉到了月亮上，心里充满惶惑、惊慌和不解的时候，他们的友谊更是使我们逐渐感到平和、温暖和充实。他们使我们了解美国,并不仅是因为他们向我们介绍了很多美国的情况,而是接触的时间长了,我们发现,他们就是美国。

希望有一天我能把他们介绍给你,但是,那时候,也许已经很难再找到他们,他们习惯于生活在不断的流动变化中,不断地谋生以及寻找更好的生活,他们搬得很勤、走得很远。我们知道,他们满怀希望地在走向不同的新天地,早晚会走出我们的生活。但是,我们会一直对他们心怀感激,也永远不会忘记我们共同相处的那些日子。没有他们,不会有我的这些信。

我首先想到的,就是迈克(Mike Caplinger),他是一个富家子弟,但是你一点也看不出来。我们相识的时候他才二十七岁。站在那里高高大大,体重是我的一倍。他非常聪明,学识渊博,不论我遇到什么问题,只要问到他,都是有问必答,而且总是充满了智慧。我很怀念我们在一起聊天的日子。他在大学里学的是计算机和历史。他的聪明反而使得他十分困惑,因为他兴趣的范围太广泛,不知道自己到底选择什么才好。大学毕业以后,他先是在加油站找了个临时工作,使自己先能活下去,之后又换了别的工作,可是也都是体力活儿,挣得很少,常常跟我一样为钱不够而忧心忡忡。在他干得很苦的时候,我问过他,你父母对你现在的情况是不是感到很不安?要知道这是一个很富裕的家庭。他说,当然有一点,但是他们知道,是他们从小教育我,路要靠自己走出来。

劳拉(Laura Cloninger)是我的英语教师,她是义务教师,二十三岁。这种情况在美国非常普遍。在美国所有的博物馆、植物园、图书馆等公共服务机构以及医院等地方,都有大量的义务工作者。高中毕业生在申请大学的时候,最好有义务社会服务的经历,这样更容易被好的大学录取。在我们原来以为是"金钱至上"的美国,来了以后发现到处都有非常普遍的义务工作者,每个城市都有很多义务的英语教师专门帮助新移民的。劳拉给我上课的内容就像是"文化交流",非常有意思。她的父亲很有钱,但是她也是一上大学就自己独立生活。她学的是法语,当她打算读研究生的时候,父亲告诉她,如果你一年能念下硕士来我就付学费。她只能拼命念,一年真的拿下了学位。她觉得自己很幸运,刚毕业就在一个小学找到了工作,专门教来自世界各国的移民孩子学英语。她很喜欢接触不同的文化。她口袋里有一百美元的时候,她就去参加潜水训练班,打算以后去海里探险。她有五百美元的时候,就跑到终年积雪的滑雪场去学滑雪,第一天就摔断了胳膊。回来照样乐呵呵的,活得蛮开心。

弗兰西斯(Francis Michael)是圣灵修道院的修士,他出生在大城市费城,二十多岁的时候来到这个修道院,经过考虑决定留在这里生活。入修道院有一套程序,分为几个阶段,一边进行宗教教育和仪轨训练,一边也使新来的人了解这样一种特殊的生活。每一个阶段结束时,你都可以重新作决定,是继续留下还是选择离开。弗兰西斯幽默开朗、聪明能干,我甚至在很长的时间里一直很奇怪,他怎么会在那么多不同的选择面前,偏偏选择留在一个清贫孤寂的地方,但是他已经在这里生活了十几年了。他曾经在我们最困难的时候,给过我们非常实实在在的帮助。我们很喜欢在有空的时候就去看看他,向他提出大量的问题,他也很喜欢和我们聊天,提出许多有关中国的问题,但是从来不主动向我们提到基督教。他使我们了解了美国的一个部分,对于这个部分我们以前感到很陌生。

一想起保罗(Paul Holland),我耳边就会响起他富有感染力的笑声,笑得使大家都忘记了自己的烦恼。他是在纽约长大的,在那里从大学的微生物专业毕业。但是他太喜欢大自然而又不喜欢有拘束的生活,所以他决心离开大城市并且当一个艺术家。在美国,一开始如果有一个人向我作自我介绍,说他是艺术家或是音乐家的话,我总是肃然起敬。后来马上就明白了,这个称号仅仅意味着他很穷。在纽约大家都说,如果天上掉下一个东西砸了什么人的脑袋,那么肯定砸到的是一个艺术家。保罗偏偏就选择了加入这么一个行列。此后他一直是卖一阵作品打一阵工,这几天又是他的低潮期,他的老破车又"死过去"了,但是他照样能发出同样的笑声。他即使在自己最困难的时候,照样把哪些展销会最好卖的信息毫无保留地提供给别人,哪怕人家卖的是和他差不多的东西。他的这些信息有一阵真是成了我们的救命稻草。我们之间有过许多愉快的交谈,有一次谈到种族问题,他听说我们把自己称作"有色人种",居然一脸天真的惊讶,伸出胳膊和我比比找不出有什么区别。他问我,你觉得自己是什么颜色的呢?我说当然是黄色的,他爆发出一阵大笑,一边笑一边高兴地说,没关系没关系,如果你算是黄种人,我就是绿的!

　　萨利纳(Salina Nelson)是人类学专业的毕业生,是一个非常漂亮的女孩子,她喜欢大自然里所有的东西。我们来美国以后所学到的许多有关动物和植物的知识,一多半都是从她那里学来的。她进大学的时候选的是与动物学有关的专业,上了几堂课以后,发现老师讲的东西她早就知道了,就转成了学人类学,而且因为发现"人"居然有那么多"品种"感到非常高兴。大学毕业以后,她和丈夫一起度过了一段非常艰苦奋斗的生活,几乎什么累活儿都干过。她在一个苗圃认真工作了三年,积累了实际经验之后,前年去一个风景优美非常清静的地方开了一个小农场，专门种植不使用任何化学品的各种香料和鲜花，这是他们小两口一直憧憬的理想，他们是非常坚定的环境保护者。曾经在几年里，我们一直分享他们的美丽憧憬，听他们描绘他们的蓝图。去年感恩节的时候，我们去看他们，他们还处在初创阶段，又苦又累，还借了债。今年这个小农场已经兴旺起来，她高高兴兴寄来了名片，在农场的名字后面认认真真地印着他们的理想：无化学品种植。

比尔（Bill Riddle）是一个生活能力非常强的年轻人，梳一条长长的马尾巴，长得很帅，我们相处得非常好。他父亲在他不记事的时候就离家出走，母亲靠政府救济把他们兄妹四人拉扯大。他的妹妹几乎重复了母亲的道路，成了一个单身母亲，他的弟弟又成了一个吸毒者。他自己却是一个自制能力很强的人，一点也不愿意放任自己。他十七岁就开始独立生活，自己养活自己，找得到什么工作就干什么工作，挣一段学费就上一段学。美国的学校用我们的话说是"卖学分"的，不管年龄不论什么时候，只要交一份钱就可以上几个学分的课，凑满了学分就可以毕业。美国学生这样断断续续上学的很多，一般都是因为经济问题。所以比尔今年二十五岁了，还没有大学毕业，但是他已经接近了他的目标，正在读大学的最后一年。他原来一直想当森林警察，所以选的是法律专业，现在他的理想是考上联邦调查局的工作。今年他也是一面上学一面干活，工作很累，但是他坚持下来了，两门课考得都不错。他很喜欢听保守派的"谈论节目"，宣称自己是保守派，这对他这样一个家庭出来的人很不寻常。一般美国人都认为，保守派是为富人说话的，因为他们总是主张削减政府救济。比尔是吃救济长大的，但是他还是希望改革福利制度，尽管美国的福利大概已经是发达国家中最少的一个。每一次回家，他都要劝他的妹妹进学校，开始独立生活。他觉得很难说美国的福利制度,对于像他妹妹这样的单身母亲的照顾,是救了她们还是害了她们。

乔(Joe Morrone)是一个非常有意思的人。他生在纽约的"意大利城",父母是从西西里岛来的第一代移民,他父亲也许是为了使他远离和"黑手党"多多少少有点关系的意大利移民圈子,从小不许他学说意大利语,结果他真的成了一个完全的美国人。他是艺术系毕业的,曾经在美国海军里服役,他在这段日子里随军舰周游世界,一下船就酗酒胡闹,军队的纪律使他痛苦不堪。但是不知从哪一天起他突然醒了,从此滴酒不沾,而且成了一个素食者。他离开了海军,又回到了艺术之中。他有一套自己的生活哲学,热衷于动物保护和环境保护。和他聊天总使我感到受益匪浅。

我还想感谢我们的朋友莉迪亚(Lydia Clements)和她的丈夫史蒂芬(Steven Glude),他们已经搬到田纳西州的山区去了。住在美丽的山里,一直是美丽的莉迪亚的梦想。她念硕士学位的研究课题是《不同民族的妇女巫术》。可是我下次打电话时,一定要问问这对蜜月中的小两口,他们这一段在靠什么维持生活。也许他们又回学校去念书了。迈克·柯林(Mike Kling)是六十年代的嬉皮士,走南闯北,一肚子知识。还有看上去弱不禁风的达西(Darcy Jones),创作的金属雕塑和油画都极有力度。一个女孩子坚持在这一行里真是很不容易,生活也只能是像泥萝卜一样,洗一段吃一段。帕姆(Pam)花不少钱养着一大群狗和猫,她的植物养护知识非常丰富,不论你遇到什么问题,她随手就能用很漂亮的字给你开出"方子"来。她给我们的圣诞礼物总包括一份特别好吃的猫食。她的工作很辛苦,不放弃所有的加班机会,我觉得她是最需要别人关心的,但是她总是在关心别人。劳伦

（Lauren Mcleod）也是从艺术系毕业的，还去意大利画过写生，她的自画像很有味道，但是实在无法以此为生，最近去加利福尼亚重新入学，这回只能改学推拿了。学应用数学的吉娜（Gina Seymour）是一个思路非常清楚的女孩子，办事掌握分寸，无可挑剔，教给我们很多有关美国的基本知识。还有大卫（David），我们曾有过几次长时间的十分有益的谈话。他们都给了我很多启发。

还有桑德（Sander Heilig）和他的妻子卡琳（Karin Albert），这是一个非常"美国化"的家庭。桑德是一个很典型的犹太人，他的祖父一辈为了躲避当时在俄国很普遍的对犹太人的歧视和迫害，寻找自由来到了美国。他的父亲在二次大战作为美国军队的一名战士参战，负伤退役后身体不能恢复，也就不能在战后的和平生活中开创另一番事业。因此，桑德读大学还是靠的政府资助，他是六十年代以后接受新思潮的一代，曾经因为他反越战的观点，和他作为荣誉军人的父亲发生激烈的争执。父亲去世后他常常为此感到内疚。卡琳则是第一代移民，至今还保留着她的德国国籍。她家三代都是律师，但是她的父亲在二次大战期间却无可避免地被卷入战争，成为德军的一名士兵，战后则在盟军的战俘营里生活了几年。当他们这两个家庭聚在美国时，正是二次大战五十周年的纪念日。当我们坐在这个聚会中，一种巨大的历史沧桑感使我感慨不已。他们思辨的能力都很强，我们非常感激他们给予的很多帮助。

新移民来此之后常常感叹艰辛和困难，几乎所有的人初来这儿，没有不体验过走投无路举步维艰的困境。但是，天天和我们的美国朋友们在一起，发现他们个个也都得靠自己奋斗。他们都算是土生土长的美国人，甚至包括其中少数富家子弟，他们的生活，也都并不是我们想象中的那么顺利。除了没有语言问题之外,我们在这儿经历过的困难,他们很多人也都得经历。相比之下,他们的生活态度常常表现得更为轻松。我发现,这并不完全是因为他们是土生土长的缘故,有很重要的一个原因是生活观念的不同。

他们特别注重个人意愿、个人生活和个人幸福,因此个人奋斗也就随之而天经地义,因为没有后者就没有前者。反之,没有前者也就没有了后者的动力。同时,整个社会,从法律到人们的习惯,都高度尊重个人的生命、个人的幸福、个人的意愿和个人的意志,都把个人意志的自由和个人的奋斗看作是高于一切的。这和我们中国人历来把社会利益置于个人利益之上,认为个别的人可以为社会而牺牲,个人在伦理上也应该为社会而牺牲,有着逻辑上的不同。我们中国人是把社会的繁荣置于个人牺牲、天下为公的前提下的。如果人人都只顾自己,人人自私自利,何来社会公德?若无社会公德,哪有社会繁荣和人民幸福?美国人却是把社会的繁荣置于个人自由和个人奋斗的基础上的。他们觉得,如果没有个人意志的自由和个人生活的幸福,谁来奋斗?若无大多数人的奋斗,何来社会的繁荣?

个人意志和社会利益孰先孰后,我不想多谈。仁者见仁,智者见智。

那么,在一个把"个人意愿"放在首位的美国,是不是人人都很自私自利呢?日常生活中是不是都很唯利是图呢?人与人之间是不是都很冷酷无情呢?对此可以有很不同的看法,有时候,这涉及一个人的生活经历、生活处境和看待事物的角度,是不是有机会看到较为广泛的社会现象,以及是不是看到了这些现象的来龙去脉。在这儿,我只能给你举一些例子。

刚来美国不久,就在超级市场出口处看到了一个形容憔悴的人,身边放着要求施舍的纸牌。这些人在这儿被称之为无家可归者。美国有相当多这样的无家可归者,主要集中在大城市里。无家可归者的成因非常复杂,但是他们都没有产业、没有工作、没有地方住。几乎所有的城市都设有无家可归者庇护所,大多数是教会和慈善机构办的,提供简单的住宿和食物。我曾经每天从庇护所接送一个无家可归者上下班。他工作很努力,待人很礼貌,也很聪明。他每天都带着庇护所提供的午饭。他告诉我,他吃和住是不成问题的。他的问题是,他有了钱就忍不住买酒喝,一醉方休。兄弟姐妹都对他绝望了,只有庇护所不厌其烦地无偿地帮助他,给吃给住,帮找工作,还要帮助治疗酗酒问题。但是庇护所依法不能管他的钱,所以他还是常常喝醉,因此也不能有驾驶执照。庇护所只能在他喝醉时不让他进门,让他先在人行道上醒醒酒。

庇护所和所有的慈善机构的钱都是私人募捐来的。作为非营利机构,慈善机构可以用各种方法向社会募捐。那么,捐钱的人多不多呢?

美国人在钱上面通常分得很清。朋友或同事相约上饭店酒吧,通常是各人付各人的账。这使得中国人很不习惯,美国人却想不通这样有何不好,时间长了,我发现美国人说是一起吃饭,就是指一起趁这个时间聊聊天的意思,只不过是聊天的地点选在饭馆,与中国人概念中的"请吃一顿"有很大区别。在美国,成年子女住到父母家里,有时也还得给父母交点儿房租。大部分美国人花钱很实惠,几乎看不到有人摆阔。一方面是赚钱不容易,花钱的地方又太多。这里基本上已经没有传统生活方式的自给自足,现代生活方式又要靠工作来换取生活的一切。另一方面是高消费包围之下,钱的诱惑太大。钱不嫌多只嫌少,在富裕的美国更是如此。但是有没有人捐钱、如何捐法,其实和钱的多少关系不大,更多地说明了社会上大多数人的精神面貌。

我的朋友Joe是个艺术家,但是艺术很难养活自己,所以还得打工,赚来的钱养活自己所余不多,是个一分一分算着过日子的人。第一次看到他经过无家可归者时停车掏钱,还友好地打招呼,祝这位无家可归者晚上愉快,我着实吃了一惊。后来才知道这位自命为自由派的青年还给绿色和平组织、保护动物组织、大赦国际等等捐款。他和他的妻子平时穿得破破烂烂,好在这也是艺术家的风度,又是自由派年轻人的风气。他还常常要给我来一点社会主义的道理,但对于电视上中国人当年"除四害"打麻雀的历史,却难以原谅。

第一年感恩节前夜,我们在食品店碰上一位老太太。她一定要送给我十元钱,说是节日的礼物。看上去她早已退休,也不会是很富有的人,但是她说,今天是感恩节,是北美人民感谢这块新大陆给他们以衣食的日子,所以今天她出门前就打定主意,要送十块钱给一个需要钱的人。我告诉她我有工作,我不缺钱,让她把钱给更需要的人。在打心底里感谢她的时候,我忍不住十分感慨。

美国是个消费社会,出门就要花钱,没钱寸步难行。纽约大都会博物馆,这个闻名全球的大博物馆,是靠洛克菲勒基金会等私人基金维持的。参观一般是六美元。但是你如果没钱,或者你说你没钱,你可以用任何一个硬币,五分、一角,或两毛五分,进去参观一整天,从欧洲、亚洲、非洲到美洲印第安人,从史前到现代,难以计数的艺术珍品任你看、任你拍照,守卫对你照样彬彬有礼、恭恭敬敬,因为你虽穷但热爱艺术。美国朋友告诉我,很多私人博物馆实行这种做法,而且听起来好像理所当然应该如此似的。但是,几乎所有来这里的美国人,只要他的口袋里掏得出这六美元,他绝不会拿着一个硬币进去。

这就是我们所看到的美国觉悟。

也许你会说，大概去这样的大艺术馆的都是有教养的人，情况比较特殊。那么我可以告诉你另外一个情况，就是在美国的百货公司和大型商店，你买了东西在规定的期限内（有的是一个月，有的是三个月），不需要任何理由都可以退货，大到录音机录像机都是如此。这些商店的顾客都是最普通的美国人，如果没有一种普遍的道德素质，你可以想象这样的政策是根本实行不了的。

你大概已经知道有名的卡内基基金会。它的创始人安德鲁·卡内基是上世纪中叶从苏格兰来到美国的一个穷苦工人的儿子。他成为美国钢铁大王以后，据说为了处理他的财富思考多年，最后决定建立基金会来服务于社会。美国是世界上最富有的国家，能够体现这一点的是有很多很多基金会。诸如音乐、美术、医药研究等等很花钱的设施，基金会起了主要的作用。

看人们怎样花钱以及社会怎样宣扬花钱，可以看出这个社会的风气。美国社会当然是形形色色，见怪不怪。好莱坞的明星们富有而炫耀，他们的职业决定了炫耀是一种策略。真正富有的人却并不炫耀，因为他们知道炫耀在社会上并不光彩，他们犯不着惹人非议。大多数人并不富有，但"衣食足，知荣辱"是普遍的。这儿不大有中国人中间常见的互相比富比穷，但能帮人一把时肯帮人一把的好心人很多。所以社会上有很多组织劝人捐钱，有为了研究某种罕见疾病的、有救济非洲饥民的、有保护环境的等等。捐钱的人既无名也无利，也没有什么压力，全看"觉悟高低"。美国两大党，民主党和共和党，竞选总统要花大量金钱，以及上上下下各级议员官员竞选的资金，也是靠私人捐助。写到这儿想起了有一个统计说，论每人每年在社会政治方面的捐款,在美国的犹太人平均是大约六十美元,在美国的中国人平均是不到半美元。有趣的是,人们都认为犹太人是以小气出名的,而中国人则一向被认为是在一个置社会于个人之上的文化中长大的。

去年我从报上读到,有一对老人,一生辛辛苦苦攒下了几百万财产。又老又病时,这笔钱足够他们安度一个富足体面的晚年了。他们却认为一生辛勤攒下的钱在晚年这样花掉太可惜。经过深思熟虑以后,他们安排好一切,向朋友邻居道了别,把所有财产捐给了慈善机构,然后一起结束了自己的生命。这对老人是白人。

前不久报纸上又登了一个老妇人,一生很穷,洗衣为生,省吃俭用,没有受过教育。她攒下了十几万美元,决定捐给学校。克林顿总统请她去白宫吃饭,她却没有去白宫的盘缠了。航空公司赶紧送她免费机票。她说她不习惯乘飞机,宁可坐火车。可是火车票买不到了,铁路公司的老板自己掏腰包特地为她加了一节车厢。这个老妇是个黑人。

最近,麦当劳在搞有奖促销,有人中了最高奖一百万美元,却把奖券寄给了田纳西州的一家儿童医院。这个奖的中奖几率是两亿分之一。中奖的人没有留下姓名。顺便我还得提一下这个医院,这家医院是治疗严重幼童疾病的,它的经济支撑主要就是依靠捐款。它对于生病的孩子,不论他是否有钱付费,一视同仁地给予治疗,甚至负担陪同的家长在这个城市的生活开支。这个医院每年收到的大部分捐款都是在五十美元以下,都来自一般的普通人。

我想起这些事例,只是想说明,美国这样一个高度尊重个人生命、个人生活、个人意愿、个人意志,处处强调个人奋斗的社会,它的基础是人与人之间关系的相互尊重和宽容,而不是冷酷的争夺。当然,我早就说过,在美国什么人都有,其中不乏自私自利和唯利是图的人。但是，这并不是美国的基调。在美国，个人意愿和社会公德是相辅相成的，所以社会公德心在这个"个人至上"的社会反而非常普遍。公共场所干净整洁，公共设施安全可靠，公共秩序井井有条。来美国几年，不仅没有看到公共场所的争吵，甚至没有看到过争先恐后。刚从国内来的人，出去购物游览，在排队付钱、上车等等时候，都会让同行的家人或朋友不断关照，"等一等"，"别抢先"。我们在国内已经习惯了抢先，不抢先就上不了车、买不到票；在这儿是要互相谦让的，争先恐后让人侧目，因为这不尊重别人。尊重个人生命、个人生活、个人意愿、个人意志，具体来说，要别人尊重自己，同时自己也首先要绝对尊重别人。

尊重个人和社会公德，这种极其深厚、极其悠久、极其普遍的社会意识产生了一种共识，那就是人人都要遵守公平的"游戏规则"。在任何时候，做任何事情，"犯规"是最要不得、最不可原谅的。这种共识是美国这样一个法制社会得以正常运作的社会基础。事无巨细包罗万象系统化了的法律就是"游戏规则"，在法律面前人人平等。宪法是这些规则的最高准则。但是，就像在任何游戏里一样，犯规而不给当场捉住的可能性，或者自以为可以犯规而不给捉住，仍然诱使着一些人犯规。美国人认为，最有可能这样做，而且最有可能犯规成功的总是有权力、有势力、有组织的力量，因此，最可能犯规的就是美国政府。他们认为，个人的犯规，甚至如集团犯罪这样的犯规，都还是在能够控制的范围，而如果出现政府一级从根本点上犯规成功的话，就可能出现真正的失控。为了约束联邦政府的犯规冲动，美国的立国者们才写下了这短短十条修正案。它成了美国人民自由和幸福的基石。

我要结束这些信了，给你写信是一个非常愉快的经历。将来如果有可能，也许我还会继续写一些。但是现在我要告一段落了。你问到我的资料来源，除了各类美国新闻报刊之外，历史资料主要来自两本书，这两本书很有意思，我们所用到的资料只是其中的一小部分，有机会你可以借来看一下。它们是：《〈权利法案〉和路标案件》(*The Bill of Rights and Landmark Cases by Edmund Lindop*，1989)，以及《捍卫我们自己——活着的〈权利法案〉》(*In Our Defense:The Bill of Rights in Action by Ellen Alderman & Caroline Kennedy*，1991)。

祝
好！

林　达